UM NOVO OLHAR

GILLIAN TETT

UM NOVO OLHAR

Lições da antropologia para os negócios
e para a vida

Tradução
Lourdes Sette

Benvirá

Copyright © 2021 by Gillian Tett
This edition published by arrangement with Penguin Life, an imprint of Simon & Schuster Special Sales.

Título original: *Anthro-Vision*

Direção executiva Flávia Alves Bravin
Direção editorial Ana Paula Santos Matos
Gerência editorial e de projetos Fernando Penteado
Edição Clarissa Pombo
Produção Rosana Peroni Fazolari

Tradução Lourdes Sette
Revisão Maurício Katayama
Diagramação Negrito Produção Editorial
Capa Tiago Dela Rosa
Impressão e acabamento Edições Loyola

Dados Internacionais de Catalogação na Publicação (CIP)
de acordo com ISBD
Odilio Hilario Moreira Junior – CRB-8/9949

T348a Tett, Gillian
  Um novo olhar: lições da antropologia para os negócios e para a vida/Gillian Tett; traduzido por Lourdes Sette; preparado por Gabriela Ghetti. – São Paulo: Benvirá, 2023.
  320 p.
  Inclui bibliografia e índice.
  ISBN: 978-65-5810-046-1 (impresso)

  1. Antropologia. 2. Ciências sociais. 3. Comportamento humano. 4. Negócios. 5. Cultura ocidental. I. Sette, Lourdes. II. Ghetti, Gabriela. III. Título.

2022-3949   CDD 301
                         CDU 572

Índices para catálogo sistemático:
1. Antropologia   301
2. Antropologia   572

1ª edição, fevereiro de 2023

Nenhuma parte desta publicação poderá ser reproduzida por qualquer meio ou forma sem a prévia autorização da Saraiva Educação. A violação dos direitos autorais é crime estabelecido na Lei n. 9.610/98 e punido pelo artigo 184 do Código Penal.

Todos os direitos reservados à Benvirá, um selo da Saraiva Educação.
Av. Paulista, 901, 4º andar
Bela Vista – São Paulo – SP – CEP: 01311-100

SAC: sac.sets@saraivaeducacao.com.br

CÓDIGO DA OBRA 709559   CL 671064   CAE 791654

Dedicado à memória de Ruth Winifred Tett e de Katherine Ruth Gilly (Tett), as quais se deleitavam com o "familiar", mas sempre tiveram curiosidade com relação ao "estranho".

"As pressuposições menos questionadas são, com frequência, as mais questionáveis."
PAUL BROCA

"Pesquisa é curiosidade formalizada. Significa cutucar e se intrometer com um objetivo."
ZORA NEALE HURSTON[1]

SUMÁRIO

Prefácio – A outra "IA" (ou: inteligência antropológica)   xi

Parte um: Tornando o "estranho" familiar
1. Choque cultural   3
   (ou: o que, afinal, é antropologia?)
2. Cultos de carga   31
   (ou: por que a globalização surpreendeu a Intel e a Nestlé?)
3. Contágio   59
   (ou: por que os remédios não conseguem deter as pandemias)

Parte dois: Tornando o "familiar" estranho
4. Crise financeira   83
   (ou: por que os banqueiros interpretam mal os riscos)
5. Conflitos empresariais   107
   (ou: por que as reuniões da General Motors tinham um impacto negativo?)
6. Ocidentais estranhos   125
   (ou: por que realmente pagamos por ração para animais de estimação e por educação infantil?)

Parte três: Ouvindo o silêncio social
7. "Grandemente"   151
   (ou: o que não entendemos sobre Trump e os adolescentes?)
8. Cambridge Analytica   165
   (ou: por que os economistas sofrem no ciberespaço?)
9. O trabalho em casa   189
   (ou: por que precisamos de um escritório?)
10. Dinheiro moral   217
    (ou: o que realmente impulsiona a sustentabilidade?)

Conclusão – Da Amazônia para a Amazon	239
(ou: e se todos nós pensássemos como antropólogos?)	
Posfácio: Carta aos antropólogos	249
Agradecimentos	255
Bibliografia	259
Sobre a autora	263
Notas de fim	265
Índice	285

Para eventuais atualizações e outros materiais, visite a página do livro no Saraiva Conecta:

https://somos.in/UNO1

PREFÁCIO – A OUTRA "IA"
(ou: inteligência antropológica)

"A última coisa que um peixe perceberia seria a água." — *Ralph Linton*[1]

Em maio de 1992, eu estava em um quarto dilapidado de um hotel soviético. Tiros sacudiam as janelas. Do outro lado do quarto, sentado em uma cama, coberta com um cobertor marrom asqueroso, estava Marcus Warren, um jornalista britânico. Estávamos presos no hotel havia horas, porque as ruas de Duxambé, a capital do Tajiquistão, estavam sendo varridas por tiroteios. Não tínhamos ideia de quantos haviam morrido.

"O que você fazia no Tajiquistão antes?", Marcus me perguntou, enquanto ouvíamos, nervosos, as trocas de tiros. Até um ano antes, esse país montanhoso, na fronteira com o Afeganistão, parecia uma parte permanente e pacífica da União Soviética. Mas, em agosto de 1991, o regime soviético caiu. Essa dissolução levou o país à independência e desencadeou uma guerra civil. Marcus e eu estávamos lá como repórteres, para o *Daily Telegraph* e para o *Financial Times*, respectivamente.

Mas minha formação era estranha. Antes de trabalhar para o *Financial Times*, morei no Tajiquistão e fiz pesquisas para meu doutorado em antropologia, o ramo das ciências sociais muitas vezes ignorado (e, às vezes, ridicularizado) que estuda a cultura e a sociedade. Como gerações de antropólogos anteriores, eu me envolvi com o trabalho de campo, o que significava me isolar em uma vila no alto das montanhas, a três horas de ônibus de Duxambé. Eu morava com uma família. O objetivo era ser uma *"insider-outsider"**, observar a população soviética de perto e estudar sua "cultura", ou seja, seus rituais, valores, padrões sociais e códigos semióticos. Explorei questões como: em que eles

---

* *Insider* significa "de dentro" e *outsider* significa "de fora" na língua inglesa. (N.T.)

acreditavam? Como definiam família? O que significava o "islã"? O que pensavam sobre o comunismo? Como definiam valor econômico? Como organizavam seu espaço? Resumindo: *o que significava ser humano no Tajiquistão soviético?*

"Mas o que exatamente você estudou?", Marcus perguntou.

"Rituais de casamento", respondi.

"Rituais de casamento!", Marcus exclamou, rouco de exaustão. "Para que estudar *isso*?"

Sua pergunta mascarava uma outra maior: por que alguém iria para um país montanhoso, que parecia esquisito para os ocidentais, e mergulharia em uma cultura alienígena para estudá-la? Entendi a reação dele. Como admiti, mais tarde, em minha tese de doutorado, "com pessoas morrendo nas ruas de Duxambé, estudar rituais de casamento parecia exótico — até mesmo irrelevante".[2]

Este livro tem um objetivo simples: responder à pergunta de Marcus — e mostrar que as ideias originadas de uma disciplina que muitas pessoas acreditam (erroneamente) estudar apenas o "exótico" são extremamente úteis no mundo de hoje. A razão é que a antropologia é um enquadramento intelectual que nos capacita a enxergar o que está do outro lado do muro, a identificar aquilo que está escondido bem debaixo de nossos olhos, a ter empatia pelos outros e a ver os problemas de novas formas. Esse enquadramento é mais necessário do que nunca hoje, à medida que lutamos contra a crise climática, as pandemias, o racismo, a mídia social descontrolada, a inteligência artificial, a turbulência financeira e o conflito político. Sei disso por causa de minha própria carreira: como este livro explica, desde que deixei o Tajiquistão, trabalhei como jornalista e usei minha formação em antropologia para prever e entender a crise financeira de 2008, a ascensão de Donald Trump, a pandemia de 2020, o aumento súbito do investimento sustentável e a economia digital. Contudo, este livro também explica como a antropologia é (e tem sido) valiosa para executivos, investidores, formuladores de políticas, economistas, especialistas na área da informática, financistas, médicos, advogados e (isso mesmo) contadores. Essas ideias são tão úteis para entendermos um depósito da Amazon quanto a floresta amazônica.

Por quê? Muitas das ferramentas que temos usado para navegar o mundo simplesmente não estão funcionando bem. Nos últimos anos, vimos as previsões econômicas falharem, as pesquisas de opinião pública sobre a política errarem, os modelos financeiros fracassarem, as inovações tecnológicas se tornarem perigosas e as pesquisas de consumidores se enganarem. Esses problemas não surgiram porque essas ferramentas estão erradas ou são inúteis. Nada disso. O problema é que tais ferramentas são *incompletas*; elas são usadas sem a percepção do que seja cultura e contexto, são criadas com uma percepção de visão em túnel (também conhecida como abstração seletiva) e construídas com base no pressuposto de que o mundo pode ser perfeitamente demarcado ou entendido através de um único conjunto de parâmetros. Isso pode funcionar bem quando o mundo é tão estável que o passado funciona como um bom guia para o futuro. No entanto, não funciona quando vivemos em um mundo em fluxo, ou aquilo que os especialistas militares ocidentais descrevem como "volatilidade, incerteza, complexidade e ambiguidade" (VUCA, na sigla em inglês). Tampouco quando enfrentamos "cisnes negros" (nas palavras de Nassim Nicholas Taleb), "incerteza radical" (como dizem os economistas Mervyn King e John Kay) e um futuro "desconhecido" (para citar Margaret Heffernan).[3]

Em outras palavras, tentar navegar o mundo do século 21 usando apenas ferramentas desenvolvidas no século 20, tais como modelos econômicos rígidos, é como caminhar à noite por uma floresta escura, com uma bússola, mantendo o olhar *fixo* no mostrador. Sua bússola pode ser tecnicamente excelente e indicar o caminho a seguir. Mas, se você olhar *apenas* para o mostrador, pode trombar com uma árvore. A visão em túnel é mortal. Precisamos de uma visão abrangente. É isso que a antropologia pode nos oferecer: uma visão antropológica.

Este livro apresenta muitas ideias sobre como obter uma visão antropológica ao usar histórias pessoais e de outros que exploram questões como: por que precisamos de escritórios? Por que os investidores avaliam mal os riscos? O que é importante para os consumidores modernos? O que os economistas deveriam aprender com a Cambridge Analytica? O que está motivando as finanças verdes? Como os governos deveriam *Build Back Better*?* Como a cultura interage com os computadores? Antes de mergulhar nos detalhes, no entanto, há três princípios fundamentais da mentalidade antropológica que são importantes entender e que moldam a estrutura deste livro. O primeiro é que, em uma era de contágio global, precisamos urgentemente cultivar uma mentalidade de empatia com desconhecidos e valorizar a diversidade. Os antropólogos são especialistas nisso, uma vez que a disciplina foi fundada com a ideia de desbravar lugares distantes para estudar pessoas "exóticas". Isso cria uma imagem semelhante à de Indiana Jones. Porém, essa ideia é enganosa.[4] "Exótico" está nos olhos de quem vê, uma vez que *toda* cultura pode parecer estranha para quem pertence a outra, e ninguém pode se dar ao luxo de ignorar o que parece estranho em um mundo globalizado (ou descartar outras culturas, considerando-as como "lugares de merda", como fez o ex-presidente Donald Trump). Os fluxos das finanças, do comércio, das viagens e da comunicação nos conectam e criam um contágio constante, o que envolve não apenas germes, mas dinheiro, ideias e tendências. No entanto, nosso entendimento sobre os outros não expandiu na mesma velocidade que nossas interconexões. Isso cria riscos *e* oportunidades tragicamente perdidas. (O Capítulo 3 explica que, se os formuladores de políticas ocidentais tivessem se preocupado em aprender as lições

---

* Significa "reconstruir melhor", em tradução livre. Foi o bordão do plano de governo de Joe Biden, apresentado por ele durante sua campanha para a presidência dos Estados Unidos em 2020. (N.T.)

dadas por países "estranhos" da África Ocidental ou da Ásia, eles nunca teriam sido vitimados pela pandemia de Covid-19).

O segundo princípio fundamental da antropologia é que ouvir a opinião de outra pessoa, por mais "estranha" que seja, não apenas nos ensina a ter empatia pelos outros, e precisamos muito dela hoje em dia; *essa atitude também torna mais fácil nos vermos*. Como observou o antropólogo Ralph Linton, um peixe seria o último a ver a água; é mais fácil entender as pessoas em contraste com outras. Ou, para citar uma ideia desenvolvida por outro antropólogo, Horace Miner: "Sozinha entre as ciências, a antropologia se esforça para tornar o estranho familiar e o familiar estranho".[5] O objetivo é aumentar nosso entendimento sobre *ambos*.

Terceiro, o conceito estranho-familiar nos permite ver pontos cegos nos outros e em nós mesmos. Os antropólogos são quase como psiquiatras. Contudo, em vez de colocar os indivíduos no divã, eles colocam *grupos* de pessoas, metaforicamente falando, sob suas lentes, para ver todos os preconceitos, pressupostos e mapas mentais que eles herdam coletivamente. Ou, para usar outra metáfora, os antropólogos usam um aparelho de raio x para examinar a sociedade, para ver os padrões meio ocultos dos quais estamos apenas vagamente conscientes. Muitas vezes, isso nos mostra que, mesmo que pensemos que "x" é a razão pela qual algo aconteceu, é possível que, na verdade, seja "y".

Examinemos um exemplo do mundo dos seguros. Na década de 1930, os executivos da Hartford Life Insurance Company, em Connecticut, perceberam que os depósitos onde eram armazenados tambores de petróleo viviam explodindo. Ninguém sabia a razão. A empresa pediu a um especialista em prevenção de incêndios, chamado Benjamin Whorf, que investigasse o fenômeno. Embora Whorf fosse formado em engenharia química, ele também tinha feito pesquisas em antropologia e linguística na Universidade Yale, com foco nas comunidades indígenas hopi. Ele abordou a questão com a mentalidade de um antropólogo: observou os trabalhadores do depósito, o que faziam e como falavam, tentando absorver *tudo* sem fazer qualquer julgamento prévio. Ele estava particularmente interessado nos pressupostos culturais embutidos na linguagem, pois sabia que eles podiam variar. Pense nas estações. Para quem fala inglês, uma "estação" é um substantivo, definido pelo calendário solar ("o verão começa em 20 de junho", dizem, no hemisfério norte). Na língua e na visão de mundo hopi, "verão" é um *advérbio* definido pelo calor, não pelo calendário.* Não há opção melhor nem pior; mas são concepções *diferentes*. As pessoas não podem entender essa distinção a menos que façam comparações. Ou, como observou Whorf: "Sempre pressupomos que a análise linguística feita pelo nosso grupo reflete a realidade melhor do que realmente o faz".[6]

Essa perspectiva resolveu o mistério dos tambores de petróleo. Whorf notou que os trabalhadores tomavam cuidado ao manusear os tambores de petróleo marcados como "cheios". No entanto, eles fumavam despreocupadamente nas salas que armazenavam os tambores marcados como "vazios". A razão? A palavra "vazio" em inglês está associada a "nada"; ela parece pouco significativa, maçante e fácil de ignorar. No entanto, os tambores de petróleo "vazios" estão cheios de gases inflamáveis. Assim, Whorf pediu aos gerentes do depósito que explicassem os perigos do "vazio" para os trabalhadores e as explosões pararam.[7] A ciência sozinha não poderia resolver o mistério. Mas a análise cultural — junto com a ciência — poderia. Este mesmo princípio (a saber, usar a visão antropológica para ver o que ignoramos) é igualmente valioso quando surgem problemas nas salas de negociação

---

* Alguns acadêmicos, como Ekkehart Malotki e Steven Pinker, criticaram o trabalho de Whorf, alegando (equivocadamente) que ele afirmara que os hopi não tinham o conceito de tempo. Isso parece ser uma leitura errada da argumentação de Whorf. Sem entrar na controvérsia, o mais importante é o seguinte: as percepções das pessoas sobre o calendário e o tempo variam, e não são universais.

de ativos dos bancos modernos, nas fusões corporativas ou nas pandemias, digamos assim.

Isso porque "as pressuposições menos questionadas são, com frequência, as mais questionáveis", como teria dito Paul Broca, o médico e antropólogo francês do século 19.[8] É um erro perigoso ignorar as ideias consideradas corriqueiras, sejam elas sobre linguagem, espaço, pessoas, objetos ou conceitos supostamente universais, como "tempo".[9]

Ou, para dar um outro exemplo, considere os pelos faciais. Na primavera de 2020, quando o isolamento provocado pela Covid-19 começou, notei, em videochamadas, que muitos estadunidenses e europeus, normalmente bem barbeados, estavam ficando barbudos. Quando perguntei a razão, ouvi respostas como: "Não tenho tempo para fazer a barba" ou "Não estou no escritório, então para que ficar fazendo a barba?". Isso não fazia sentido: no confinamento, muitos homens tinham *mais* tempo livre e incentivo para apresentar um "rosto" profissional (em uma chamada de Zoom, o rosto fica em um *close-up* assustador). No entanto, há meio século, um antropólogo chamado Victor Turner, que trabalhou na África, desenvolveu um conceito conhecido como "liminaridade", o qual ajuda a explicar a explosão da penugem facial. A teoria de Turner postula que a maioria das culturas emprega rituais e símbolos para marcar pontos de transição, seja no calendário (digamos, um ano novo), seja no início de um ciclo de vida (entrada na idade adulta) ou em um grande evento social (independência nacional).[10] Esses são chamados de momentos "liminares", derivado de *limens*, que significa "limiar", em latim. Uma característica comum é que a ordem simbólica usual é invertida, apresentada em oposição à "normalidade", para marcar um momento de transição. Quando homens normalmente bem barbeados de repente apareceram barbudos durante a Covid-19, parece que esse era um desses símbolos liminares. Uma vez que as barbas *não eram* "normais" para muitos profissionais, usá-las sinalizava que eles viam o confinamento como anormal — e, mais importante, transitório.

Será que aqueles financistas, contadores, advogados e tantos outros barbudos explicavam suas barbas dessa forma? Em geral, não. Símbolos e rituais são poderosos *precisamente* porque refletem e reforçam padrões culturais dos quais estamos (na melhor das hipóteses) apenas ligeiramente conscientes. Contudo, se os líderes empresariais e os políticos tivessem entendido esse conceito liminar, poderiam ter transmitido mensagens mais positivas a seus cidadãos e funcionários assustados. Ninguém gosta do limbo, ou da ideia de um confinamento indefinido. Enquadrá-lo como um tempo de transição liminar, de experimentação e de renovação potencial teria soado mais inspirador. A falta de entendimento do poder dos símbolos levou à perda de uma oportunidade. O mesmo princípio se aplica às máscaras cirúrgicas.

Ou, para usar um exemplo mais sério, considere a história de uma subsidiária do Google conhecida como Jigsaw. Nos últimos anos, seus executivos enfrentaram o desafio da divulgação online de teorias da conspiração. Algumas pareciam inofensivas, tais como a teoria de que a Terra é plana. (Sim, elas existem.) Outras são perigosas, tais como as histórias de "genocídio branco" (que sugerem que grupos não brancos planejam exterminar comunidades brancas) ou a história do "Pizzagate", em 2016 (que alegava que a candidata a presidente Hillary Clinton comandava uma rede satânica de exploração sexual de crianças em uma pizzaria da moda em Washington).[11]

Os executivos do Google tentaram contra-atacar usando aquilo que conheciam melhor: a tecnologia. Eles usaram uma análise do tipo *big data* [megadados] para rastrear a disseminação das teorias da conspiração; alteraram os algoritmos dos sites de busca para aumentar a visibilidade das informações baseadas em fatos; identificaram conteúdos suspeitos e retiraram materiais perigosos. No entanto, os rumores frenéticos continuaram a se espalhar com consequências nefastas (no final de 2016, um homem armado atacou o restaurante do Pizzagate). Então, em 2018, os executivos da Jigsaw fizeram uma experiência. Seus pesquisadores se juntaram aos chamados "etnógrafos"* de uma consultoria denominada ReD Associates e foram conhecer 48 disseminadores de teorias da conspiração estadunidenses e britânicos, em lugares que iam de Montana, nos Estados Unidos, a Manchester, no Reino Unido.[12] Esses encontros mostraram que algumas das suposições dos executivos do Google estavam erradas. Em primeiro lugar, os disseminadores não eram monstros, como as elites instruídas, em geral, presumiam; quando ouvidos com empatia, muitas vezes eram afáveis, mesmo que você discordasse veementemente de suas ideias. Em segundo lugar, a turma da informática não entendia o que importava para os disseminadores dessas teorias. No Vale do Silício, presume-se que as informações em sites profissionais sofisticados são mais confiáveis do que aquelas encontradas em sites amadores, *porque é assim que a turma da informática pensa*. Mas os disseminadores de teorias da conspiração só confiavam em sites pouco sofisticados, pois presumiam que as elites odiadas haviam criado os sites "sofisticados". Essa constatação é muito importante se você quiser desmascarar as teorias da conspiração. Da mesma forma, os pesquisadores tinham começado a experiência com a suposição de que sua prioridade era classificar os riscos envolvidos nas diferentes teorias da conspiração (digamos, classificar uma teoria da Terra plana em uma categoria diferente da de genocídio branco). Mas os encontros presenciais mostraram que o conteúdo era menos importante do que o nível de obsessão que alguém estava disposto a dedicar a um tema e/ou do que seu interesse em definir sua identidade e comunidade com base em tais teorias. "É mais importante distinguir

---

* A palavra "etnografia" é usada para descrever o método que os antropólogos empregam, em geral, para estudar as pessoas, ou seja, a observação presencial, intensiva e não estruturada. Nem toda etnografia é antropologia, uma vez que os não antropólogos, às vezes, usam técnicas etnográficas sem adotarem teorias antropológicas acadêmicas. Quase todos os antropólogos, no entanto, usam a etnografia. No mundo dos negócios, a palavra "etnografia" é usada, muitas vezes, no lugar de antropologia, uma vez que o termo soa menos acadêmico.

os tipos de disseminadores de teorias da conspiração do que os tipos de teorias em si", eles relataram.[13]

Eles também perceberam algo mais: *nenhum desses insights cruciais poderia ser obtido apenas com computadores*. O conceito de *big data* pode explicar *o que* está acontecendo. Mas não pode, em geral, explicar o *porquê*. Correlação não é causalidade. Da mesma forma, a psicologia pode explicar por que *um* indivíduo recorreu às conspirações. Isso não mostra, necessariamente, como uma conspiração pode definir a identidade de um grupo. (A esse respeito, as histórias do grupo de extrema direita QAnon, digamos, lembram o papel do folclore em séculos passados).[14] Às vezes, nada substitui conhecer indivíduos pessoalmente, ouvir com a mente aberta, estudar o contexto e, sobretudo, observar o que as pessoas *não* dizem, tanto quanto o que dizem. Ou, como Tricia Wang, uma antropóloga que trabalhou para a Nokia, observou, o *big data* precisa de *thick data*, ou seja, de *insights* qualitativos que emergem de uma descrição *thick* (espessa) da cultura (para usar uma frase publicada pelo antropólogo Clifford Geertz).[15]

Essa é uma varinha de condão para acabar com as teorias de conspiração? Infelizmente, não. A batalha continua (juntamente com as críticas às empresas de informática). Mas os *insights* deram aos executivos do Google algo crucial: *uma maneira de ver e corrigir alguns erros*. A tragédia é que tais exercícios continuam sendo raros. Não surpreende que Jack Dorsey, cofundador do Twitter, diga que, se ele pudesse inventar a rede social novamente, começaria por contratar cientistas sociais juntamente com cientistas de computação. Isso poderia tornar nossa paisagem digital do século 21 bastante diferente. E melhor.[16]

Este livro está dividido em três partes, que refletem os três princípios esboçados até aqui: a necessidade de tornar o "estranho familiar"; de tornar o "familiar estranho"; e de ouvir o silêncio social. O arco narrativo é a minha própria história: o que aprendi sobre estudar o "estranho" no Tajiquistão (Capítulo 1); como usei essas lições para explorar o "familiar" no centro financeiro de Londres e no *Financial Times* (Capítulo 4); e, mais tarde, como usei essas lições para revelar os silêncios sociais em Wall Street, em Washington e no Vale do Silício (Capítulos 7, 8 e 10). Mas o livro também relata como a antropologia ajudou empresas como Intel, Nestlé, General Motors, Procter & Gamble, Mars e Danica, entre outras, e como ela também ajuda a entender problemas políticos, por exemplo, como lidar com uma pandemia, compreender a economia do Vale do Silício, desenvolver o trabalho digital e abordar o movimento da sustentabilidade. Se você está apenas procurando respostas do tipo "o que fazer" para problemas modernos, vá para os últimos capítulos; no entanto, os anteriores mostram de onde essas ferramentas intelectuais surgiram.

Três ressalvas. Primeira, este livro não afirma que a visão antropológica deve *substituir* outras ferramentas intelectuais, e sim as complementar. Assim como adicionar sal aos alimentos liga os ingredientes e melhora o sabor, acrescentar ideias antropológicas a disciplinas como economia, ciência de dados, direito ou medicina cria uma análise mais profunda e rica. Misturar computação com ciências sociais deveria ser uma prioridade máxima nos dias de hoje. Segunda, não vou fingir que essas ideias são encontradas apenas na disciplina acadêmica de antropologia; algumas aparecem em estudos de pesquisas sobre a experiência do usuário (UX), na psicologia social, na linguística, na geografia, na filosofia, na biologia ambiental e na ciência comportamental. Isso é bom: os limites acadêmicos são artificiais e refletem o tribalismo universitário.* Devemos reformulá-los para o século 21. Seja qual for a palavra que você use para descrever a visão antropológica, precisamos dela.

---

* Muitos antropólogos odeiam palavras como "tribo" e "tribalismo", uma vez que elas podem soar pejorativas e não refletir o sentido mais técnico que têm em relação às estruturas de parentesco. É justo. Porém, para facilitar a comunicação, emprego as palavras "tribo" e "tribalismo" neste livro em seu sentido popular.

Terceira, este trabalho não pretende ser um livro de memórias. Apenas uso minha própria história como um arco narrativo para um propósito intelectual específico: uma vez que a antropologia não é definida como uma teoria apenas, mas como uma forma diferenciada de olhar para o mundo, o caminho mais fácil para explicar esse modo de pensamento é descrever o que os antropólogos fazem. Espero que a minha história ilumine esse aspecto ao abordar três questões: por que um estudo de rituais de casamento tajique deveria levar alguém a examinar os mercados financeiros modernos, a tecnologia da informação e a política? Por que isso importa para outros profissionais? E, em um mundo que está sendo reformulado pela inteligência artificial, por que precisamos de outra "IA", a saber, de inteligência antropológica? Essa última questão é a espinha dorsal deste livro.

PARTE UM
Tornando o "estranho" familiar

A essência: quando, em 2018, Donald Trump difamou o Haiti e os países africanos, chamando-os de "lugares de merda", o comentário provocou críticas generalizadas. Com razão. Mas seu comentário ofensivo revelou uma verdade desconfortável que aflige a todos nós: os humanos instintivamente evitam e desprezam culturas que parecem "estranhas". Uma lição que a antropologia oferece, no entanto, é que vale a pena abraçar o "estranho" e o choque cultural. A antropologia desenvolveu um conjunto de ferramentas para fazer esse trabalho, chamado de observação participante (ou "etnografia"). Mas essas ferramentas não precisam ser usadas no sentido acadêmico de imersão: os princípios podem ser adaptados a contextos de negócios e políticas, e deveriam ser abraçados por qualquer investidor, financista, executivo e formulador de políticas (ou cidadão) que espera prosperar e sobreviver em um mundo globalizado.

1
CHOQUE CULTURAL
(ou: o que, afinal, é antropologia?)

"A antropologia exige uma mente aberta para olhar e ouvir, registrar com espanto e admiração o que não se poderia adivinhar." — *Margaret Mead*[1]

Eu estava na entrada de uma casa de tijolo de barro, em um dia ensolarado de outono. Havia uma vista deslumbrante atrás da casa: um desfiladeiro rochoso íngreme, cravejado de folhagens douradas e prados verdes que subiam até picos nevados, na direção de um céu azul. Essa paisagem assemelhava-se às cenas selvagens das montanhas afegãs que eu havia visto, ocasionalmente, nas telas da televisão, no fim da década de 1970, na Grã-Bretanha, quando uma invasão soviética colocou o Afeganistão no noticiário. Mas, na verdade, eu estava 160 quilômetros mais ao norte, no Tajiquistão soviético, em 1990, em uma vila que chamarei de "Obi-Safed" no vale de "Kalon".*

"A-salaam! Chi khel shumo? Naghz-e? Tinj-e? Soz-e? Khub-e?", uma mulher de meia-idade, em pé, perto de mim, gritou em tajique. Chamava-se Aziza Karimova e era professora universitária na capital tajique de Duxambé; ela viajou comigo em um micro-ônibus lotado, por uma estrada esburacada, durante três horas, até Obi-Safed, para me apresentar aos moradores. Karimova usava roupas típicas da região: túnica e calças estampadas com um padrão de cores vivas chamado *atlas*, e um lenço na cabeça. Eu também usava um lenço, mas ele escorregava em meu cabelo, pois não sabia como amarrá-lo direito.

---

* A aldeia de Obi-Safed e o vale de Kalon (literalmente, "água branca" e "grande") são pseudônimos que usei em meu doutorado para evitar possíveis repercussões para a aldeia durante ou após a guerra civil. O nome de minha orientadora e os dos habitantes da aldeia também são pseudônimos.

Uma multidão apareceu de trás das paredes de barro: as mulheres usavam as mesmas túnicas *atlas* e os mesmos lenços que eu; os homens usavam solidéus, camisa e calça comprida. Um murmúrio de conversa surgiu, mas eu não entendi nada. Eles acenaram para que eu entrasse na casa. Assim que entrei, notei que as paredes internas estavam pintadas, metade de azul e metade de branco. *Por quê?* — pensei. Havia uma pilha alta de almofadas bordadas e coloridas encostada na parede. *Para que serve isso?* Uma televisão tocava música tajique aos brados. Mais gritos irromperam. A multidão distribuiu almofadas pelo chão para servir de "assentos" e colocou um pano no chão para servir de "mesa", depois colocou sobre esse pano bules de cores laranja e branco, tigelas, pilhas de doces e discos dourados de pão; eles empilhavam esse último com um cuidado especial, notei.

Uma jovem apareceu de repente, serviu chá verde em uma tigela pequena, despejou-o de volta no pote laranja e repetiu esse movimento novamente três vezes. *Por quê?* Crianças corriam pela sala. Um bebê choramingava debaixo de um tapete. *O que um bebê está fazendo debaixo de um tapete?* Em seguida, uma idosa imponente, com longas tranças brancas, gritou para mim. *Quem é ela?* Eu me senti como se estivesse no carrossel de um parque de diversões: as imagens e os sons rodopiavam de uma maneira tão desorientadora que eu mal conseguia processá-los.

"O que está acontecendo?", perguntei a Karimova. Falei com ela em russo, que eu sabia bem; meu conhecimento do tajique era mais básico.

"Eles estão perguntando quem você é e o que está fazendo aqui", ela respondeu.

Eu me perguntei o que ela responderia. Havia uma resposta sucinta para essa pergunta: eu havia chegado ao Tajiquistão em 1990 — no que mais tarde viria a ser o último ano da União Soviética, mas ninguém imaginava isso na época — para fazer um doutorado em antropologia, em um programa inaugural de intercâmbio entre a Universidade de Cambridge, na Inglaterra, e Duxambé. Karimova me levara ao vale de Kalon para que eu pudesse realizar um estudo sobre as práticas matrimoniais, o qual, eu esperava, responderia a uma pergunta-chave: havia um "conflito" entre o islamismo e o comunismo no Tajiquistão? Mas também havia uma explicação em potencial muito mais longa para minha presença ali. O que me levou à antropologia foi um desejo apaixonado de explorar o mundo e a questão do que significava ser humano. Minha formação me ensinara que uma maneira de fazer isso era mergulhar na vida dos outros, entender um ponto de vista diferente, através da "etnografia". Tudo isso parecia um conceito elegante — e nobre — quando eu estudava na distante biblioteca da Universidade de Cambridge. Não parecia bem assim quando eu estava sentada em almofadas, naquele quarto azul e branco. *Isso tudo é uma loucura completa?*

Perguntei a Karimova o que ela havia dito às pessoas. "Eu disse que você está fazendo uma pesquisa comigo e pedi para elas ajudarem. Elas disseram que vão ajudar."

Respirei fundo e sorri para a multidão. "*A-salaam!*" ("Olá"), eu disse. Depois, apontei para mim mesma e falei em russo: "*Ya studyentka*" ("Sou estudante"), e depois em tajique: "*Taleban-am*".*

Mais tarde, percebi que havia usado a palavra errada em russo, o que causou confusão. Mas, na época, fiquei aliviada ao ver sorrisos. Chamei a atenção da jovem de cabelos escuros que havia servido chá; ela tinha um rosto fino e inteligente, e duas crianças pequenas agarradas à sua túnica *atlas*. Ela apontou para si mesma e disse: "I-D-I-G-U-L". Falou devagar e em voz alta, pronunciando cada uma das letras, como se estivesse se dirigindo a uma idiota surda. Uma das mininhas fez o mesmo: "M-I-T-C-H-I-G-O-N-A". Ela apontou para a irmã e disse: "G-A--M-J-I-N-A". Depois apontou para o tapete que emitia um chorinho de bebê: "Z-E-B-I". Em seguida, ela apontou para objetos na sala: "*Mesa!*"

---

* Para os ouvidos ocidentais, a palavra "talibã" (*taleban* ou *taliban*) é mais conhecida como o nome de um movimento islâmico, mas também significa "estudante" em tajique, persa e dari (tornou-se o nome do movimento porque seus adeptos eram "estudantes" do Islã).

(mesa); "*Choi!*" (chá), "*Non!*" (pão), "*Dastarkhan!*" (a palavra para o pano que servia de mesa).* Eu a imitei com gratidão, como se fosse um jogo. *Se eu agir como uma criança, talvez eu possa aprender a falar essa língua!* — pensei.

Foi um instinto, como qualquer outro. Mas também ilustra um ponto-chave deste livro e uma lição de visão antropológica: o valor que há em, por vezes, contemplar o mundo como uma criança. Vivemos em uma época em que muitas das ferramentas intelectuais que usamos nos encorajam a resolver problemas de uma maneira predeterminada, de cima para baixo e limitada. O método de investigação científica e empírica que surgiu na Europa do século 17 defende o princípio da observação, mas normalmente ele *começa* definindo a questão a ser estudada ou o problema a ser resolvido e desenvolve maneiras de testar qualquer conclusão (idealmente, de maneira replicável). No entanto, a antropologia toma um rumo diferente. Ela também começa com a observação. Mas, em vez de adotar julgamentos preconcebidos e rígidos sobre o que é importante ou normal ou sobre como os tópicos devem ser subdivididos, ela tenta ouvir e aprender com um arrebatamento quase infantil. Isso não significa que os antropólogos usem *apenas* a observação não estruturada; eles também enquadram o que veem em teorias e buscam padrões. Às vezes, eles usam métodos empíricos também. Mas o objetivo é começar com mente aberta e lentes amplas. Essa abordagem pode ser irritante para os cientistas, que tipicamente buscam dados que possam ser testados e/ou reproduzidos em larga escala.² A antropologia envolve interpretar e criar sentido; normalmente, ela olha para o nível micro e tenta tirar conclusões maiores. No entanto, como os humanos não são produtos químicos em um tubo de ensaio, ou mesmo dados em um programa de IA, essa profunda

---

* Embora o tajique seja uma variante do persa e a ortografia de muitas palavras pareça familiar aos falantes de persa, não existe uma forma amplamente aceita de se escrever a versão kalon do tajique, uma vez que se trata de uma língua gutural e que tende a transformar o "a" em "o". Estou soletrando as palavras como as ouvi.

observação não estruturada e a interpretação podem ser valiosas; sobretudo se mantivermos a mente aberta sobre o que podemos encontrar.*

Muitas vezes, é difícil atingir esses ideais na prática. Eu sei: cheguei a Obi-Safed ignorando-os. Meu plano de pesquisa havia sido elaborado em Cambridge e tinha um conjunto de ideias e preconceitos sobre o islamismo e o comunismo que eram populares entre os círculos políticos ocidentais, mas que se revelaram equivocados. Entretanto, o objetivo central da antropologia é se manter aberta para colidir com o inesperado, ampliar lentes e aprender a repensar o que você conhece. O que levanta a questão: o que inspirou, em primeiro lugar, esse culto à curiosidade compulsiva?

A palavra "antropologia" deriva do grego *antropos*, que significa "o estudo do homem". Não é acidental. Talvez o primeiro "antropólogo" da história a descrever a cultura de forma sistêmica foi o historiador grego Heródoto, que relatou as guerras greco-persas no século 5 a.C., detalhando as origens étnicas de diferentes exércitos e seus méritos militares.[3] Posteriormente, o historiador romano Tácito descreveu as características dos povos celtas e germânicos nas fronteiras do império romano; Plínio, o Velho, outro filósofo romano, escreveu uma *História natural*, que descreve várias raças, como uma sociedade de pessoas com cabeça de cachorro que, supostamente, praticavam o canibalismo; o polímata persa Abu Rayhan al-Biruni detalhou a diversidade étnica no século 10; o escritor francês do século 16 Michel de Montaigne escreveu o ensaio *Dos canibais*, que descreve três índios tupinambás do Brasil

---

* Alguns leitores talvez concluam dessa descrição que a antropologia é uma ciência *soft* em comparação com as ciências *hard*, tais como a física ou a medicina, uma vez que, por vezes, ela usa análise subjetiva, não pesquisa empírica. Geertz, uma das figuras mais influentes da disciplina, por exemplo, via os antropólogos como pessoas que "leem" ou "interpretam" culturas. No entanto, nem todos os antropólogos aceitam a abordagem de Geertz e alguns também usam métodos mais empíricos. Por essa razão, evitei a palavra *soft*, sobretudo porque ela soa pejorativa.

que foram trazidos para a Europa por alguns dos primeiros caçadores de riquezas. Os primeiros antropólogos eram, muitas vezes, obcecados por canibais, uma vez que eles forneciam um contraponto para definir "civilização".

Contudo, foi somente no século 19 que a ideia de estudar a "cultura" — e os "outros" — surgiu como uma disciplina intelectual propriamente dita, nascida da eclosão de vários acontecimentos históricos. O século 18 foi um período de revolução na Europa, quando ocorreu "um esforço contínuo para encontrar as bases intelectuais e derrubar, de forma democrática, um Antigo Regime em seus últimos suspiros", por meio do estudo sobre "o que todos tinham em comum, sua natureza humana", conforme observa o antropólogo Keith Hart.[4] No século 19, Charles Darwin desenvolveu a ideia da evolução biológica, que despertou o interesse sobre a evolução humana ao longo do tempo, não apenas no sentido físico, mas também na dimensão social. O outro impulso foi o imperialismo. O império britânico, na era vitoriana, continha uma infinidade de culturas que pareciam estranhas aos governantes coloniais, e essas elites precisavam de informações sobre como conquistar, tributar, controlar, negociar com esses grupos "estranhos" ou convertê-los. O mesmo aconteceu com as elites francesas, espanholas e holandesas, e com a emergente elite estadunidense, que enfrentavam populações indígenas.

Em 1863, um grupo heterogêneo de aventureiros e financistas criou uma "sociedade erudita" — um tipo de clube de debates popular na Inglaterra vitoriana — para estudar a natureza humana. Eles a chamaram de "Cannibal Club" e penduraram um esqueleto em uma das janelas da sede, um prédio de estuque branco na St. Martins Place, número 4, perto da Praça Trafalgar. Alguns missionários cristãos, que viviam ao lado, imploraram para que a ossada fosse removida, mas eles não foram atendidos.[5] Os líderes do grupo incluíam homens, como o explorador britânico *sir* Richard Francis Burton, ex-funcionário da Companhia das Índias Orientais. Outros eram ligados à Bolsa de Valores de Londres. Na década de 1860, a Inglaterra vitoriana estava obcecada pelo tipo de mania que foi, mais tarde, descrita por Anthony Trollope em seu romance *The Way We Live Now*.[6] Os investidores lutavam para comprar títulos de ferrovias e de outros projetos de infraestrutura nas "colônias" e precisavam de informações para avaliar o risco. "Os mesmos indivíduos que incentivavam a exploração da África ou promoviam a construção de minas e de ferrovias na América Latina também estimulavam a antropologia", observa o historiador Marc Flandreau.[7] Entretanto, Burton e sua laia também tinham uma filosofia diferenciada: eles acreditavam que a "ciência" mostrava que europeus e estadunidenses eram biológica, mental e socialmente superiores aos outros. "O selvagem é moral e mentalmente um instrumento inadequado para a propagação da civilização, exceto quando, como os mamíferos superiores, ele é reduzido a um estado de escravidão", escreveu August Lane Fox Pitt-Rivers, um membro do exército britânico e do Cannibal Club.[8]

Esses autodenominados antropólogos se afastaram dessa postura racista — um pouco — após a Guerra da Secessão, quando o Cannibal Club se fundiu com outro grupo de autodenominados "etnólogos", dirigido pelos quacres (que faziam campanha contra a escravidão), para criar o Royal Anthropological Society. Contudo, os acadêmicos da era vitoriana permaneceram ligados ao enfoque evolucionário. Assim também nos Estados Unidos: em 1877, Lewis Henry Morgan, um empresário e estudioso nas horas vagas de Rochester, Nova York, publicou *A sociedade antiga*, que afirmava que "todas as sociedades percorrem as mesmas etapas em sua evolução... desde formas mais simples de organização — famílias, irmandades, tribos — a estados-nação modernos e complexos".[9] Um dos seguidores de Morgan, John Wesley Powell — um ex-soldado que lutou na Guerra de Secessão do lado da União —, persuadiu o governo, em Washington, a criar uma "Agência de Etnologia" para mapear os povos originários estadunidenses. "Existem etapas na cultura humana", declarou Powell em um discurso em 1886. "A era da selvageria é a idade da pedra. A era da barbárie é a idade do barro. A era da civilização é a idade do ferro." Era considerado tão evidente que os indígenas estadunidenses, afro-estadunidenses e esquimós eram "primitivos" que seus artefatos foram exibidos ao lado de animais no Museu de História Natural de Nova York (onde permaneceram, em grande parte, sem controvérsia, até o surgimento do movimento Black Lives Matter [Vidas Negras Importam]).*

No entanto, no século 20, ocorreu uma revolução intelectual que não apenas estabeleceu as bases da antropologia moderna, mas também inspirou os debates explosivos do século 21 em torno dos valores cívicos em salas de diretoria, parlamentos, escolas, canais de mídia e tribunais (muito embora poucos participantes dessas arenas soubessem qualquer coisa sobre antropologia). Tudo começou na improvável localização da ilha de Baffin, na província canadense de Terra Nova e Labrador, lar dos inuítes. No início da década de 1880, um jovem e circunspecto acadêmico alemão chamado Franz Boas formou-se em ciências naturais pela Universidade de Kiel, na Alemanha, e depois viajou para o Ártico. Ele esperava estudar como os animais interagiam com a neve e o gelo. Mas, com a chegada do mau tempo, ele ficou retido em uma comunidade baleeira por meses, cercado pela população inuíte local. Confinado e entediado, ele passava o tempo aprendendo a língua local e colecionando histórias dos inuítes. Isso revelou algo que ele não esperava: os inuítes *não eram* apenas uma coleção de moléculas físicas, mas humanos que tinham sentimentos, ideias, crenças e paixões — exatamente como ele. "Muitas vezes, me pergunto quais vantagens nossa 'boa sociedade' têm sobre a dos 'selvagens'", ele escreveu em uma carta, diretamente

---

* Desde 2018, o Museu de História Natural anexa materiais explicativos às suas exposições da cultura dos povos originários dos Estados Unidos que explicam o contexto histórico (ou seja, racista) dessas exposições. O museu também retirou uma estátua de Theodore Roosevelt da frente do prédio.

da Terra Nova, para uma austro-estadunidense chamada Marie, que mais tarde se tornaria sua esposa. "Quanto mais vejo seus costumes, mais considero que não temos qualquer direito de menosprezá-los... uma vez que nós, pessoas 'extremamente educadas', somos relativamente muito inferiores."[10]

Posteriormente, Boas foi para os Estados Unidos, onde publicou um livro, em 1911, chamado *A mente do ser primitivo*. Essa obra afirmava que a única razão pela qual estadunidenses e europeus se sentiam superiores a outras culturas era que "nós participamos desta civilização" e "ela vem controlando todas as nossas ações desde o momento em que nascemos".[11] Outras culturas poderiam ser igualmente valiosas e dignas, se apenas abríssemos os olhos, afirmou. Nos círculos intelectuais nova-iorquinos da época — no início do século 20 —, isso era o equivalente a uma revolução copernicana nas ciências sociais.[12] As ideias de Boas foram consideradas tão heréticas que ele enfrentou problemas para encontrar um emprego adequado no mundo acadêmico. Por fim, ele acabou ingressando na Universidade Columbia, onde atraiu estudantes com ideias semelhantes, tais como Margaret Mead, Ruth Benedict, Edward Sapir, Zora Neale Hurston e Gregory Bateson. A partir da década de 1920, esses acadêmicos se espalharam pelo mundo, para lugares que vão desde Samoa aos *pueblos* estadunidenses, para estudar culturas distantes, imitando a estrutura intelectual de Boas.

Uma revolução intelectual semelhante também começou a surgir do outro lado do Atlântico. Um pioneiro foi Alfred Reginald Radcliffe-Brown, um intelectual inglês que decidiu, no início do século 20, que "queria fazer algo para mudar o mundo — livrá-lo da pobreza e da guerra", e viajou para as ilhas Andamão e para a Austrália para ver como os costumes e rituais locais faziam suas sociedades funcionarem. Outra figura ainda mais influente foi um imigrante polonês chamado Bronislaw Malinowksi, que se matriculou na Escola de Economia e Ciência Política de Londres, em 1920, para fazer um doutorado em economia e depois viajou à Austrália a fim de estudar a economia das comunidades aborígenes.

Quando a Primeira Guerra Mundial estourou, em 1914, Malinowski foi encarcerado como um "alienígena inimigo" e despachado para as ilhas Trobriand, na Polinésia. Isolado em uma barraca na praia, ele decidiu salvar seu doutorado estudando as complexas trocas de presentes (chamadas de *kula*), como conchas, colares e braçadeiras, que aconteciam nas ilhas Trobriand. Ele não conseguiu realizar o tipo de levantamento econômico de cima para baixo que havia planejado. Então, usou a única ferramenta que tinha disponível: as observações de testemunhas oculares. Assim como Boas, Malinowski descobriu que esse desvio inesperado de seus planos mudou sua vida: ao retornar a Londres, declarou que a única maneira de entender "outros" estranhos era observá-los em primeira mão, de maneira imersiva. Essa abordagem não significava que o pesquisador deveria se tornar um *insider*, ou "virar nativo", para usar a expressão comum na época. "Nem mesmo o nativo mais inteligente tem qualquer ideia clara do *kula* como uma grande construção social organizada, muito menos de sua função e implicações sociológicas", escreveu Malinowski. Mas era vital "apreender o ponto de vista do nativo, sua relação com a vida, para entender sua visão de mundo".[13] Era preciso ser um *outsider* e um *insider* para enxergar claramente. Os *insiders* consideravam o *kula* corriqueiro; os *outsiders* pensavam que o *kula* fosse apenas uma trivialidade. Um *insider-outsider*, no entanto, poderia ver que essas trocas complexas de *kula* tinham uma *função* de fato: elas mantinham as diferentes ilhas interconectadas, promovendo laços sociais e incorporando sistemas de status.

Malinowski chamou a essa ideia de "observação participante". Ela se espalhou, gerando uma nova tribo acadêmica nas universidades de Londres, Cambridge, Oxford e Manchester, cujos integrantes — como os discípulos de Boas — viajaram a cantos distantes do mundo para estudar outras sociedades. A lista de seus seguidores incluía figuras como Edward Evans-Pritchard, Meyer Fortes, Audrey Richards e

Edmund Leach. Em Paris, surgiu também uma nova tribo de antropólogos franceses: Claude Lévi-Strauss, que foi para o Brasil, e Pierre Bourdieu, um antropólogo francês que analisou a ex-colônia francesa da Argélia. Enquanto eles se espalhavam pelo mundo, seus trabalhos difundiam uma ideia central: embora os humanos tendam a supor que sua própria cultura é inevitável, ela não é. Existe um espectro enorme de variações culturais, e é tolice supor que nossas práticas são normais ou sempre superiores.

Hoje, esse ponto pode parecer tão óbvio que chega a ser quase banal. A ideia da tolerância está enraizada na estrutura legal em muitas partes do mundo, com leis que proíbem o racismo, o sexismo, a homofobia e assim por diante (embora esses ideais sejam muitas vezes desconsiderados). Mas, como observa o historiador Charles King em um relato magnífico dessa revolução intelectual, é difícil exagerar o quanto, há um século, esse conceito de relativismo cultural soava radical. Ou o quanto ele foi controverso. Quando Josef Goebbels, o líder nazista, organizou queimas de livros na Alemanha em 1933, as obras de Boas estavam entre as primeiras a serem jogadas nas chamas. A conflagração foi notícia na primeira página do jornal da Universidade Columbia.[14] Para os não antropólogos, a disciplina pode parecer uma indulgência empoeirada ou exótica. Para os nazistas — e para Boas —, as ideias da disciplina, tal como o relativismo cultural, provocaram uma batalha existencial sobre o que significava ser "humano" e "civilizado". Essa é a razão pela qual um dos maiores presentes que a antropologia pode oferecer ao mundo moderno é ser "o antídoto do nativismo, a inimiga do ódio (e) a vacina do entendimento, da tolerância e da compaixão, sendo, assim, capaz de combater a retórica dos demagogos", para citar o antropólogo Wade Davis. Precisamos dela.

Em 1986, quase um século depois de Boas ter ido para a ilha de Baffin, cheguei à Universidade de Cambridge para fazer um curso de graduação com o estranho nome de "arque e antro". Essa era a abreviação de "arqueologia e antropologia" e refletia o passado confuso — sofrido — da disciplina. Os "antropólogos" vitorianos supunham ser necessário estudar cultura, evolução biológica e arqueologia em conjunto para entender os humanos. No final do século 20, no entanto, os antropólogos não acreditavam mais que a biologia era um destino, e o estudo da cultura e da sociedade havia se tornado uma disciplina que era (na maior parte) separada do estudo da biologia e da evolução humanas; a primeira foi chamada de antropologia "social" ou cultural";[*] a última, de antropologia "física". O limite não era (e não é) rígido; escritores como Joseph Henrich, Brian Dunbar, Yuval Harari e Jared Diamond exploraram de forma inteligente como a fisiologia humana, a geografia e o ambiente influenciam a cultura (e vice-versa) e, nas universidades estadunidenses, a antropologia física e a social são às vezes combinadas. Na Grã-Bretanha, no entanto, as disciplinas tendem a se manter separadas. O nome "arque e antro" era, portanto, um termo errôneo ou, mais precisamente, um sinal de como as instituições são criaturas de sua história.

O curso também apresentava outras esquisitices. Na década de 1980, as ideias gêmeas de "relativismo cultural" e "observação participante" dominavam a antropologia. Isso estava imbricado com o desejo de entender como os sistemas sociais se uniam (refletindo uma abordagem chamada "funcionalismo", desenvolvida por Radcliffe-Brown) e como as culturas criavam mapas mentais por meio de mitos e rituais (com base nas teorias do chamado "estruturalismo", desenvolvidas por Lévi-Strauss) e de "teias de significado" cultural (descritas pelo antropólogo estadunidense Clifford Geertz). Mas, embora os primeiros discípulos acadêmicos de Boas e Malinowski tivessem objetivos claros, na década

---

[*] No século 20, os antropólogos estadunidenses usavam o termo "antropologia cultural" para descrever sua disciplina, mas seus pares britânicos preferiam "antropologia social". A razão era que esses davam mais ênfase aos sistemas sociais, enquanto aqueles (como Geertz) enfatizavam os padrões culturais. Hoje em dia, contudo, as frases têm um sentido equivalente.

de 1980 a disciplina tornou-se mais fragmentada. Os antropólogos eram atormentados por um sentimento de vergonha com relação ao legado colonial da disciplina e estavam ansiosos para repeli-lo (muito mais ainda hoje em dia).[15] Eles haviam percebido que a verdadeira "observação participante" era difícil de alcançar, pois a mera presença de um pesquisador em uma sociedade tende a mudar o que está sendo estudado, e os pesquisadores chegavam com suas próprias ideias preconcebidas. Eles também haviam se tornado inseguros quanto aos limites de sua disciplina. Os primeiros antropólogos estudaram sociedades não ocidentais. No entanto, no século 20, eles voltavam seu olhar cada vez mais para as sociedades ocidentais. Essa mudança ocorreu, em parte, porque acadêmicos como Boas afirmaram que *todas* as culturas são estranhas. Ela deu-se também porque o colapso dos impérios do século 19 tornou mais difícil para eles fazer pesquisas em seus antigos refúgios, uma vez que alguns eram hostis a eles. (Na década de 1960, o primeiro-ministro de Gana tinha uma pintura, em seu gabinete, que retratava seu país se livrando das correntes colocadas nele por missionários, administradores coloniais e antropólogos).[16] No entanto, estudar as culturas ocidentais levou os antropólogos a entrar em um território dominado por economistas, geógrafos e sociólogos. Então, eles deveriam competir com essas disciplinas? Colaborar com elas? À medida que os antropólogos buscavam respostas, a disciplina gerava vários subcampos: antropologia econômica, antropologia feminista, antropologia médica, antropologia jurídica, antropologia digital. Era uma mescla rica, porém confusa.

O único grande denominador comum, no entanto, era a curiosidade obsessiva: os antropólogos se dedicam a espiar por fendas, a se embrenhar em lugares estranhos, a se revestir na vegetação rasteira da sociedade pelo mundo. E, enquanto eu lia a vasta gama de estudos que eles produziram, em lugares que vão de matas ou ilhas remotas a empresas modernas, ficava fascinada. Na verdade, meus motivos para escolher o curso eram tão confusos quanto o passado da disciplina. Cresci em um canto sossegado de um subúrbio de Londres, mas em uma família impregnada por memórias folclóricas do passado colonial britânico (um bisavô lutou na Guerra dos Bôeres; outro tio-avô trabalhou na administração imperial da Índia; meu pai viveu em Cingapura, até que ele e sua mãe fugiram de um exército invasor japonês na Segunda Guerra Mundial e seu pai foi jogado em um campo de concentração). Eu estava ansiosa para escapar dos subúrbios cinzentos dos anos 1970 para me "aventurar" e disposta, de uma maneira vaga e idealista, a "fazer o bem". Então, em 1989, me matriculei no curso de doutorado em antropologia em Cambridge.

Inicialmente, eu desejava fazer trabalho de campo no Tibete, onde passei meses viajando como estudante de graduação. Mas, quando os protestos na Praça da Paz Celestial eclodiram, Pequim fechou as portas. "Que tal o Tajiquistão?", sugeriu uma professora de antropologia chamada Caroline Humphrey, enquanto eu estava sentada, desanimada, em seu gabinete no cenário magnífico do Kings College, em Cambridge. Humphrey tinha feito pesquisa em uma fazenda soviética na Mongólia, na década de 1960, onde estudou "desenhos mágicos" e religião no grupo étnico chamado de buryat. Em seguida, ela escreveu o primeiro estudo inédito e detalhado de uma fazenda coletiva soviética por um observador ocidental.[17] E, desde então, manteve contato com acadêmicos soviéticos.

Eu não sabia nada sobre o país; na verdade, era incapaz de localizá-lo no mapa. Humphrey, porém, conhecia uma acadêmica soviética no Tajiquistão, chamada Aziza Karimova, e, embora lugares como o Tajiquistão estivessem proibidos para pesquisadores ocidentais durante a Guerra Fria, em 1989 o programa de reforma da *perestroika* estava abrindo algumas portas há muito fechadas. Ela achava que Karimova poderia ajudar. Solicitei um visto de pesquisa. Para minha grande surpresa, ele foi concedido; ou, mais explicitamente, eu fui matriculada no departamento de "etnografia" (*etnografiya*) da Universidade de Duxambé, capital do Tajiquistão soviético. Eu não tinha ideia do que isso significava na prática. Ninguém tinha; ninguém fora do bloco soviético jamais tinha ido ao Departamento de *Etnografiya* de Duxambé. Entretanto, eu achava que isso fazia parte da aventura. Como Malinowski, Boas e Mead, eu queria mergulhar no choque cultural.

No verão de 1990, voei para Duxambé. Quando o avião pousou no calor escaldante da cidade soviética, vi blocos de apartamentos de concreto estalinistas que contrastavam com a cadeia de montanhas circundante. Um século antes, o exótico "outro" era representado por lugares como a ilha de Baffin ou a Polinésia. Para uma criança dos anos 1970, na Grã-Bretanha, mergulhada na retórica e nos medos da Guerra Fria, o "outro" exótico eram os cantos mais distantes do império soviético. Para me preparar, estudei russo intensivamente. Eu também tentei aprender tajique. Mas isso foi difícil, pois o único livro do tipo "aprenda tajique sem mestres" que encontrei foi um volume didático, escrito em russo pelo Partido Comunista soviético, que explicava a gramática tajique por meio de frases como: "Precisamos cumprir o plano de cinco anos!" ou "Viva o internacionalismo, o socialismo e a amizade!" e "Todos nós adoramos colher algodão!".

Meu envolvimento com a *etnografiya* no estilo soviético foi quase igualmente desafiador. A palavra russa soava como uma tradução perfeita da palavra em inglês "etnografia". No entanto, isso era enganoso: uma tradução melhor seria "o estudo do folclore", mas através de uma lente estritamente marxista. Ironicamente, esse estilo foi inspirado pelas ideias de antropólogos estadunidenses do século 19, como Powell e Morgan: depois que publicaram seus argumentos sobre como todas as sociedades estavam "evoluindo" do feudalismo ou da barbárie para a civilização, Karl Marx e Friedrich Engels beberam nessa fonte e afirmaram que a humanidade estava "evoluindo" em direção ao comunismo. Os departamentos de *etnografiya* ficaram, assim, presos no quadro evolutivo do século 19, o qual havia sido rejeitado tão violentamente pelos círculos de antropologia britânicos e estadunidenses do século 20. Mas li, com muita pressa, o maior número possível de livros de *etnografiya* que pude encontrar. (Ou, mais precisamente, li as seções intermediárias deles, uma vez que o primeiro e o último capítulo sempre foram uma carta estereotipada de louvor ao Partido Comunista.)

"Então, que tipo de *etnografiya* você vai estudar?", Karimova me perguntou quando apareci no departamento universitário em Duxambé. Ela era uma mulher obstinada e vibrante, nascida na cidade histórica de Bucara, no Uzbequistão, que havia conquistado uma posição cobiçada no meio acadêmico em virtude de sua força de vontade e de suas conexões familiares com o Partido Comunista.

"Rituais de casamento", foi minha resposta pronta. Essa não era toda a verdade. Quando comecei a ler sobre o Tajiquistão, na segurança silenciosa de uma biblioteca em Cambridge, a questão que me fascinava era o Islã e o conflito político. Antes da década de 1920, a região denominada de Tajiquistão havia sido um peão no chamado "Grande Jogo" de xadrez geopolítico entre os impérios russo e britânico, cujo objetivo era controlar os reinos históricos da Rota da Seda.[18] Os vales ao redor de Duxambé eram, nominalmente, parte do reino russo, mas, na prática, administravam seus próprios assuntos e tinham uma orgulhosa cultura muçulmana sunita. No entanto, após a Revolução Russa de 1917, os comunistas soviéticos assumiram o controle da área e tentaram desmantelar a herança cultural islâmica. Nas décadas seguintes, tudo parecia pacífico. Entretanto, durante a Guerra Fria, especialistas em política, em lugares como a CIA, frequentemente sugeriam — ou esperavam — que os muçulmanos da Ásia Central fossem o calcanhar de aquiles da União Soviética, no sentido de serem as pessoas mais propensas a se revoltar contra Moscou.[19] A guerra no Afeganistão havia intensificado essa ideia.*

---

* Neste ponto, você pode estar se perguntando "Ela era uma espiã?". A resposta curta é: "Não, de jeito algum". Se essa resposta faz você pensar: "Não era isso que ela diria se realmente fosse uma espiã?", pense sobre isto: escrever este livro não é o que um espião faria se quisesse passar despercebido.

Eu sabia que não havia a mínima chance de obter um visto das autoridades soviéticas se eu admitisse que planejava estudar esse tópico explosivo. Então, solicitei um visto com uma proposta para estudar as práticas de casamento. Era um tema bastante estudado pelos antropólogos ocidentais, uma vez que um mantra da disciplina é que "o casamento — sua ideologia e as práticas associadas — é a chave para entender muitas sociedades ao redor do mundo", como observou Nancy Tapper, uma antropóloga que realizou pesquisas no vizinho Afeganistão.[20] Por uma estranha reviravolta da história, os comunistas russos concordavam: quando os ativistas soviéticos tentaram erradicar o Islã, na década de 1920, eles lançaram uma campanha chamada *khudzhum* ("ataque", na língua uzbeque) para "libertar" as mulheres e atacar os rituais tradicionais de casamento, na esperança de que essas reformas culturais "abalassem as bases" da cultura islâmica e a tornasse comunista.[21] Como parte do *khudzhum*, ativistas forçaram milhares de mulheres, em Bucara e Samarcanda, a rasgar seus véus e proibiram costumes islâmicos tradicionais, como os casamentos arranjados; aumentaram a idade mínima para casamento; e introduziram novos rituais de casamento soviéticos.* A campanha durou pouco, mas o legado do *khudzhum* tornou o tópico de casamento uma boa maneira para explorar a questão que realmente me fascinava: o suposto embate entre o islamismo e o comunismo. Ou assim eu esperava.

O tema que escolhi empolgou Karimova, pois a *etnografiya* soviética continha pesquisas extensas sobre os matrimônios "tradicionais", ou *tui*, e ela adorava ir a festas de casamento, pois eram eventos alegres.

---

* Este detalhe da história da Ásia Central é pouco conhecido fora da região, mas é fascinante. Ironicamente, os comunistas russos usaram uma estrutura intelectual que era intensamente antropológica: eles argumentavam que as mulheres eram o "prego" que segurava a cultura tradicional e que o casamento e o parentesco eram os principais fatores que mantinham esse prego no lugar. Portanto, libertar as mulheres mudaria a sociedade. Esse raciocínio levou os ativistas soviéticos a se empenhar, de forma dramática, para promover a igualdade feminina na região, uma prévia do que as agências de desenvolvimento ocidentais fariam mais tarde.

"Vou levar você a muitas *tui*!", prometeu, sentada em um gabinete escuro, no instituto de pesquisa em Duxambé. Ela explicou que haveria muita dança. Assim, algumas semanas depois, embarcamos em um micro-ônibus precário e apertado, viajamos por várias horas e depois descemos na beleza fascinante do vale de Kalon, onde Karimova me levou por uma trilha montanhosa não pavimentada através de um desfiladeiro até Obi-Safed. "Haverá *tui* para estudar!", ela declarou, acenando para as casas de barro. Meu trabalho de campo havia começado. Eu não fazia a menor ideia do que ia acontecer, nem de que aquilo que eu estava prestes a aprender também seria tão útil, posteriormente, para estudar Wall Street e Washington.

Nas semanas seguintes, tentei seguir os passos de Malinowski e Boas — ou de Humphrey e Gellner, meus professores em Cambridge. Eu não tinha permissão para morar em Obi-Safed o tempo inteiro, uma vez que meu visto soviético estipulava que minha base era a Universidade Nacional Tajique em Duxambé. Mas, pelo menos uma vez por semana, eu pegava um ônibus para o vale de Kalon e me hospedava na casa da família estendida à qual Karimova me apresentara: um grupo de irmãos adultos com suas esposas e filhos, mais uma matriarca, viúva e poderosa, chamada Bibigul. A mulher de cabelos escuros, chamada Idigul, cujos filhos tinham me ensinado minhas primeiras palavras locais, me acolheu.

Aos poucos, uma rotina se estabeleceu. Todos os dias, um grupo de crianças se reunia na casa, ao redor do *dastarkhan*, e fazia o "jogo" de me ensinar novas palavras em tajique, rindo quando eu errava. Se não tivessem aula na escola, eles me levavam pela aldeia, era o entretenimento do dia. À noite, corriam pelas trilhas íngremes da montanha para recolher as cabras nas pastagens altas. Muitas vezes eu ia junto. Correr sozinha nos pastos altos era um raro momento de privacidade. *Sou como uma versão tajique de Maria, em* A Noviça Rebelde – às vezes eu ria pensando isso sozinha. Depois passei a ajudar em outras tarefas domésticas: sentava com as mulheres e cortava cenouras para fazer a receita típica de *osh-plov* (um prato gorduroso de arroz frito, cenoura e carneiro que eu detestava), pegava baldes de água de um riacho (embora a aldeia tivesse eletricidade, não tinha água encanada); varria o chão; cuidava de bebês (e, rapidamente, descobri que o que eu havia pensado ser um tapete bordado no meu primeiro dia era, naquele país, na verdade, um berço).

Eu também fazia meu "dever de casa", para usar a frase cunhada por Karimova quando ela descreveu por que eu estava em Obi-Safed. Andava entre as casas, com meu computador e uma máquina fotográfica, para fazer perguntas sobre casamentos e, mais importante, por ser um pretexto para falar sobre qualquer coisa — e *tudo* — que eu pudesse. Era uma técnica clássica de antropologia: ao focar um tópico, ritual ou conjuntos de práticas no nível micro, um antropólogo espera abrir, gradualmente, seu olhar para visualizar a paisagem inteira. Em 1990, muitos dos casamentos no vale de Kalon ainda eram, pelo menos em parte, arranjados por famílias, de acordo com as normas islâmicas tradicionais. Os aldeões eram obcecados por estratégias e festas de casamento com a mesma intensidade com que as famílias de classe média estadunidenses ou europeias discutiam o mercado imobiliário, as mudanças de emprego, os planos de férias ou a educação dos filhos: quem estava se casando com quem? Quem poderia se casar com quem? Que preço eles poderiam pagar pela noiva? Quem teve o melhor casamento? Dia após dia, os aldeões mostravam fotos desbotadas de noivas e noivos do passado, desenhavam suas árvores genealógicas, contavam as pilhas de almofadas e tapetes de cores vivas que as noivas levavam para seu novo lar como dote. Os aldeões também explicavam o longo e confuso ciclo dos rituais de casamento, que incluíam cerimônias ao redor do *dastarkhan* com farinha, pão, água, roupas brancas e doces. Às vezes, um aldeão local, descrito como um "mulá", presidia a cerimônia. Entretanto, com frequência, mulheres idosas também oficializavam os rituais e as rezas. O casal também ia até o escritório do governo soviético local para registrar o casamento oficialmente, e os convidados para a cerimônia, muitas vezes, viajavam de carro até uma estátua de Lenin, mais abaixo no vale, como se estivessem fazendo uma peregrinação para tirar fotografias lá. Anotei o que as pessoas diziam — e o que não diziam.

O ponto alto do ciclo ritual, porém, era a *tui kalon* — a festa de casamento. Ao anoitecer, os aldeões colocavam mesas em uma praça aberta, repletas de pão, doces e *osh-plov*, e tocavam música tajique aos brados, que ecoava nas paredes rochosas do vale. Em seguida, todos se reuniam em um círculo e dançavam por horas, balançando o corpo com movimentos semelhantes à dança indiana ou persa. "Dança com a gente!", os aldeões gritavam quando a música começava. No início, eu recusava. Mas as crianças eram persistentes: em Obi-Safed, elas aprendiam a dançar assistindo aos outros e aos canais de televisão soviéticos que viviam transmitindo danças tajiques, entre propagandas comunistas. "Você nunca vai encontrar um marido se não souber dançar!", Bibigul, a avó da casa em que eu estava hospedada, gritou para mim diversas vezes. Assim, quando a neve começou a cair, o que me impedia de sair de casa, comecei a imitar os movimentos das crianças. Na primavera de 1991, o ritmo parecia familiar o suficiente para eu me juntar à dança de casamentos. Depois, no final da primavera, só de ouvir a batida da música tajique, meus braços se mexiam involuntariamente. *Minhas mãos ficaram tajique*, eu pensava. Fui "incorporando", lentamente, os hábitos da aldeia, para usar uma frase proferida pelo antropólogo Simon Roberts.[22] Ou, como Miner poderia ter dito, ações que antes pareciam completamente "estranhas" estavam furtivamente se tornando "familiares", de uma maneira que eu nunca esperei que fosse acontecer.

Um dia, em meados de março de 1991 — seis meses após minha chegada ao vilarejo —, subi o vale de Kalon até chegar a um prédio baixo de concreto cinza. A neve cinzenta e suja ainda estava no chão; era o fim de um longo inverno. Mas também havia um toque vibrante de vermelho: uma imagem de Lenin. Era o *sovkhoz* local, a fazenda estatal. Dentro, havia um homem de meia-idade chamado Hassan, que vestia um terno cinza barato e adornado com medalhas soviéticas. Ele era o diretor do *sovkhoz*.

"Estou fazendo *etnografiya*", eu disse, em tajique. Após seis meses de imersão brutal, minhas habilidades linguísticas tinham melhorado. "Quero falar sobre o *sovhkoz* e a *tui*."

Hassan assentiu. Os aldeões haviam lhe contado tudo sobre mim. Ele me serviu chá, colocou um disco de pão na mesa e o ofereceu a mim.

"Não estamos no Ramadã?", perguntei. Nenhuma das mulheres comia durante o dia, a menos que estivessem grávidas ou trabalhando, porque estavam observando o jejum muçulmano.

Hassan riu: "Eu sou comunista!", ele exclamou, mudando do tajique para o russo.

"Você também é muçulmano?", perguntei, mudando para o russo também. Os homens da aldeia falavam as duas línguas, e eu costumava usar a que eles escolhiam.

"Sou!", Hassan respondeu, em tajique novamente, e depois acrescentou a título de explicação: "Minha esposa mantém o jejum em casa".

Ah! — pensei. Eu havia chegado a Obi-Safed esperando usar meu estudo sobre rituais de casamento para explorar o "conflito" entre islamismo e comunismo. A meio mundo de distância, em Cambridge, eu achava que deveria existir um conflito, uma vez que os dois sistemas de crenças eram tão opostos. Mas o tempo que passei em Obi-Safed me apresentara um problema: a aldeia não parecia estar em ebulição por causa de um choque ideológico em relação ao casamento ou a qualquer outra coisa. As campanhas anteriores de *khudzhum* tiveram como objetivo esmagar as práticas tradicionais e substituí-las por outras comunistas. Em alguns sentidos, a iniciativa havia funcionado: minha pesquisa mostrou que a idade para se casar havia aumentado acentuadamente[23] durante o período soviético. Os casamentos polígamos e forçados haviam desaparecido em grande parte. As famílias, no entanto, ainda pagavam um preço de noiva e um dote, e havia casamentos arranjados. E, enquanto o mantra oficial da União Soviética era que a identidade étnica não importava, uma vez que todos eram comunistas, os aldeões de Obi-Safed odiavam a ideia de se casarem com qualquer pessoa fora do vale de Kalon.[24] De forma semelhante, embora o ciclo de casamentos incluísse uma peregrinação à estátua de Lenin, os rituais islâmicos não haviam desaparecido. "A imagem que surgiu é a de uma bricolagem complexa de cerimônias", escrevi mais tarde. "Embora os rituais soviéticos tenham sido adotados, eles não existiam como *alternativas* aos rituais 'tradicionais', mas como *extensões*."[25]

Isso significava que os aldeões escondiam sua identidade islâmica? Essa era uma forma de resistência subliminar ao Estado comunista? Inicialmente, pressupus que sim. A área tinha enfrentado tanta repressão no passado que eu não esperava — como estrangeira — que me contassem toda a "verdade".

Mas os comentários de Hassan no escritório do *sovkhoz* sugeriam que havia outra explicação para o que estava acontecendo. A cultura britânica, na qual eu crescera, moldada pelo cristianismo protestante, presumia que as pessoas deveriam ter apenas *uma* religião ou *um* sistema de crenças. A cultura ocidental tende a valorizar "princípios imparciais acima do particularismo contextual", como observou o antropólogo Joseph Henrich, e presume que "existem verdades morais assim como existem leis matemáticas".[26] A consistência intelectual é considerada uma virtude; a falta dela, uma hipocrisia. No entanto, essa ideia não é universal: em muitas outras sociedades, existe a presunção de que a moral é *baseada no contexto* e que não é imoral ter valores diferentes em situações diferentes. O comportamento de Hassan parecia encapsular essa ideia. Um tema comum nas culturas da Ásia Central (e em muitas outras culturas islâmicas) era que o espaço "público" deveria ser tratado de forma diferente do espaço "privado". Uma divisão de gênero era, em geral, transposta para isso: o espaço público era dominado pelos homens; o espaço privado era o reino das mulheres. Hassan parecia ter estendido a distinção entre o islamismo e o comunismo para essa questão. A esfera pública era dominada pelos símbolos e práticas do Estado comunista soviético; a esfera privada era o bastião dos valores tradicionais muçulmanos. Como as mulheres estavam associadas à esfera doméstica, elas haviam se tornado as guardiãs da cultura muçulmana tradicional.[27] Ou, em outras palavras, quando Hassan me disse que ele era um "bom comunista" que não observava o Ramadã, mas ainda assim um "bom muçulmano" porque sua esposa o fazia, ele não estava necessariamente *mentindo*, mas invocando uma estrutura espacial mental e cultural compartimentada, a qual parecia ser a norma.

Essa compartimentalização era uma estratégia *deliberada*? Eu não tinha certeza. Mas desconfiei de que a melhor maneira de interpretar o padrão era com o conceito de *habitus* desenvolvido por Pierre Bourdieu.[28] Essa teoria afirma que a maneira como os humanos organizam o espaço reflete os "mapas" mentais e culturais que herdamos de nosso entorno, mas à medida que nos movemos por esse espaço, com hábitos familiares, essas ações reforçam esses mapas mentais compartilhados e os fazem parecer tão naturais e inevitáveis que sequer os percebemos. Somos criaturas do nosso ambiente no sentido social, mental *e* físico, e esses aspectos intensificam uns aos outros (daí a razão pela qual "hábito" e "habitat" têm a mesma raiz linguística em inglês). Sempre que Hassan alternava entre o russo e o tajique — ou comia pão no trabalho enquanto sua esposa observava o Ramadã — ele refletia *e* reproduzia uma sensação de compartimentalização que aliviava o "conflito" entre o islamismo e o comunismo. Ou, dito de outra forma, o "comunismo" tinha sido redefinido, na aldeia, de uma forma que possibilitava haver uma acomodação entre os dois sistemas, não um conflito. A pressuposição que motivou meu doutorado — derivada dos círculos de política estrangeira e de outros grupos ocidentais, tais como a CIA — estava errada.

No verão de 1991, deixei as montanhas de Obi-Safed e voltei ao mundo plano e familiar da Universidade de Cambridge. Eu estava animada para escrever minha pesquisa, uma vez que senti que havia topado com uma ideia importante — a saber, que a teoria do calcanhar de aquiles da Guerra Fria estava equivocada — e esperava que isso me permitisse construir uma carreira em antropologia ou em estudos soviéticos. Mas, então, a vida tomou um rumo inesperado. Logo após meu retorno, um golpe eclodiu em Moscou, derrubando Mikhail Gorbachev, o primeiro-ministro soviético. A União Soviética começou a desmoronar. Isso foi um baque para minha pesquisa, uma vez que o tópico central do meu doutorado, de repente, era história, e não antropologia atual. Mas, depois, uma nova oportunidade se materializou. Sempre flertei com a ideia de me tornar jornalista, já que essa profissão — como a antropologia — parecia ser movida pela curiosidade. Enquanto a União Soviética descambava para o caos, surgiu uma vaga de estágio como repórter temporária do *Financial Times* na União Soviética. Agarrei essa oportunidade.

Sete meses depois, no final da primavera de 1992, ouvi dizer que protestos políticos borbulhavam no Tajiquistão. Então, peguei um avião para Duxambé mais uma vez, mas desta vez como repórter. De início, as ruas pareciam estranhamente inalteradas: filas de blocos de apartamentos estalinistas e um emaranhado de casas retangulares com paredes de lama. Mas, em seguida, os eventos se tornaram violentos: manifestantes se aglomeraram nas ruas, confrontos eclodiram, as tropas do governo reagiram e, em seguida, os tiroteios aumentaram, o que, mais tarde, provocou uma guerra civil que acabou matando várias dezenas de milhares de pessoas.* Horrorizada e assustada, abriguei-me em um hotel em Duxambé com uma porção de outros jornalistas,

---

* A guerra civil no Tajiquistão foi um dos conflitos menos divulgados que eclodiram na antiga União Soviética e, como resultado, há poucos dados concretos sobre o número de mortos. Grupos pró-democracia "estimaram" um número de mortos entre 30 mil e 150 mil. De qualquer forma, o número foi tragicamente alto.

incluindo Marcus, o repórter do *Daily Telegraph* que aparece no prefácio deste livro.

Eles me encheram de perguntas sobre o que estava acontecendo. Inicialmente, eu não sabia o que responder. Quando morei em Obi-Safed, um ano antes, esse canto da União Soviética parecia tão pacífico que nunca me ocorreu imaginar um mundo onde a sociedade pudesse se esfacelar. É sempre difícil imaginar um colapso sistêmico e, apesar de todo o debate sobre a questão do calcanhar de aquiles nos círculos políticos ocidentais, ninguém naquele mundo previu, a sério, que a União Soviética pudesse realmente implodir tão rápido. *Minha pesquisa havia sido uma completa perda de tempo?* — eu vivia me perguntando.

Mas então, enquanto observava, nervosa, no hotel de Duxambé, percebi que o que eu tinha visto em Obi-Safed era, de fato, mais útil do que eu percebera. A teoria do calcanhar de aquiles implicava que as regiões islâmicas, como o Tajiquistão, seriam as *primeiras* a se rebelar contra o sistema comunista. No entanto, descobriu-se que elas foram as últimas. Em vez disso, as primeiras repúblicas a se separar foram as bálticas (e meu primeiro trabalho como repórter freelancer para o FT foi enviar despachos do parlamento lituano, onde manifestantes, escondidos atrás de blocos de concreto, lutavam contra o Partido Comunista). O governo tajique solicitou a independência somente depois que quase todas as outras repúblicas já o tinham feito. Longe de ser o ponto fraco da URSS, o Tajiquistão acabou sendo um osso duro de roer, como eu suspeitava. *Se ao menos eu tivesse publicado minha tese um ano antes, eu poderia realmente ter parecido visionária* — refleti azedamente.

Meu estudo sobre os padrões de casamento também foi surpreendentemente relevante. Eu chegara a Obi-Safed com uma série de suposições sobre filiações nacionais que havia absorvido de minha herança europeia. Elas postulavam que o Estado-nação era a unidade política mais importante — porque o conceito de "nações" havia moldado a história europeia desde o século 19. Assim, como os "tajiques" viviam no "Tajiquistão" e falavam "tajique", comecei a estudá-los através de uma lente nacional. Mas o exame da seleção de nubentes me mostrou que essa suposição estava errada: os aldeões do vale de Kalon só queriam se casar com pessoas como eles, que eles definiram como sendo *apenas* os residentes daquela mesma região, se não daquele mesmo vale — *não* como os "tajiques". Eles realmente não haviam abraçado a ideia do Estado tajique que havia sido imposto à região pelos comunistas soviéticos (assim como os imperialistas europeus tinham criado fronteiras artificiais e países na África).

Em 1991, quando eu vagava por Obi-Safed, essa escolha de parceiros de casamento parecia simplesmente um detalhe cultural para minha pesquisa acadêmica. Mas, em 1992, abrigada no hotel, essa observação assumiu um significado político — e trágico. Quando os partidos de oposição se reuniram em Duxambé para exigir a remoção do governo tajique, alguns se descreveram como membros de um "Partido Islâmico". Os jornalistas ocidentais interpretaram esse rótulo como um sinal de que as batalhas envolviam um embate entre o "extremismo islâmico" e o "comunismo", tomando emprestado os rótulos usados, muitas vezes, para descrever eventos no Afeganistão (e, mais tarde, em muitas outras partes do Oriente Médio). Não era bem assim: quando conversei com as facções "tajiques" nas ruas de Duxambé, percebi que o que realmente estava motivando o confronto não era "ideologia", uma vez que membros de ambas as facções diziam que eram muçulmanos e pareciam operar com a mesma divisão público/privado que eu havia visto em Obi-Safed. Em vez disso, o ponto-chave do conflito era que o partido de oposição vinha de um grupo de vales, e o governo de outro. Eles estavam lutando pelo acesso aos recursos em um mundo pós-soviético. Era uma luta regional, não religiosa.

Isso importava? A resposta foi (e é) um enfático "sim" se você quiser entender a trajetória atual dessa região volátil, onde a rivalidade russo-estadunidense-chinesa está criando um novo tipo de "Grande Jogo". E também se você é um historiador e deseja desvendar a razão por que a CIA e outros interpretaram mal os pontos de vulnerabilidade da antiga União Soviética durante a Guerra Fria. No entanto, havia (e há) uma lição muito maior aqui que se estende para muito além da geopolítica. Em nosso mundo do século 21, existe uma reverência pela análise abrangente, de cima para baixo e com grandes séries de estatísticas e megadados (e, quanto maior o conjunto de dados, melhor). Essa trituração de números pode, com frequência, nos ajudar a entender. Entretanto, minha experiência em Obi-Safed me mostrou que, às vezes, vale a pena ter uma visão de baixo para cima, não de cima para baixo, e tentar combinar essas perspectivas. Vale a pena fazer estudos intensivos, locais e laterais que explorem uma situação em três dimensões, fazer perguntas abertas e ponderar sobre o que as pessoas *não estão* falando. Vale a pena "se incorporar" ao mundo de outra pessoa — para ganhar empatia. Essa abordagem de baixo para cima não produz, em geral, apresentações ou planilhas chamativas. Mas pode ser, por vezes, tão revelador quanto qualquer olhar de cima para baixo ou megadados. "Etnografia é empatia", observa Grant McCracken. "Você ouve até dizer: 'Ah, é assim', e de repente você vê o mundo como eles veem."[29]

Não é nada fácil adotar essa abordagem de baixo para cima. O choque cultural é doloroso. É preciso tempo e paciência para mergulhar em um mundo estranho. A etnografia não pode ser facilmente encaixada em uma parte da agenda de um profissional ocidental ocupado. No entanto, mesmo que a maioria das pessoas não possa se aventurar em um lugar como Obi-Safed, todos podemos adotar alguns dos princípios da etnografia: olhar ao redor, observar, ouvir, fazer perguntas não estruturadas, ser curioso como uma criança e tentar se colocar "no lugar do outro". Vale a pena, mesmo se você for político, líder, executivo de uma corporação, advogado, especialista em informática ou qualquer outra variante do mundo profissional do século 21; ou, mais precisamente, *sobretudo* se você for um membro da tribo da aflita elite ocidental.

2
CULTOS DE CARGA
(ou: por que a globalização
surpreendeu a Intel e a Nestlé?)

"A antropologia pode não fornecer a resposta para a questão do sentido da vida, mas pelo menos pode nos dizer que há muitas maneiras de tornar a vida significativa." — Thomas Hylland Eriksen

O clima na arejada sala de conferências do Museu da História do Computador, em Mountain View, Califórnia, era sério, e até mesmo nerd. Era setembro de 2012. Do lado de fora do salão, havia uma exposição de artefatos do culto à inovação tecnológica que impulsiona o Vale do Silício, como os primeiros protótipos do computador da Apple.[1] Havia também uma pilha de jornais, de cor salmão, do *Financial Times*: o FT estava promovendo um debate empresarial com representantes de empresas de tecnologia e da Stanford d.school. Eu era responsável pelas operações editoriais do FT nos Estados Unidos.

Tudo aquilo parecia estar a uma distância imensa das montanhas tajiques. Ou talvez não. Na plataforma, ao meu lado, estava Genevieve Bell, uma australiana vivaz, com uma grande cabeleira ruiva cacheada, que trabalhava para a Intel, a gigante da computação. Ela passara seus primeiros anos de vida mergulhada na antropologia do século 20. Nasceu em Sydney e, quando jovem, sua mãe se mudou para o interior da Austrália a fim de fazer um trabalho de campo de um doutorado em antropologia. Durante os oito anos seguintes, Bell viveu em uma comunidade aborígine, com cerca de seiscentas pessoas, perto de Alice Springs. "Abandonei a escola, parei de usar sapatos e fui caçar com os aborígenes australianos sempre que podia", disse ela. Ela aprendeu a extrair água de sapos do deserto e comeu "larvas feiticeiras", um tipo de lagarta australiana que vive entre as raízes das árvores. "Eu tive muita sorte. Tive uma infância muito abençoada."[2]

Ela fez doutorado em antropologia, com foco na cultura dos povos originários dos Estados Unidos, e tornou-se professora na Universidade de Stanford. "Na minha família, a piada é que a antropologia é menos uma vocação e mais uma mentalidade. É uma forma de ver o mundo da qual não sei como fugir. Um ex-namorado me disse que eu era uma péssima companhia de férias. Ele me disse: 'Você trata as férias como trabalho de campo', e eu pensei: *Eu trato a vida como trabalho de campo*."[3] Contudo, sua vida deu uma guinada curiosa em 1998.

Certa noite, ela foi a um bar perto de Stanford com uma amiga e começou a conversar com um empresário chamado Rob, que sugeriu que a formação de Bell a tornava apta para trabalhar na área de tecnologia. Pouco depois, um funcionário da Intel, a maior fabricante mundial de chips de computador, convidou-a a visitar seu laboratório de pesquisa em Portland, Oregon. "Mas eu não entendo nada de tecnologia!", ela protestou. Essa era exatamente a questão, retrucaram os executivos: eles já tinham muitos engenheiros na equipe que sabiam tudo sobre computadores. O que eles *não* sabiam era como entender os humanos, em locais ao redor do mundo, que estavam comprando aparelhos tecnológicos que continham esses chips de computador. A Intel ofereceu-lhe um emprego.

Bell sabia que era uma mudança de carreira estranha. Durante o século 20, alguns antropólogos haviam migrado para o mundo dos negócios. Mas muitos antropólogos eram receosos de trabalhar para empresas grandes ou para governos, pois temiam que isso reproduzisse os padrões de exploração observados durante o passado imperial da disciplina no século 19. Havia também um problema cultural: o tipo de estudante que migrava para a antropologia tendia a ser inconformista e antissistema; ele queria analisar regras, não as obedecer — fosse em uma empresa ou em qualquer outro lugar.

Por ser alguém que devorava larvas feiticeiras na infância, Bell adorava romper a tradição. E ela via que, embora os engenheiros da Intel pudessem parecer menos exóticos do que as comunidades aborígenes australianas (pelo menos para os ocidentais), eles representavam uma nova fronteira para a antropologia a ser desbravada. O que aconteceria, ela pensou, se as ideias antropológicas fossem aplicadas ao setor de negócios e de tecnologia do século 21? A antropologia poderia ter valor prático?

"Pode?", perguntei a ela, enquanto estávamos sentadas no Museu da História do Computador.

"Sim!", Bell respondeu. Ela explicou como ela e uma equipe de cientistas sociais vinham lutando para injetar no mundo empresarial as lições que ela (e eu) havíamos aprendido. Não era fácil. Os engenheiros nem sempre gostavam de ouvir *outsiders* estranhos — exóticos — como os antropólogos. Em reuniões, ela havia entrado em choque com Paul Otellini, presidente-executivo da Intel.[4] Mas aquilo que os antropólogos disseram à Intel havia evitado que a empresa cometesse erros dispendiosos e lhes mostrara oportunidades. A razão era simples: um calcanhar de aquiles do mundo empresarial e tecnológico ocidental era que seus engenheiros e executivos muito bem treinados tendiam a supor que todos pensavam (ou deveriam pensar) como eles. Descartavam, ignoravam ou ridicularizavam o comportamento humano que parecia estranho. Essa mentalidade poderia ser desastrosa em um mundo globalizado.

Mas como persuadir os engenheiros e executivos do século 21 a mudar sua forma de pensar?, pensei. O desafio parecia enorme.

Para entender por que uma empresa como a Intel poderia — e deveria — usar conhecimentos antropológicos, vale a pena parar e refletir sobre o profundo paradoxo que paira sobre a "globalização" do século 21. Em alguns sentidos, vivemos em um mundo de homogeneização crescente, ou em uma aparente "Coca-colonização", para usar a expressão postulada pelo antropólogo Ulf Hannerz.[5] Os fluxos de comércio, finanças, informação e pessoas estreitaram cada vez mais os vínculos entre os diferentes cantos do globo nos últimos anos. Assim, um item como uma garrafa de Coca-Cola — ou um chip de computador — viaja por quase todos os lugares, criando uma impressão de "homogeneização global", se não de "colonização cultural", como diz David Howes, outro antropólogo.[6] Mas existe um problema: mesmo quando símbolos, ideias, imagens e artefatos circulam pelo mundo, nem sempre eles significam o mesmo para as pessoas que os utilizam, muito menos o que seus criadores pretendiam que significassem. Uma garrafa de Coca-Cola pode parecer fisicamente idêntica, mas, "na Rússia, acredita-se que a Coca-Cola suaviza rugas; no Haiti, ela ressuscita os mortos; e, em Barbados, pode transformar cobre em prata", observa Howes. No filme *Os deuses devem estar loucos*, uma tribo !Kung, no deserto de Kalahari, transforma uma garrafa de Coca-Cola que foi jogada da janela de um avião em um fetiche ritualístico. Embora essa história fosse fictícia, o filme foi inspirado em relatos de antropólogos sobre os chamados cultos de carga encontrados na Melanésia e em outros lugares, os quais surgiram quando aeronaves militares ocidentais lançaram, de paraquedas, bens de consumo, que os locais adotaram e depois passaram a reverenciar.[7] Isso pode parecer apenas uma curiosidade exótica, mas ilustra um ponto muito importante: as pessoas criam teias de significado diferentes em torno de objetos em contextos culturais diferentes.

"Os seres humanos são animais que simbolizam e conceitualizam em busca de um significado", como observou certa vez o antropólogo Clifford Geertz — que foi uma figura destacada na disciplina durante o século 20. "O que nos faz dar sentido à nossa experiência, dar-lhe forma e ordem, é evidentemente tão real e tão urgente quanto as necessidades biológicas mais familiares."[8] Além disso, uma ironia da globalização é que, mesmo que o comércio e a tecnologia digital disseminem memes culturais comuns, esta última também torna mais fácil para as comunidades expressarem suas diferenças culturais e étnicas. Meios como a televisão, o rádio e (mais recentemente) a internet ajudam as minorias nos Estados-nação a promoverem seus próprios idiomas. As plataformas digitais permitem que uma diáspora se una e que as comunidades se juntem em torno de símbolos de diferença étnica ou rejeitem símbolos da globalização. (Para ter um vislumbre deliciosamente bem-humorado disso, assista ao filme de 1985 *The Coca-Cola Kid*, sobre uma pequena cidade australiana que resiste à marca global de bebidas.) A globalização promove a uniformidade em algumas esferas e a separação em outras, e torna contraditório o conceito de "Coca-colonização".[9]

Isso cria armadilhas. Os executivos da Coca-Cola descobriram isso da maneira mais difícil. No início do século 21, eles decidiram vender chá engarrafado na China, mas os consumidores chineses rejeitaram o produto. Os executivos ficaram perplexos e pediram a alguns antropólogos que investigassem o fato. Um grupo da consultoria ReD Associates o fez e apontou que o significado do chá verde para os consumidores chineses era diferente de seu significado para os estadunidenses. "Para a cultura empresarial da Coca-Cola, sediada em Atlanta, no sul dos Estados Unidos, a palavra 'chá' significa uma bebida doce e refrescante que combina bem com um churrasco. Para essa cultura [estadunidense], o chá tem tudo a ver com adição: um acréscimo de açúcar e cafeína para dar mais disposição no final da tarde", observou Christian Madsbjerg, cofundador da ReD. "[Contudo,] o chá tem a ver com *subtração* na cultura chinesa. O chá — como a meditação — é uma ferramenta para revelar o verdadeiro eu... e deve eliminar as distrações e tudo que seja irritante, como barulho, poluição e estresse."[10]

Da mesma forma, no final da década de 1990, a Merrill Lynch tentou expandir suas operações de corretagem no Japão usando uma campanha publicitária que mostrava seu logotipo de touro, um símbolo que, nos Estados Unidos, invoca otimismo a respeito do mercado.[11] Os executivos da Merrill Lynch ficaram encantados quando as pesquisas mostraram um alto grau de reconhecimento do animal por parte do consumidor japonês, mas depois eles perceberam que o touro era "reconhecido" por ser associado ao churrasco coreano — não ao dinheiro. Os chamados códigos semióticos, para usar um conceito desenvolvido por Ferdinand de Saussure, dependem de seu contexto. Ou, para citar Geertz novamente, as "teias de significado" em torno dos objetos e das práticas podem variar — bastante.

A Gerber, empresa estadunidense de alimentos para bebês, agora de propriedade da gigante suíça Nestlé, supostamente cometeu um erro ainda pior com mensagens transculturais, de acordo com uma história ensinada com frequência nos cursos de marketing no Ocidente. Em meados do século 20, a Gerber tentou expandir suas operações internacionais vendendo comida para bebês na África Ocidental usando potes decorados com uma foto de um bebê sorridente, uma imagem publicitária comum nos Estados Unidos e na Europa. No entanto, em algumas culturas africanas, espera-se que a imagem, em um recipiente, represente os *ingredientes* da comida.* "Acostumados a ver o conteúdo dos alimentos embalados retratados nos rótulos dos produtos, [algumas] pessoas presumiram que os potes não continham alimentos feitos *para* bebês, mas *de* bebês", escreveu Howes. "Os americanos são canibais?, eles se perguntaram"[12]

Entretanto, embora as diferenças culturais, em um mundo globalmente conectado, criem armadilhas, também podem criar oportunidades ou mostrar às pessoas — se estiverem dispostas a perceber — que não apenas as teias de significado variam como também são *fluidas*. Isso é importante não apenas para uma empresa como a Intel como para quase todos que operam em um mundo globalizado. A variação cultural e a fluidez podem produzir algumas consequências surpreendentes — como mostra uma história da Nestlé totalmente diferente sobre a simples barra de chocolate Kit Kat no Japão.

---

* A Nestlé não pode confirmar a precisão dessa história, que talvez seja, portanto, apócrifa. No entanto, ela provavelmente surgiu de algum incidente real, e o fato de ter sido amplamente repetida ilustra o ponto-chave: é perigoso supor que os outros pensam da mesma maneira que nós.

Durante a maior parte do século 20, o Kit Kat era um objeto que parecia essencialmente "britânico". Surgiu da confeitaria fundada por (e batizada em homenagem a) Joseph Rowntree, um quacre da era vitoriana, e, no século 20, a barra era promovida entre os operários britânicos com o slogan "Dê uma pausa. Coma um Kit Kat" [*Have a break. Have a Kit Kat*] e "A menor e melhor refeição da Grã-Bretanha".[13] Assim, na década de 1970, a Rowntree (que posteriormente se fundiu com o grupo britânico Mackintosh) passou a exportar a barra de chocolate para outros países, como o Japão, ainda com a marca britânica. As vendas nesse país foram medíocres, pois muitas mães japonesas consideravam a barra de chocolate doce demais para seus filhos.

Entretanto, em 2001, os executivos japoneses de marketing que trabalhavam com a marca Kit Kat no Japão — que havia sido posteriormente adquirida pela Nestlé — notaram um acontecimento estranho: embora, de modo geral, as vendas do Kit Kat fossem estáveis, elas aumentavam em dezembro, janeiro e fevereiro na ilha sudoeste de Kyushu.[14] Não havia nenhuma razão óbvia para isso, mas, quando os executivos locais da Nestlé investigaram, descobriram que adolescentes e estudantes universitários em Kyushu haviam notado que o nome "Kit Kat" soava semelhante à frase *kitto katsu* no dialeto japonês de Kyushu, que significa "você precisa se superar". Isso os levava a comprar barras de Kit Kat como um símbolo de sorte quando faziam seus exames de ingresso na universidade e para o ensino médio, uma provação conhecida como *juken*, que ocorre entre dezembro e fevereiro.

Inicialmente, a equipe da filial regional japonesa da Nestlé, em Kobe, não achou que essa curiosidade — ou mutação — cultural tivesse qualquer valor prático. A sede da empresa em Vevey, na Suíça, tinha regras rígidas sobre os nomes das marcas no mundo inteiro, de modo que a barra de chocolate não poderia ser renomeada como "*kitto katsu*" no Japão. No entanto, a notícia chegou em um momento crucial: como aponta Philip Sugai, professor de uma escola de administração local, as vendas de Kit Kat no Japão estavam estagnadas e os executivos da Nestlé estavam sob intensa pressão para encontrar uma nova estratégia. O slogan "Dê uma pausa" não funcionava no Japão, mas as pesquisas com consumidores não explicavam o porquê. Então, a equipe de marketing fez um experimento: em vez de perguntar *diretamente* aos compradores o que havia de errado com a frase, eles pediram, durante várias semanas, aos adolescentes que tirassem fotos que ilustrassem como eles imaginavam o conceito de "Dê uma pausa", as colocassem em um quadro e, em seguida, explicassem o que eles queriam dizer de forma não estruturada, *nas palavras deles*. Essa abordagem surgiu, pela primeira vez, no mundo do marketing dos Estados Unidos no final do século 20, tomando emprestadas ideias da etnografia (sobre as quais falaremos mais adiante). As empresas ocidentais que operavam no Japão estavam ansiosas para empregá-las, uma vez que, muitas vezes, o choque intercultural parecia incompreensível demais.

Nas fotos, os adolescentes apareciam ouvindo música, pintando as unhas dos pés, dormindo e assim por diante. Mas nenhum deles comia chocolate. Isso revelou um ponto crucial: os estudantes japoneses de *juken* não achavam que "uma pausa" com chocolate era remotamente relaxante. A única pausa considerada boa e que eles desejavam fazer era um descanso bem longo. Então, Kohzoh Takaoka, chefe de marketing da Nestlé no Japão, junto com colegas como Masafumi Ishibashi e Ryoji Maki, decidiram substituir a frase "Dê uma pausa" pela frase "*Kit(to) Sakura Saku!*" — que significa "Desejos se tornam realidade!" — na publicidade local, com fotos de flores de cerejeira, ou *sakura*.

Se algum executivo na sede da Nestlé em Vevey tivesse visto as imagens, poderia ter presumido que eram apenas fotos bonitas. Mas a *sakura* também é um símbolo japonês de sucesso nos exames — e foi o mais próximo que a equipe da Nestlé Japão pôde chegar de alterar a marca Kit Kat sem violar as regras estabelecidas por seus chefes suíços. Em seguida, eles convenceram hotéis próximos aos centros de exames a distribuírem barras de Kit Kat grátis para seus hóspedes com um cartão que dizia "as *sakura* certamente florescerão". "Não informamos claramente à sede da Nestlé, em Vevey, o que estávamos fazendo, porque sabíamos que soaria muito estranho", Ishibashi me disse mais tarde. "Queríamos começar logo e ver se funcionaria."

Funcionou. As vendas de Kit Kat dispararam, pois os alunos começaram a tratar a barra de chocolate como uma nova variante de um antigo fenômeno japonês chamado *omamori*, um amuleto de boa sorte que os santuários religiosos xintoístas vendem aos devotos no Japão depois de serem benzidos por um sacerdote. Para os *outsiders*, o chocolate pode não parecer suficientemente sagrado para fazer jus a esse rótulo. Mas os japoneses costumam ser pragmáticos — e, da mesma forma que em todas as culturas, seus códigos semióticos são mais fluidos do que eles (ou os outros) podem se dar conta. Em 2003, uma pesquisa de consumidores realizada pelo portal de internet Goo mostrou que cerca de 34% dos alunos haviam passado a usar o Kit Kat como um *omamori* — perdendo apenas para os 45% que usavam amuletos xintoístas tradicionais que haviam sido benzidos por um sacerdote de verdade. Em 2008, 50% de todos os estudantes japoneses que faziam exames relataram que usavam Kit Kats como *omamori*. As mídias sociais ficaram cheias de fotos de adolescentes segurando a barra de chocolate de embalagem vermelha na mão enquanto estavam sentados às mesas de exame, com a cabeça baixa, como em oração (ou, mais precisamente, em um estado de estresse extremo).[15]

A equipe japonesa em Kobe acabou contando aos gerentes seniores da Nestlé, em Vevey, o que estava acontecendo. Os executivos suíços ficaram surpresos, mas, sabiamente, não interromperam o experimento e a mutação cultural. A equipe japonesa lançou uma caixa de Kit Kat com espaço para as famílias dos alunos escreverem mensagens de boa sorte. Em seguida, eles convenceram os correios do Japão a transformar essas caixas vermelhas em uma espécie de envelope com selo pré-pago. Em 2011, quando houve o terremoto de Fukushima, os executivos da Nestlé convenceram a empresa ferroviária local a aceitar caixas de Kit Kat como bilhetes de trem. A equipe também fez experiências com o sabor da barra. Na Grã-Bretanha, a barra de chocolate era um biscoito com três camadas de wafer separadas por creme de baunilha e cobertas com chocolate marrom. Mas, em 2003, a equipe japonesa adicionou morango em pó para criar um Kit Kat cor-de-rosa. No ano seguinte, eles adicionaram *matcha* (nome do broto do chá verde em pó) à mistura. Logo surgiu um espectro inteiro de barras em um arco-íris de cores: uma barra roxa com sabor de batata-doce; uma verde aromatizada com wasabi; outras aromatizadas como soja, milho, ameixa, melão, queijo e manteiga. A empresa até lançou um sabor especial de "pastilha para a garganta", como uma homenagem aos torcedores da seleção japonesa de futebol na Copa do Mundo. "Chamado de Kit Kat *Nodo Ame Aji*, que se traduz por 'pastilha para a garganta', Kit Kat, essa barra de chocolate nova, de fato, inclui uma dose de 2,1% de pó de pastilha para a garganta em cada porção... para fornecer um sabor refrescante e revigorante", explicou um site japonês. Esse sabor "pastilha para a garganta" supostamente ajudaria os torcedores a gritar mais alto pela seleção.[16]

Em 2014, a barra havia se tornado o doce mais vendido no Japão e estava tão intimamente associada à cultura japonesa que era vendida como um *souvenir* "local" — *japonês* — para turistas internacionais nos aeroportos. Em seguida, veio outra reviravolta: em 2019, a Nestlé passou a vender o Kit Kat *matcha* nos mercados europeus, incluindo a Grã-Bretanha. A rigor, isso não representava uma importação japonesa como tal: as barras de *matcha* eram, na verdade, fabricadas na Alemanha. Mas estava longe de ser qualquer coisa que Rowntree, o quacre inglês vitoriano, pudesse ter imaginado que aconteceria com o chocolate britânico que ele lançara em York. Os executivos em Vevey, na Suíça, ficaram tão impressionados que deram um passo antes inimaginável: promoveram Ryoji Maki, o (nem tão) jovem executivo que implementara grande parte da campanha *kitto katsu* (com Ishibashi e

Takaoka), para dirigir a estratégia de marketing global da Kit Kat na sede suíça. Esta foi a primeira vez que um japonês assumiu esse papel. "O que essa história mostra é que vocês precisam pensar de uma maneira pouco convencional", Maki disse a seus colegas suíços, enquanto mostrava fotos de adolescentes japoneses rezando, durante exames, para a barra de Kit Kat de embalagem vermelha. Ou, como disse Ishibashi: "A questão é que você precisa ouvir os consumidores, onde eles estão. Você não pode presumir nada". Nem no caso do chocolate, nem, ao que parece, no caso dos chips de computador.

Quando a antropóloga australiana Genevieve Bell chegou à divisão de pesquisa da Intel em Portland, Oregon, em 1998, a empresa estava em uma encruzilhada estratégica. Nos anos anteriores, o grupo da Costa Oeste dos Estados Unidos havia se tornado o maior produtor mundial de semicondutores, o que o colocava no centro do ecossistema da computação pessoal. Mas o contexto estava mudando. Embora a Intel dominasse os mercados ocidentais, eram as regiões de mercados emergentes, como a Ásia, que agora mostravam um crescimento maior. E, embora a Intel costumasse vender chips para empresas que fabricavam computadores para uso em escritórios, os consumidores eram uma fonte de demanda em rápido crescimento. Os executivos da Intel precisavam entender esses novos usuários não ocidentais, incluindo as mulheres. Elas eram um mistério em particular, uma vez que a maioria dos engenheiros da Intel eram homens.

"Fiz as malas, me mudei para Oregon e comecei a trabalhar em uma empresa que eu conhecia pouco, em um setor que eu desconhecia, em um campo sobre o qual ninguém sabia nada", explicou Bell mais tarde. "Minha chefe me disse que eles precisavam da minha ajuda para entender as mulheres — todas as mulheres!"

"Eu disse: 'Existem 3,2 bilhões de mulheres no planeta'. E ela disse: "Exato, se você pudesse nos dizer o que elas querem, seria ótimo".[17]

Bell se juntou a um grupo chamado "Pesquisa de Pessoas e Práticas", composto por várias dezenas de projetistas, cientistas e psicólogos cognitivos — além de alguns outros antropólogos, como Ken Anderson e John Sherry. Anderson, tal como Bell, vinha de uma formação clássica em antropologia: ele tinha feito trabalho de campo estudando a cultura musical das ilhas dos Açores. O grupo de pesquisa já havia desenvolvido algumas novas maneiras de estudar os consumidores nos Estados Unidos; a certa altura, eles grudaram uma calculadora modificada na porta de uma geladeira, como um autodenominado "teclado de geladeira", para ver como os consumidores reagiriam à (então) chocante ideia de deixar um computador entrar na cozinha. "O teclado de geladeira atraiu mesmo a atenção dos engenheiros", Sherry disse rindo. Mas a missão de Bell era olhar para além dos Estados Unidos, para lugares como Índia, Austrália, Malásia, Cingapura, Indonésia, China e Coreia. Seu assistente se referia a eles com a sigla I AM SICK.*[18]

Bell começou recrutando etnógrafos locais de universidades e consultorias, que se instalaram em residências, nesses países, durante vários dias, observando como as famílias trabalhavam, viviam, oravam e socializavam, e como a tecnologia se encaixava nisso. Esse não foi um experimento de observação participante em grande escala, do tipo venerado pelos descendentes de Malinowksi e Boas. Mas tomou emprestado algumas ideias deles: em vez de confiar em estatísticas e pesquisas, os pesquisadores usaram a observação e as conversas não estruturadas. O objetivo era examinar as "teias de significados" que as pessoas construíam para objetos de suas vidas e fornecer uma "descrição densa" desses padrões culturais, para citar Geertz. Portanto, em vez de começar a pesquisa perguntando aos consumidores "O que você pensa sobre computadores?", os antropólogos olharam *primeiro* para o

---

* Sigla composta das iniciais dos nomes dos sete países em inglês. A frase significa "Estou doente". (N.T.)

contexto da vida das pessoas e tentaram ver — e imaginar — onde os computadores poderiam se encaixar. Esse procedimento trazia embutida uma pergunta: se os antropólogos estavam olhando para o cenário como um todo e fornecendo uma "descrição densa", como poderiam saber o que focar? A resposta estava na busca por padrões e códigos semióticos. Assim como uma barra de Kit Kat pode ter "teias de significados" diferentes no Japão e na Grã-Bretanha, o tratamento dos computadores poderia variar de acordo com o contexto. Na Malásia, Bell viu que havia comunidades muçulmanas que usavam os recursos de GPS de seus telefones para localizar Meca na hora de suas orações. Em outras partes da Ásia, havia famílias que queimavam modelos de telefones celulares em papel como oferendas para seus ancestrais usarem no outro mundo. Na China, as pessoas levavam seus celulares para um templo para serem abençoados.[19] De fato, Bell encontrou um gerente de loja de telefones na China que se recusou a vender um telefone para ela — mesmo tendo muitos em estoque — porque ele não tinha acesso a um "número" da sorte. "Foi como uma cena de um programa do Monty Python", ela lembrou mais tarde. "Eu via todos os telefones empilhados, mas ele continuava a dizer que nenhum deles estava à venda.[20]

Os padrões geográficos também importavam. "Tive um momento maravilhoso com alguns caras nos Estados Unidos e alguns caras na Malásia", observou ela. "Eu estava explicando a eles que uma das diferenças entre a Ásia e os Estados Unidos tem a ver com o tamanho e a configuração das casas das pessoas. A Intel está muito interessada na casa digital e temos que ter cuidado com as suposições que fazemos sobre a aparência dessa casa." Quando um designer dos Estados Unidos disse que cada um de seus filhos tinha um computador em seu quarto, ela explicou: "Os caras da Malásia disseram: 'Uau! Seus filhos têm seus próprios quartos? Eles não se sentem solitários?'".[21] Os estadunidenses ficaram surpresos com a reação dos malaios, e estes com o fato de os designers terem ficado surpresos.

Não foi fácil para Bell e o resto da equipe comunicar suas descobertas aos engenheiros que trabalhavam na Intel nos Estados Unidos. Os engenheiros são ensinados a resolver problemas com números concretos, mas os antropólogos preferem contar histórias para interpretar culturas. "Temos os cientistas 'mais suaves' ao lado dos cientistas duros, que projetam chips e coisas muito familiares à Intel, e é muito mais difícil justificar e medir a pesquisa qualitativa", admitiu Pat Gelsinger, então diretor de tecnologia da Intel (e, mais tarde, CEO dessa empresa) a um repórter alguns anos após a chegada de Bell.[22] Ou como disse Sherry: "O que você está enfrentando é um problema de tradução cultural em muitos níveis" — entre cientistas e antropólogos.

No entanto, os antropólogos da Intel tentaram superar essa divisão. Bell cobriu as paredes dos escritórios da Intel, em Portland, com fotos gigantescas de pessoas no "RDM" (Resto do Mundo) usando produtos de computação. Ela usou *storytelling* para comunicar as ideias aos engenheiros. Às vezes, eles rejeitavam as mensagens. No início de sua pesquisa, os antropólogos relataram aos executivos da Intel que os consumidores estavam adotando telefones celulares em todo o mundo com uma intensidade surpreendente e sugeriram que a empresa deveria se concentrar nesse segmento. A sugestão foi, inicialmente, descartada (o que os analistas, mais tarde, concluíram ter sido um erro estratégico cometido pela Intel). Houve também uma grande batalha em torno da questão do papel. Muitos dos engenheiros da Intel estavam convencidos de que o futuro do escritório seria "sem papel", uma vez que eles estavam acostumados a trabalhar online — e presumiam que todas as outras pessoas também quisessem fazer o mesmo. Mas, quando os antropólogos falaram com pessoas que *não* eram engenheiros do Vale do Silício, perceberam que os consumidores gostavam de papel por razões emocionais. "É aquilo que os antropólogos chamam de um artefato persistente e teimoso", observou Bell.

"Em outras áreas, os antropólogos tiveram 'um impacto real' na estratégia", disse Gelsinger. Até o início do século 21, os gerentes da Intel tendiam a supor que seria difícil vender computadores pessoais em um mercado como o da Malásia porque a riqueza per capita era baixa. No entanto, os antropólogos perceberam que as famílias extensas estavam juntando recursos para investir em vários outros produtos e valorizavam muito a educação. Então, eles tiveram uma ideia: por que não tentar posicionar o computador pessoal como um produto que uma família *extensa* poderia usar para que a próxima geração se envolvesse com instrução? Isso funcionou: as vendas dos computadores pessoais aumentaram. Então, Bell notou que, entre as famílias chinesas, havia uma preocupação generalizada de que um computador pessoal pudesse distrair as crianças e que elas deixassem de fazer o dever de casa. Os antropólogos sugeriram aos engenheiros que os designers da Intel criassem um "dispositivo" especial que pudesse ser colocado nos computadores para impedir que as crianças acessassem jogos neles. Mais tarde, os engenheiros da Intel trabalharam com um fabricante chinês de computadores pessoais para criar o "Computador de Aprendizagem Doméstica da China" e o lançaram em 2005.[23] As vendas foram boas. "No início, os engenheiros não queriam nos ouvir de jeito nenhum, a menos que tivessem visto um exemplo de sucesso", observou Sherry. "Mas, uma vez que eles viram o que poderia acontecer, passaram a não querer fazer nada sem a gente."

Com o passar dos anos, os antropólogos conquistaram, lentamente, respeito na empresa. Bell foi promovida a "diretora de pesquisa de usuários" e passou a chefiar uma unidade de negócios chamada "Casa Digital"; dois outros cientistas sociais — Eric Dishman e Tony Salvador — foram convidados a supervisionar as equipes de "Saúde Digital" e "Mercados Emergentes", respectivamente. Em seguida, os experimentos se intensificaram: à medida que os engenheiros inseriam computadores e chips em todos os cantos das casas, nos escritórios e carros das pessoas, os antropólogos acompanhavam, observando tudo o que podiam.[24]

Em 2014, por exemplo, Bell e outra antropóloga chamada Alexandra Zafiroglu foram a um estacionamento subterrâneo em Cingapura para conhecer um homem chamado "Frank", que dirigia um carro utilitário branco. Elas começaram pedindo que ele retirasse todos os objetos que estavam dentro do carro e depois os colocasse sobre uma lona de plástico, para que elas pudessem subir em uma escada e fotografá-los. Uma pilha de itens diversos apareceu. Alguns eram esperados: o manual do carro, manuais para os dispositivos eletrônicos, fones de ouvido bluetooth e um sistema GPS móvel. Grande parte deles, no entanto, era inesperada. Havia iPods, calculadoras, uma coleção de CDs e DVDs, controles remotos para os aparelhos de DVD do carro, fones de ouvido sem fio, "guarda-chuvas, tacos de golfe, cartões de crédito, brinquedos, doces, desinfetante para as mãos, um pequeno Buda, dado a Frank por sua mãe, e um tapete antiderrapante sobre o qual o Buda descansava", observou um repórter mais tarde.[25] Para os engenheiros, isso parecia um monte de "tralha" — e irrelevante para a tecnologia da computação, lindamente elaborada, que os engenheiros estavam projetando para automóveis. O próprio Frank pareceu envergonhado com a "tralha". Assim como todos os outros proprietários de carros que Bell e Zafiroglu conheceram; eles nunca falavam voluntariamente sobre esses itens. A tralha não estava exatamente escondida, mas também não era vista; ou não até que Bell e Zafiroglu a exibissem sobre uma lona de plástico.

Mas, por serem antropólogas, elas acreditavam que nada é apenas "tralha" — ou irrelevante. Aquilo que consideramos constrangedor é revelador. Os objetos na lona de plástico mostravam duas coisas. Primeiro, as pessoas "estavam usando seus carros para mantê-los socialmente seguros, não apenas fisicamente", ao manter símbolos e rituais que delineavam o território delas. "Na Malásia e em Cingapura, por exemplo, ficamos surpresas ao descobrir que as pessoas mantinham pacotes de *ang pow* (envelopes de dinheiro da sorte dados no ano-novo chinês) em seus carros durante o ano inteiro."[26] Em segundo lugar, os motoristas *não estavam* usando a tecnologia da maneira esperada ou planejada. Os engenheiros haviam instalado "sistemas de comando de voz embutidos" nos carros para reduzir a distração na direção e presumiram, sem questionar, que essa inovação estava sendo usada. Isso porque, quando os motoristas eram perguntados diretamente sobre a tecnologia, eles diziam aos pesquisadores que a usavam. Mas, quando os antropólogos observaram o que os motoristas realmente faziam — não aquilo que eles diziam que faziam —, viram que, sempre que os motoristas ficavam entediados no trânsito, eles pegavam seus dispositivos portáteis pessoais e os usavam, e não aqueles sistemas de comando de voz que os engenheiros haviam projetado com tanto amor. A retórica divergia da realidade.

Bell pediu aos engenheiros que adotassem esse padrão — em vez de simplesmente ignorá-lo ou ridicularizá-lo. Em vez de presumir que os motoristas simplesmente usariam os dispositivos que já estavam instalados no carro, Bell sugeriu que os engenheiros projetassem produtos que permitissem aos consumidores *sincronizar* seus próprios dispositivos pessoais com seus carros. Havia uma lição maior aqui: antes, os engenheiros tendiam a começar com uma ideia inovadora e impô-la às pessoas; os antropólogos os incentivaram a *começar* a olhar o mundo através dos olhos dos usuários, em toda a sua diversidade, e a responder a isso. Ou, como Bell me disse no Museu da História do Computador, a lição que ela tentava transmitir era esta: "*Essa pode ser a sua visão de mundo, mas não é a de todo mundo!*". Era simples de dizer, mas dolorosamente difícil de lembrar.

Em 2015, o foco da equipe de ciências sociais estava mudando. Quando Bell entrou na empresa, o grupo de pesquisa passava a maior parte do tempo estudando como os consumidores reagiam aos artefatos tecnológicos — como os computadores — e como estes poderiam se encaixar na vida das pessoas. Isso refletia a maneira como os descendentes intelectuais de Malinowski, Mead e Boas estudaram a interação entre pessoas, artefatos, rituais, espaço e símbolos. No entanto, com o avanço do século 21 e o ciberespaço se tornando cada vez mais dominante, o foco tem se voltado mais para as redes. As máquinas deixaram de ser apenas objetos passivos. Passaram a ser dispositivos interativos que quase têm vontade própria. Isso criou questões novas para os antropólogos: o que os humanos fazem quando as máquinas começam a ter suas próprias formas de "inteligência"? A cultura pode ser programada na IA? Os antropólogos deveriam estudar as máquinas inteligentes como um novo "outro"? Como eles poderiam explorar as redes, e não apenas as "coisas" e as pessoas? "O que a antropologia oferece hoje em dia não é apenas algo que tem a ver com a experiência do usuário. Trata-se de ter uma visão holística da tecnologia, pensando, por exemplo, sobre que tipo de proteção precisamos para desenvolver produtos de maneira ética", argumentou Sherry. Ou, como observou Anderson: "A antropologia começou como um estudo do 'homem' [sic], o animal, em uma estrutura evolutiva e comparativa. Hoje, novas instâncias de IA nos desafiam a considerar o que significa ser humano ou não humano. Isso leva [...] a antropologia para além do humano".[27] Isso também criou uma série de novas questões para os engenheiros. "Estamos nos afastando de uma mentalidade em que os engenheiros apenas se perguntam o que é tecnologicamente possível projetar e caminhando em direção a um mundo onde dizemos o que *deveríamos* projetar?", observou Lama Nachman, o cientista-chefe da Intel. "Isso é bem diferente. Então, precisamos olhar para o contexto social."

Logo, os antropólogos começaram a estudar as "teias de significado" em torno da IA. Os estudos revelaram algumas distinções sutis, porém marcantes. Na Alemanha, por exemplo, parecia que os consumidores estavam satisfeitos em aceitar o uso de IA nos dispositivos para cuidados domiciliares de idosos, mas apenas se os dados desses dispositivos de IA não fossem compartilhados fora de casa. Os pesquisadores calcularam que essa ressalva era causada por memórias que o povo tinha sobre a vigilância governamental no passado. Nos Estados Unidos, por outro lado, havia menos preocupação com o fato de os dados coletados por dispositivos de IA serem compartilhados dentro ou fora de casa e mais apreensão com a ideia de os consumidores terem ou não "controle" sobre uma máquina.

Uma das pesquisas mais marcantes — e delicadas — girou em torno do uso de tecnologias de reconhecimento facial na China e nos Estados Unidos. Anderson liderou esse estudo em uma equipe integrada por quatro pesquisadores. Esse era um trabalho de pesquisa bastante distante do que ele tinha realizado, como antropólogo acadêmico, com músicos tradicionais dos Açores. No entanto, a abordagem foi semelhante: observação e escuta pacientes, sem pressupostos. O projeto foi levado a cabo em cerca de meia dúzia de lugares. Quatro estavam na China, localizados sobretudo em Hangzhou, incluindo complexos de varejo e de escritórios, e em algumas escolas que foram descritas com os pseudônimos "Escola Secundária x" e "Escola Secundária z". Dois lugares estavam nos Estados Unidos e foram descritos com os pseudônimos "St. Nicholas of Myra, uma escola que ia da educação infantil até o ensino fundamental, particular, católica, localizada em um bairro urbano em processo de gentrificação", e "Departamento do Xerife do Condado de Rock".[28] Ao longo de vários anos, os antropólogos visitaram os locais e observaram como a tecnologia de reconhecimento facial e os sistemas de IA eram usados.

Algumas das observações não foram muito surpreendentes. Nas localidades estadunidenses, a equipe observou uma sensação de "pânico moral" em torno da IA que refletia o tom dos meios de comunicação ocidentais, os quais vinham alertando que essas tecnologias ameaçavam os valores mais importantes dos cidadãos dos Estados Unidos, como privacidade e liberdade. No entanto, quando os antropólogos observaram o que as pessoas estavam realmente *fazendo* — não dizendo —, eles viram tantas inconsistências quanto haviam identificado com a "tralha" nos carros das pessoas. "O diretor da St. Nicholas of Myra implantou, recentemente, um sistema de reconhecimento facial [...] para monitorar quem entra e sai da escola", observou a equipe de pesquisa. No entanto, a escola monitorava apenas adultos, não crianças, para tornar o projeto "seguro" e "ético" — embora o objetivo real fosse proteger as crianças. Quando os pesquisadores perguntaram por que uma escola precisava de um sistema de IA, os professores declararam que "o sistema permite que o diretor e a recepcionista identifiquem e cumprimentem todos pelo nome, o que eles sentem que promove um sentimento de comunidade [...] [e] assegura que as crianças estejam seguras, felizes, saudáveis e santas". Ninguém conseguia explicar, porém, como a IA ajudava as crianças a serem "santas". Da mesma forma, no Departamento do Xerife do Condado de Rock, Anderson descobriu que, embora a equipe da polícia que investiga crimes fosse autorizada a usar "software de reconhecimento facial, as diretrizes para o Departamento do Xerife são muito claras no sentido de que os vídeos não são gerados por nenhuma câmera pública do município ou do condado, eles são gerados apenas por câmeras residenciais ou comerciais privadas". Por que as filmagens de câmeras residenciais eram consideradas aceitáveis, enquanto as filmagens de câmeras governamentais não eram? Esse era um mistério — para os pesquisadores e para a polícia.

Na China, a situação era diferente. A equipe descobriu que os dispositivos de reconhecimento facial eram onipresentes em edifícios, lojas, bancos e escolas, e "tão comuns e corriqueiros que [seu uso], muitas vezes, passa despercebido, tanto pelos usuários quanto pelos pesquisadores que deveriam estar em campo observando atentamente". Em certa ocasião, por exemplo, a equipe pediu a uma mulher com quem estavam trabalhando para passar pelo sistema de reconhecimento facial em sua residência. Ela o fez corretamente, mas de uma maneira tão descontraída que os antropólogos da Intel tiveram que pedir que ela repetisse a ação várias vezes, uma vez que a interação dela com as câmeras de reconhecimento facial era tão "normal" que era difícil percebê-la. Em outra ocasião, a equipe da Intel pediu para acompanhar um chinês que ia retirar dinheiro de um caixa eletrônico com reconhecimento facial, e eles encontraram o mesmo problema. "Dava quase para ler seu pensamento: 'Ah, sim, os estrangeiros acham que o reconhecimento facial é interessante? Isso é um golpe para pegar meu dinheiro?'. Também tivemos que pedir a ele para realizar a operação três vezes para conseguir acompanhar o processo."

Para os observadores estadunidenses, essa situação era capaz de provocar horror, até porque surgiram relatórios, a partir de 2017, que diziam que o governo chinês estava usando ferramentas de vigilância — incluindo o reconhecimento facial — como forma de repressão e de abuso dos direitos humanos da população de uigures, na província de Xinjiang. Muitos estadunidenses presumiram que os consumidores chineses deveriam odiar, secretamente, a ideia dessa vigilância, uma vez que eles a odiavam. A equipe da Intel afirmou, no entanto, que era um erro presumir que os chineses viam as coisas da mesma maneira que os estadunidenses. Eles não fingiam entender completamente o que estava acontecendo na mente e na vida do povo chinês que estudavam: seus estudos eram "superficiais" em termos dos padrões acadêmicos (de duração relativamente curta); a equipe dependia de tradutores (uma vez que Anderson não falava chinês); e eles sabiam que estavam operando em um país com controle governamental. "Os relatos não contam uma história completa — não existe uma a ser contada", explicou o relatório.

No entanto, mesmo levando em conta essas ressalvas, eles puderam ver uma grande diferença em como os chineses reagiam aos sistemas de reconhecimento facial, em comparação com os estadunidenses. "Há uma presunção esmagadora na China de que o governo existe para manter as pessoas seguras", explicou a equipe. "Em uma sociedade que tem vigilância evidente e cotidiana, de forma humana e institucional, há mais de setenta anos, o surgimento e a implantação do reconhecimento por meio de câmeras de vídeo têm sido menos controversos do que nos Estados Unidos." Houve alguns casos de rebelião. A equipe da Intel monitorou uma "Escola Secundária chinesa z" que usava o reconhecimento facial para determinar o que os alunos podiam — ou não — comer na cantina da escola, dando àqueles considerados com excesso de peso peixe cozido no vapor, digamos, em vez de carne de porco grelhada. Mas, quando os pais e alunos "reclamaram veementemente", o sistema foi eliminado. A equipe da Intel também notou desconforto entre alguns estudantes chineses com relação à vigilância intrusiva. "Eu tive câmeras nas minhas escolas a vida inteira", disse June, uma aluna, à equipe de Anderson, na "Escola Secundária x", a qual implantou mais de quarenta câmeras para monitorar os alunos. "Eles estão nos observando para nos proteger, mas é um pouco assustador. Quer dizer, eles conhecem tanto sobre nós que poderiam saber quando você vai ao banheiro ou se você está namorando e com quem." (No fim das contas, suas suspeitas eram justificadas: um professor disse, mais tarde, à equipe da Intel que "nós sabemos que [...] [June] está namorando há mais de um mês", mas não a proibiram, uma vez que "ela e o namorado estão ambos tirando notas muito boas".)

No entanto, esses sinais de resistência — ou preocupação — não significavam que os estadunidenses podiam projetar suas próprias suposições na China. O reconhecimento facial era tão onipresente no cotidiano chinês que havia se tornado irrelevante. "Notamos que os clientes, em uma loja da KFC, faziam seus pedidos rapidamente em uma tela e sorriam brevemente na hora de pagar", observou Anderson. Essas são apenas partes normais e corriqueiras da vida urbana. A maioria dos chineses considerava a inovação tecnológica inerentemente positiva, pois achava que isso desencadearia mais crescimento e tornaria o país mais forte no cenário mundial. Havia também uma diferença sutil, porém importante, na maneira como chineses e estadunidenses viam os méritos das máquinas em relação aos humanos.

Os estadunidenses estavam com medo da ideia de as máquinas tomarem decisões, em parte por causa do impacto, na cultura popular, de filmes como *2001: Uma odisseia no espaço* (que mostra um sistema de IA chamado Hal assumindo o controle de uma nave espacial, com consequências terríveis). Mas, na China, havia tão pouca confiança nos burocratas humanos, por causa de eventos como a Revolução Cultural, que lidar com computadores em vez de pessoas, às vezes, parecia uma melhoria. Os robôs podiam ser menos caprichosos e cruéis, e uma plataforma de reconhecimento facial habilitada por IA não exigia subornos. Havia outra diferença sutil em torno da ideia de "individualidade". Os estadunidenses temiam que os sistemas de inteligência artificial e de reconhecimento facial lhes roubassem a privacidade e os direitos individuais. Mas, na China, havia tão pouco respeito preexistente pelos direitos individuais que parecia quase lisonjeiro que uma câmera de reconhecimento facial pudesse fazer julgamentos com base na aparência de um indivíduo único — em vez de "apenas" um número anônimo. Ou, como disse Anderson: "De uma maneira curiosa, [na China] as tecnologias de reconhecimento facial de IA destacam o indivíduo, uma marca registrada da cultura e das tradições ocidentais".

Isso não significa que a equipe da Intel *endossava* a forma como a China usava essas tecnologias, enfatizou Anderson. Mas a pesquisa mostrou que era um erro os estadunidenses presumirem que só eles sabiam como a tecnologia estava sendo incorporada à vida das pessoas — ou como isso poderia e deveria acontecer. Isso queria dizer que estudar as diferenças era valioso porque poderia dar mais destaque às ideias de cada cultura. Poderia também oferecer pistas sobre o futuro, uma vez que não era apenas a tecnologia que atravessava fronteiras, mas também ideias e atitudes. Quando Anderson iniciou o estudo, em 2017, muitos estadunidenses ficaram horrorizados com a ideia de ter qualquer tipo de tecnologia de reconhecimento facial em suas vidas. Em 2020, no entanto, eles — assim como os chineses — estavam se tornando quase indiferentes a algumas manifestações da inovação outrora estranha, após ela ter sido incorporada em certos dispositivos, como os novos smartphones da Apple. E isso levantou outra questão premente: se ideias e tecnologias continuavam ultrapassando fronteiras e mudando mais rápido do que quase todo mundo esperava, como então alguém poderia definir os limites? "O foco agora é atender às necessidades dos usuários em setores como a IA de uma maneira ética", explicou Nachman. "Para isso, é preciso que cientistas sociais e engenheiros trabalhem juntos."

Os estadunidenses presumiam que apenas os ocidentais formulavam essas perguntas ou expressavam esses escrúpulos. No entanto, essa suposição também estava errada. Quando a Intel entrou pela primeira vez no mercado chinês, em 2008, a ideia de "antropologia" era quase totalmente desconhecida na maioria das universidades chinesas.* No entanto, nos primeiros anos do século 21, a Intel contratou alguns acadêmicos chineses que haviam sido formados em outros ramos das ciências sociais, em lugares como a Universidade de Fudan, para fazer pesquisas. O mesmo aconteceu com outras empresas de bens de consumo. O conceito se espalhou, e um grupo de acadêmicos de Fudan acabou criando uma consultoria chamada Rhizome, que se intitulava "a primeira empresa de consultoria na China a usar antropologia aplicada", e misturava etnografia e ciência de dados.[29] Então, no verão de 2020, uma autoproclamada antropóloga dos negócios chamada Zhang Jieying, que trabalhava na Academia Chinesa de Ciências Sociais em Pequim, postou um memorando franco na internet.[30]

"O valor da antropologia é fornecer tradução cultural transnacional para a era da globalização", declarou ela, ressaltando que empresas estadunidenses, como Microsoft, Intel e Apple, haviam criado

---

* A China de fato teve uma tradição incipiente em ciências sociais nos primeiros anos do século 20: o sociólogo Fei Xiaotong escreveu um estudo magistral sobre a sociedade chinesa em 1947. No entanto, as ciências sociais foram esmagadas durante a Revolução Cultural.

equipes de cientistas sociais para fazer exatamente isso. Jieying instou as empresas chinesas a copiar a ideia, pois elas também precisavam entender as peculiares contradições culturais — e as "teias de significado" — criadas pela globalização. "Hoje, as empresas chinesas de tecnologia e produtos digitais querem sair da China [...] [e] precisam da tradução cultural fornecida pela antropologia."

Jeiying enfatizou que havia outra razão pela qual as empresas chinesas precisavam importar a ideia de antropologia: a ética. "O valor potencial da antropologia para o desenvolvimento da ciência e da tecnologia é também que ela serve como um sinal de alerta", declarou. Isso parecia estranhamente semelhante àquilo que a equipe da Intel estava dizendo. Às vezes, as ideias podem se movimentar e sofrer mutações de maneiras ainda mais surpreendentes do que a evolução de uma barra de chocolate.*

No final de 2020, ou cerca de oito anos depois de encontrar Bell, pela primeira vez, no Museu da História do Computador de Mountain View, conversei com ela de novo por telefone. Àquela altura, o mundo da antropologia empresarial — e Bell — havia mudado. Três décadas antes, o número de antropólogos que trabalhavam em empresas era muito pequeno. Em 2020, no entanto, cientistas sociais equipados com habilidades etnográficas haviam entrado em vários grupos de tecnologia. Pouco antes de a Intel construir sua equipe, por exemplo, antropólogos como Lucy Suchman, Julian Orr, Jeanette Blomberg e Brigitte Jordan, da Xerox, desenvolveram ideias de pesquisa pioneiras (sobre as quais falaremos mais adiante). Em seguida, Blomberg trabalhou na

---

* A palavra "globalização" é, muitas vezes, usada como se significasse uma única coisa. Não é assim. Conforme mostrado em um excelente conjunto de métricas da DHL e da NYU Stern Business School, a globalização tem (pelo menos) quatro componentes: o movimento de mercadorias, dinheiro, pessoas e ideias. Neste século, a última categoria de globalização explodiu muito mais rápido do que as outras, devido à internet.
Fonte: <www.stern.nyu.edu/experience-stern/about/departments-centers-initiatives/centers-of-research/center-future-management/dhl-initiative-globalization>.

IBM com Melissa Cefkin (que, posteriormente, ingressou na Nissan). Nelle Steel, Donna Flynn e Tracey Lovejoy formaram uma equipe de pesquisa na Microsoft que acabou se tornando uma das maiores empregadoras de antropólogos do mundo. Abigail Posner desenvolveu ciências sociais no Google, usando consultores antropólogos, como Tom Maschio e Phil Surles. A Apple montou uma equipe com Joy Mountford, Jim Miller, Bonnie Nardi e outros. As empresas de bens de consumo também haviam passado a contar com antropólogos. De fato, a tendência tornou-se tão marcante que, em 2005, Anderson, da Intel, uniu forças com Lovejoy, da Microsoft, para criar um fórum dedicado ao desenvolvimento da etnografia empresarial, chamado "Conferência sobre a Prática da Etnografia em Empresas", mais conhecido como EPIC, na sigla em inglês. O nome feio confundiu a maioria dos *outsiders*. Mas isso teve um benefício: o título misterioso soou mais impressionante para os técnicos do que "antropologia", uma vez que essa palavra tinha uma imagem exótica e pré-histórica.

Nem todos os antropólogos consideraram esse fato uma vitória para a disciplina. Longe disso. Mesmo enquanto a EPIC ganhava força, alguns antropólogos acadêmicos odiavam a ideia de que esses profissionais estivessem trabalhando para empresas. Um encontro que Kathi Kitner, outra antropóloga da Intel, teve com uma acadêmica que ela batizou com o pseudônimo de "Trip" durante uma viagem de pesquisa à Índia foi típico.[31] Uma noite, Trip e Kitner começaram a conversar e, "enquanto [nós] fumávamos, Trip deu uma tragada profunda e perguntou: 'Como você continua sendo antropóloga trabalhando em um lugar como a Intel?'", Kitner lembrou mais tarde. "Eu sabia o que ela realmente queria dizer. Eles não sugam sua alma? Você não odeia ter que vender a vida das pessoas para que uma empresa extraia lucro? Como é trabalhar na barriga de uma besta capitalista? Como você pode trabalhar em condições tão *antiéticas*? Você não se *vendeu*?"

Kitner respondeu: "Não". Ela acreditava que seu trabalho na Intel era valioso porque estava ajudando os engenheiros a ganhar empatia por pessoas diferentes deles. Ou, como Bell explicou: "O que estamos tentando fazer é mostrar às pessoas que a tecnologia não é projetada apenas para e por um grupo de homens brancos na casa dos vinte anos na Califórnia". No entanto, o desconforto continuou para alguns acadêmicos. Mesmo os entusiastas da antropologia empresarial temiam que seus métodos pudessem se tornar tão diluídos que estariam subordinados a atividades como a pesquisa de "experiência do usuário" (conhecida como UX), a interação humano-computador (IHC), o design centrado no ser humano, a engenharia de fatores humanos, e assim por diante.[32]

Havia outro problema: trabalhar para uma empresa deixava os antropólogos à mercê das mudanças nas tendências corporativas. A Intel não foi exceção. Durante a primeira década do século 21, a organização lutou para contratar antropólogos porque queria usar a pesquisa deles para conquistar clientes. Mas, em meados da segunda década, houve uma onda de reestruturação na companhia, os cientistas sociais foram dispersados em diferentes unidades de negócios e seu número foi reduzido. Isso ocorreu, em parte, porque os clientes da Intel estavam contratando seus próprios etnógrafos, e a empresa não estava mais no centro de um único ecossistema baseado no computador pessoal. A outra razão era que a Intel estava enfrentando desafios estratégicos crescentes, uma vez que seus concorrentes asiáticos estavam conquistando uma parcela cada vez maior do mercado de chips. De fato, no final de 2020, os desafios eram tão grandes que a Intel havia se tornado alvo de ativistas. Em teoria, isso significava que havia *mais*, não menos, necessidade de contratar pensadores inovadores que pudessem olhar ao redor, imaginar o futuro e analisar os padrões culturais dentro e fora da empresa. Na prática, a Intel (como quase todas as outras companhias na mesma situação) respondeu cortando atividades que os gerentes pressionados consideravam "não essenciais".[33]

Então Bell se reinventou — de novo. Em 2017, ela retornou à Austrália e, enquanto atuava como pesquisadora sênior da Intel, tornou-se diretora de um instituto de inovação chamado 3Ai, na

Universidade Nacional da Austrália. Lá, ela reuniu uma mistura inusitada de antropólogos, cientistas nucleares, sociólogos e especialistas em computação com a missão de criar um novo ramo de engenharia que pudesse construir um "futuro seguro, sustentável e responsável", apoiado por IA.[34] Ela recrutou Alexandra Zafiroglu, da Intel, para trabalhar com ela. A ideia era que, assim como a invenção dos computadores programáveis levou ao surgimento dos especialistas em software no século 20, no século 21 os sistemas ciberfísicos gerassem um novo tipo de profissional — embora este ainda não tenha um nome. Ela também se juntou a um comitê consultivo do governo australiano sobre IA, ciência e tecnologia.

"É bem diferente de seu começo", eu ri enquanto conversávamos pelo telefone. Uma imagem surgiu em minha mente, ela comendo larvas feiticeiras, na infância, no interior australiano. *É bem diferente de nosso começo*, eu poderia ter acrescentado, pensando em meus dias em Obi-Safed. Mas Bell argumentou que não. Quando os antropólogos estudaram os povos aborígenes australianos pela primeira vez, eles estavam explorando novas fronteiras ou culturas que pareciam "estranhas". Na Intel, Bell adotou um objetivo semelhante em lugares improváveis, como um estacionamento subterrâneo em Cingapura. Agora, ela estava explorando uma nova fronteira do "estranho": a IA. O fio que ligava todos esses esforços era o mesmo objetivo que ela me dissera ter no Museu da História do Computador: a necessidade de dizer às poderosas elites ocidentais: "Essa pode ser a sua visão de mundo, mas não é a de todo mundo!".

Os executivos de negócios precisavam ouvir, ela afirmou. Os especialistas em informática também. No entanto, havia outro grupo que também precisava ouvir essa mensagem: os formuladores de políticas. Ignorar pontos de vista alternativos foi (e é) prejudicial para os negócios em uma era global. Isso vale para os governos que lidam com os riscos de contágio — como as pandemias.

3
CONTÁGIO
(ou: por que os remédios não conseguem deter as pandemias)

"A diversidade humana faz da tolerância mais do que uma virtude; ela a torna um requisito para a sobrevivência." — René Dubos[1]

Paul Richards, um professor de antropologia de barba branca, estava sentado em uma ornamentada sala de conferências do século 18, dentro do Admiralty Building em Whitehall, sede do governo britânico. As paredes estavam enfeitadas com pinturas a óleo de dignitários britânicos. Diante dele, em uma mesa de mogno bem polida, estava Chris Whitty, um médico careca transformado em burocrata, que era o principal conselheiro científico do programa de ajuda ao exterior do governo britânico e um respeitado especialista em questões ligadas a doenças infecciosas. Era o final do verão de 2014.[2]

Whitty tinha motivos para estar preocupado. Alguns meses antes, uma doença extremamente infecciosa chamada ebola começou a varrer a antiga colônia britânica de Serra Leoa e as vizinhas Libéria e Guiné. Entidades como a Organização Mundial da Saúde (OMS) e os Médicos Sem Fronteiras (MSF) correram para conter o contágio. Assim como os governos do Reino Unido, da França e dos Estados Unidos: Barack Obama chegou a enviar quatro mil soldados para a Libéria. Os melhores especialistas do mundo, em lugares como Harvard, procuravam uma vacina, e cientistas da computação usavam ferramentas de *big data* para monitorar a doença.

Mas nada havia funcionado. O ebola continuava penetrando as vastas florestas da África Ocidental. Os governos da Europa e dos Estados Unidos se preparavam para a chegada iminente da doença a seus territórios. O Centro de Controle e Prevenção de Doenças (CDC, na sigla em inglês), em Washington, alertava para o fato de que o mundo estava "perdendo a guerra" contra a doença e que mais de um milhão de pessoas morreriam a menos que algo — qualquer coisa — pudesse reverter a situação.[3] Foi quando Whitty convocou Richards e outros antropólogos e fez uma pergunta: por que a computação e a ciência médica haviam, aparentemente, falhado na África Ocidental? Os especialistas científicos ocidentais haviam negligenciado algo?

Richards não sabia se ria ou chorava. Algumas décadas antes, um ministro britânico chamado Norman Tebbit havia anunciado, enquanto trabalhava em um prédio de estuque branco, que financiar antropólogos era um desperdício de dinheiro público, uma vez que eles apenas faziam pesquisas irrelevantes como "estudos dos hábitos pré-nupciais dos nativos do vale do Alto Volta".[4] Richards simbolizava o alvo de Tebbit. Ele era nativo da serra dos Peninos, na Grã-Bretanha, e começou sua carreira como geógrafo, mas depois passou quatro décadas fazendo observação participante de pacientes entre o povo mande nas regiões florestais de Serra Leoa, vivendo entre eles, falando sua língua — e havia se casado com uma mulher local, Ester Mokuwa. Ela própria era uma pesquisadora experiente e também estava sentada à mesa de mogno, diante de Whitty. Richards era um especialista em práticas agrícolas, mas também fascinado pelos rituais dos mande, uma vez que era adepto da filosofia "durkheimiana", uma referência ao intelectual francês Émile Durkheim, que argumentava que a cosmologia molda o comportamento (e vice-versa). Richards acreditava, apaixonadamente, que os rituais são importantes, sejam eles cerimônias de casamento, ritos funerários ou qualquer outra coisa.[5]

Tebbit havia zombado disso. Mas, em 2014, a história teve uma reviravolta peculiar. À medida que o ebola se espalhava, surgiam relatos sobre comportamentos e crenças que pareciam extremamente estranhos aos ouvidos ocidentais: pacientes fugiam de hospitais, escondiam-se dos trabalhadores humanitários, atacavam (e matavam) os profissionais de saúde, realizavam funerais em que tocavam os cadáveres infectados — e extremamente infecciosos — das vítimas do ebola. "Ouvi dizer que as pessoas beijam cadáveres", disse Whitty. Jornalistas ocidentais relataram esse detalhe com horror e perplexidade; isso evocava o tipo de imagens exóticas — racistas — do romance *O coração das trevas*, de Joseph Conrad.

"Eles não beijam corpos sem qualquer motivo!", Mokuwa retrucou. Ela havia chegado ao prédio de Whitehall afligida pela dor que sentia por seus compatriotas moribundos. Mas também estava extremamente zangada. A principal razão pela qual a política antipandemia estava dando tão errado, ela disse a Whitty, era que os "especialistas" médicos ocidentais estavam apenas observando os eventos com suas próprias suposições, não com os olhos dos locais. Sem alguma empatia — ou uma tentativa de tornar familiar aquilo que era estranho —, a ciência médica e de dados seria inútil.

A reunião chegou ao fim. Enquanto eles saíam, Richards viu uma placa histórica ao lado da sala ornamentada e caiu na gargalhada. A sala de reuniões havia abrigado o cadáver do lorde almirante Nelson, o reverenciado herói naval britânico, que morreu na Batalha de Trafalgar em 1805. Após a morte, seu corpo foi, aparentemente, conservado em um barril de conhaque, trazido de volta à Grã-Bretanha em um navio chamado HMS *Pickle* (sim, é verdade).* Em seguida, foi exibido em Greenwich e na Admiralty House, em Whitehall. Cerca de quinze mil enlutados vieram prestar homenagem, tocando e beijando seu cadáver encharcado de conhaque.[6] "Se Nelson tivesse tido ebola, todos os habitantes de Londres teriam sido infectados!", Richards apontou. Whitty riu. No entanto, Richards estava tentando destacar um ponto sério: nenhuma cultura tem o direito de descartar outras como "estranhas" sem perceber que seu próprio comportamento também pode parecer peculiar; sobretudo durante uma pandemia.

---

* Não, não estou inventando: realmente aconteceu. Se você está rindo ou chocado, pergunte-se: por quê? O que isso revela sobre sua ideia de "normal"? Depois, assista à série *The Crown*, da Netflix, para ver como o corpo do rei George VI foi embalsamado e exibido em 1952. As ideias sobre o que é "normal" mudam.

A palavra "ebola" vem do nome de um rio nas profundezas do Congo africano. Em 1976, os médicos relataram uma estranha — aterrorizante — nova "febre hemorrágica" ao redor deste rio Ebola. Começava com febre, dor de garganta, dores musculares, dores de cabeça, vômitos, diarreia e erupções cutâneas, mas muitas vezes levava a sangramento interno e insuficiência hepática e renal. O hospital Johns Hopkins observou que "25% a 90% dos infectados" morriam, com "taxa média de mortalidade de casos de cerca de 50%".[7] Isso era comparável à peste negra da Europa no século 13.*

Nas três décadas seguintes, a doença surgiu esporadicamente em diferentes regiões africanas, mas depois diminuiu porque suas vítimas morriam muito rápido. Isso mudou em dezembro de 2013, quando uma criança de dois anos foi infectada em uma vila na Guiné, perto da cidade de Guéckédou, localizada perto das fronteiras sinuosas — artificiais — que os colonizadores do século 19 usaram para dividir as vastas florestas da África Ocidental em países chamados "Guiné", "Serra Leoa" e "Libéria". A população local estava fortemente entrelaçada uma com a outra, movendo-se com frequência pelas fronteiras, e a doença se espalhou de forma rápida.

Susan Erikson foi uma das primeiras ocidentais a ouvir falar do ebola. Quando mais jovem, ela havia passado alguns anos em Serra Leoa, como voluntária idealista do Corpo de Paz dos Estados Unidos. Depois, ela voltou à faculdade, na década de 1990, para fazer doutorado em antropologia, mas com uma diferença: ela combinou análise cultural com estudos médicos. Esse ramo da disciplina, chamado "antropologia médica", defende uma ideia central: o corpo humano não pode ser explicado apenas pela ciência "dura", pois a doença e a saúde precisam ser colocadas em um contexto cultural *e* social. Em geral, os

---

* A razão para a ampla variação nas taxas de mortalidade é que o impacto do ebola variou muito entre as comunidades, dependendo dos níveis de pobreza, saúde e infraestrutura, como salientou o antropólogo médico Paul Farmer.

médicos olham para o corpo humano com as "lentes" da biologia. No entanto, na maioria das culturas, o corpo também é tratado "como uma imagem da sociedade" que reflete nossas crenças sobre questões como poluição e pureza, como aponta a antropóloga Mary Douglas.[8] Isso afeta a forma como a saúde, a doença e o risco médico são vistos. Ou, como Douglas observou em um livro de sua coautoria sobre riscos nucleares, ambientais e médicos, uma vez que "a percepção de risco é um processo social", cada cultura "tende a destacar certos riscos e a minimizar outros".[9] Durante uma pandemia, por exemplo, as pessoas normalmente se apegam ao "seu próprio" grupo, seja lá como decidam defini-lo. Isso significa que as pessoas, em geral, enfatizam demais os riscos que chegam de fora do grupo e subestimam aqueles que estão dentro dele. Ao longo da história, as pandemias foram associadas à xenofobia, muito embora as pessoas sejam complacentes com os riscos de infecção no próprio lar.

No início, Erikson esperava usar a antropologia médica para estudar a saúde reprodutiva em Serra Leoa. No entanto, na década de 1990, uma guerra civil brutal eclodiu na região. Então, ela mudou sua atenção para a Alemanha antes de, finalmente, retornar a Serra Leoa, saindo de sua base acadêmica na Universidade Simon Fraser, no Canadá, para explorar como a tecnologia digital de saúde estava impactando a saúde pública. Em 27 de fevereiro de 2014, ela acordou em um quarto alugado em Freetown, capital de Serra Leoa, pegou o telefone e leu sobre uma "estranha febre hemorrágica que parecia com o ebola" em um site de notícias. "Eu disse apenas: 'Ok', é melhor tomar nota disso. Mas eu não estava muito preocupada. Visito muitos sites de notícias do tipo 'doença pavorosa'",[10] ela lembra. Então, quando o Ministério da Saúde convocou uma reunião para planejar sua resposta, com funcionários governamentais e representantes de grupos como MSF, Fundo de Emergência Internacional das Nações Unidas para a Infância (Unicef) e OMS, a equipe de pesquisa de Erikson compareceu para fazer algumas observações participantes.

"Um administrador começa a reunião com uma visão geral do ebola e da ameaça de sua propagação", dizem as notas da equipe de pesquisa de campo. "Em seguida, [o administrador] passa para a tarefa: 'Temos um modelo [para combater o ebola], mas precisamos trazê-lo para nossa casa, a fim de torná-lo serra-leonino'. Ele explica que o modelo é um documento da OMS de [um episódio anterior de ebola em] Uganda que precisa ser adaptado para Serra Leoa. 'Estamos aqui para fazer planos de vigilância e laboratoriais.'"[11]

"As pessoas na plateia respondem como se já tivessem feito isso antes", continuam as notas. "O grupo começa a discutir ferramentas de vigilância — revisando os padrões para a avaliação de casos suspeitos e confirmados de ebola. [...] Começa um debate sobre o número de pessoas que precisam ser treinadas para constituírem as Equipes de Resposta Rápida (ERRs). Calcula-se que, com 1.200 Unidades de Saúde Pública (postos de saúde) em todo o país e mais as clínicas do setor privado, duas ERRs por posto de saúde significa que 2.500 pessoas precisam ser treinadas."

Para os participantes, a conversa parecia normal. As autoridades de Serra Leoa estavam seguindo um roteiro para combater contágios criado por organizações internacionais, como a OMS, e legitimado pela ciência da saúde global. Entretanto, enquanto ouvia, Erikson ficou preocupada. As autoridades estavam fazendo uso de siglas como talismãs para afastar o perigo, sinalizar poder e desbloquear recursos de doadores ocidentais. Ela já tinha visto isso muitas vezes antes. No entanto, os serra-leoninos não tinham soberania para tomar suas próprias decisões sobre o ebola e ninguém estava perguntando a eles o que era melhor — ou o que as vítimas potenciais do ebola poderiam querer. *Essa é mesmo a melhor maneira de combater uma pandemia?* — Erikson pensou. Ela temia que não.

Duas semanas depois, em 11 de março, uma plataforma de tecnologia com sede em Boston chamada HealthMap emitiu um alerta global sobre o ebola. Parecia uma vitória para a inovação estadunidense. Até aquele momento, sempre havia sido a OMS que alertara o mundo sobre um novo surto de doença. Mas o HealthMap, que ganhou financiamento do Google, havia chegado na frente. "Conheça os *bots* que sabiam que o ebola estava chegando!", alardeou uma manchete da revista *Time*, ao lado de algumas fotografias aterrorizantes de profissionais de saúde vestindo trajes e óculos de proteção brancos, no meio da selva africana.[12] "Saiba como este algoritmo detectou o surto de ebola antes que os humanos pudessem fazê-lo!", declarou a Fast Company.[13] A notícia entusiasmou grupos médicos e especialistas em informática ocidentais. Parecia que essas ferramentas de computação podiam não apenas rastrear a doença como também prever para onde ela poderia se dirigir em seguida e de uma maneira que permitiria que o ebola fosse rapidamente esmagado. Na Escola de Medicina de Harvard, uma pesquisadora britânica chamada Caroline Buckee havia analisado os registros de quinze milhões de telefones celulares quenianos para monitorar a propagação da malária. Ela esperava fazer o mesmo com o ebola e pediu permissão à empresa de telecomunicações Orange para usar dados de telefones celulares na Libéria com esse fim. "A onipresença dos celulares está realmente mudando a forma como pensamos as doenças", observou ela.[14]

A meio mundo de distância, em Freetown, no entanto, Erikson estava ficando preocupada. Com uma visão de cima para baixo, a ciência de dados parecia impressionante. Não era assim com uma perspectiva de baixo para cima. Uma razão foi que sites como o HealthMap tendiam a rastrear notícias em inglês, não em idiomas africanos ou mesmo em francês, falado na Guiné. Não havia qualquer garantia de que os modelos desenvolvidos para a malária pudessem ser transpostos para o ebola.[15] Havia poucas torres de telefonia celular confiáveis para emitir os tão importantes "pings" [sinais eletrônicos]. Mais importante, havia o problema com o qual a Intel se debatia: era um erro para qualquer um (sobretudo para os especialistas em informática ocidentais) supor que todos compartilhavam a atitude deles com relação à vida. Nos Estados Unidos e na Europa, as pessoas, em geral, têm um relacionamento individual com seu telefone, e esses dispositivos são considerados propriedade "privada", uma extensão de si mesmos. Perder um telefone parece para os ocidentais quase como perder uma parte de si mesmo. Não é assim em Serra Leoa. "Os celulares são emprestados, trocados e repassados entre familiares e amigos, assim como roupas, livros e bicicletas. Um único telefone pode ser compartilhado por uma família extensa ou, em áreas rurais, por um bairro ou uma vila", observou Erikson.[16] Assim, embora os registros telefônicos sugerissem que a posse de telefones em Serra Leoa equivalia a 94% da população, isso *não* significava que todos tivessem um celular, como os especialistas em tecnologia ocidentais tendiam a supor; algumas pessoas tinham um aparelho para cada operadora, mas outras não. "Pings" não eram pessoas. Isso tornava impossível construir modelos preditivos precisos apenas com base em "pings". A ciência da computação precisa da ciência social, se quisermos entender dados.

No início do verão de 2014, o ebola se espalhava rapidamente. Seguindo o conselho de grupos globais de saúde, os governos de Serra Leoa, Guiné e Libéria lançaram os protocolos-padrão sobre os quais Erikson ouvira na reunião em março: impuseram quarentenas e bloqueios, ordenaram que pessoas doentes fossem para centros de isolamento, conhecidos como Unidades de Tratamento de Ebola, e proibiram as vítimas de ver (quanto mais tocar) familiares e amigos. Eles também insistiram em que todos os cadáveres fossem enterrados de maneira "segura", sem contato humano, pois eram extremamente infecciosos. Mensagens sobre tudo isso foram divulgadas em cartazes, boletins de rádio e panfletos.

Tudo isso fazia sentido político perfeito aos olhos ocidentais. Mas algo estava tragicamente errado. Outra antropóloga, chamada Catherine Bolten, tinha uma visão terrível — medonha — do problema. Ela havia feito seu trabalho de campo em uma cidade do interior chamada Makeni, a capital regional do norte, alguns anos antes do surto de ebola. Depois que voltou para os Estados Unidos, ela manteve contato estreito com amigos de lá, como um advogado que trabalhava na Universidade de Makeni, chamado Adam Goguen. Quando o ebola chegou ao distrito dele, no início do verão de 2014, Goguen passou a enviar a Belton e-mails diários sobre os eventos em tempo real.

O povoado de Goguen foi um dos poucos que obedeceram às ordens do governo, uma vez que o líder falava inglês, sintonizava regularmente a BBC, tinha boas relações com uma ONG local e, portanto, entendia as regras de combate à pandemia divulgadas pela OMS. Ele isolou a vila do mundo exterior e impôs uma quarentena. Todo mundo sobreviveu. O líder que dirigia o povoado vizinho, porém, tomou outro rumo. Ele decretou que a fonte do ebola era uma maldição de feiticeiros e se recusou a enviar qualquer pessoa infectada para hospitais de "exclusão" ou a impor um isolamento. "Cada residente que fosse alvo de quarentena tinha outra casa para abrigá-lo, e foi exatamente assim que eles reagiram à perspectiva das autoridades de isolá-los das únicas pessoas que acreditavam que cuidariam deles adequadamente", explicaram Goguen e Bolten, posteriormente, em um artigo que escreveram juntos. "Mesmo os moradores que suspeitavam que o ebola era uma doença contagiosa, e não [uma maldição de feiticeiros], cuidavam de familiares em segredo."[17] A população também rejeitou a regra de "não tocar" os vivos — e os mortos. Quando as vítimas do ebola morriam, as chamadas sociedades secretas que realizavam rituais nos vilarejos organizavam cerimônias funerárias tradicionais — com cadáveres infectados.

Uma enfermeira local tentou impedir que as pessoas tocassem nos corpos vivos e mortos das vítimas do ebola, explicando os riscos médicos. "A enfermeira havia feito o rastreamento de contatos, desde os primeiros funerais, e previu com precisão quem adoeceria [depois de tocar no cadáver]", disse Goguen a Bolten. No entanto, as pessoas atacaram a enfermeira, acusando-a de "matá-las com feitiçaria". Quando os soldados entravam e enterravam os cadáveres infectados, os moradores, mais tarde, desenterravam os corpos e os enterravam novamente, tocando-os. Com grande coragem, a enfermeira local continuou tentando espalhar a mensagem da OMS. No entanto, quando ela visitou uma família em que alguns membros haviam acabado de morrer de ebola, ela foi "impedida de colocar a casa em quarentena pelos jovens do vilarejo, que estavam armados com facões, e pelos moradores das casas que deviam entrar em quarentena [...] dispersos entre famílias aparentadas, cujos membros os escondiam". Isso levou a 43 infecções adicionais.

Cenas semelhantes estavam acontecendo em Guiné, Serra Leoa e Libéria. As autoridades da OMS, dos MSF e dos governos locais tentaram enfrentar a situação intensificando as palestras sobre riscos médicos e usando soldados para impor suas ordens. "Supunha-se que as comunidades seguiriam as ações apropriadas se tivessem informações corretas sobre os riscos do ebola", explicou Richards.[18] Mas o tiro saiu pela culatra. A população local continuou a culpar a feitiçaria pelo vírus ou a dizer que era uma conspiração do governo. Uma multidão enfurecida atacou uma unidade de isolamento dos MSF na Guiné.[19] No sul do país, moradores mataram oito membros de uma chamada equipe nacional de conscientização sobre o ebola e jogaram seus corpos em uma latrina. No outono, uma média de dez ataques por mês estava ocorrendo na região contra equipes médicas de enterro e controle de infecções.[20]

Em setembro de 2014, o Centro de Controle e Prevenção de Doenças, em Washington, alertou que o contágio era tão grave que a doença logo se espalharia para o Ocidente e poderia matar até 1,2 milhão de pessoas. Não havia perspectiva de cura ou vacina à vista. "A formação médica parecia impotente contra o 'boca a boca'", lembra Bolten.[21] "Aqui, nos Estados Unidos, havia um quase pânico com a perspectiva da chegada da doença."

Em outubro de 2014, alguns dos antropólogos estadunidenses que haviam trabalhado em Serra Leoa, Guiné e Libéria realizaram uma reunião de emergência na Universidade George Washington. Os ânimos estavam à flor da pele. "Estávamos sentados nessa sala, sentindo-nos muito afetados pela dor das pessoas que conhecíamos [na África

Ocidental]", lembra Bolten. Ela tinha acabado de saber que dois de seus amigos haviam morrido e mal conseguia se concentrar "pois ficava conferindo meu telefone em busca de notícias" para ver se um caminhão carregado de arroz que ela havia enviado como ajuda havia chegado. Ela também se sentia frustrada e culpada. Os antropólogos na sala tinham passado anos tentando, pacientemente, entender as culturas da África Ocidental, esperando espalhar um pouco de empatia em um mundo globalizado. Agora, o preconceito e o racismo explodiam.

"Um jornalista americano me ligou e perguntou por que os africanos continuavam se comportando dessa maneira bárbara e burra", observou Mary Moran, uma das antropólogas naquela sala de Washington. Ela afirmou que esses rótulos eram injustos. Até as primeiras décadas do século 20, nos Estados Unidos, as pessoas tinham o hábito de manter os corpos de familiares ou amigos falecidos em suas casas durante alguns dias, colocando-os em montagens "realistas" juntamente com pessoas vivas para tirarem fotos. O que aconteceu com o corpo do almirante Nelson — ou do rei George VI — não foi uma exceção. No entanto, jornalistas, médicos e trabalhadores humanitários ocidentais estavam agora condenando os rituais "primitivos" dos africanos ocidentais e alegando (erroneamente) que o ebola havia sido causado por "nativos" estranhos que comiam "carne de caça".

Os antropólogos consideraram isso não apenas injusto como também cruel. Os africanos ocidentais estavam enfrentando um trauma terrível em um lugar com pouca ou nenhuma infraestrutura. Eles queriam chorar suas perdas de uma maneira que consideravam adequada. O sistema de crenças local afirmava que, quando alguém morria, seus amigos e familiares vivos deveriam prestar homenagem participando de um funeral, com o corpo presente; sem isso, o falecido seria condenado ao inferno permanente e todos os outros ao seu redor sofreriam. Esse rito foi, muitas vezes, interrompido durante a guerra civil, criando o risco de uma maldição. Ninguém queria que esse ciclo continuasse. "Uma morte por ebola não é, nem de perto, tão ruim quanto um enterro de ebola", explicou Goguen a Bolten. "Apenas o corpo morre de ebola, mas um enterro de ebola mata o espírito."[22]

Havia outro ponto crucial que os críticos ocidentais desdenhosos não conseguiam entender: também havia impedimentos práticos, do mundo real, para seguir os conselhos da OMS, uma vez que havia tão pouca infraestrutura de saúde preexistente. Enquanto os antropólogos acadêmicos se reuniam em Washington, o antropólogo médico Paul Farmer chegava à África Ocidental. Vinte e cinco anos antes, ele havia fundado a organização sem fins lucrativos Partners in Health (PIH) para oferecer medicamentos a regiões de mercados emergentes, como América Latina, Haiti e (mais recentemente) África Central e Ocidental. Embora fosse um médico que acreditava no poder da ciência médica — e na necessidade de "coisas, funcionários, espaço e sistemas" tangíveis para combater doenças —, Farmer acreditava que os cuidados de saúde precisavam ser oferecidos com respeito às culturas locais e com uma consciência do contexto social. Ele ficou chocado com o que viu em Serra Leoa, Guiné e Libéria.[23] As vítimas do ebola estavam desmaiando em poças de vômito, suor e diarreia na estrada, em táxis, em hospitais e em casa. Um grande número de médicos estava morrendo. A já deficiente infraestrutura médica estava desmoronando. E, embora grupos médicos, como os MSF e a OMS, tentassem *conter* a doença, eles não estavam realmente tentando oferecer cuidados terapêuticos. As Unidades de Tratamento de Ebola tinham "muito pouco 'T' na UTE", ele disse irritado. Assim, não era de surpreender que as vítimas do ebola continuassem fugindo ou ignorando ordens, e era errado que os *outsiders* desdenhassem das pessoas por fazerem isso. Depois de uma longa guerra civil e com um histórico de opressão colonial, havia poucas razões para as pessoas comuns confiarem em seu governo ou em "especialistas" ocidentais. A falta de empatia estava, literalmente, matando pessoas e fomentando a propagação da doença.

Os antropólogos poderiam fazer alguma coisa para combater isso? As opiniões na sala, em Washington, estavam divididas. Alguns antropólogos acadêmicos não viam com bons olhos trabalhar para um governo de qualquer matiz. Outros achavam que apenas os africanos ocidentais deveriam falar pela região, não os europeus ou os estadunidenses. Muitos acadêmicos tinham pouca experiência em lidar com formuladores de políticas; preferiam observar, não provocar.[24] "Os economistas não têm nenhum problema em se levantar e dizer claramente: 'Isso é o que vai acontecer a seguir!'. Eles têm as redes de contatos para alcançar as pessoas que estão no poder e dispõem da confiança para prever o futuro — e se a previsão estiver errada, não importa, eles simplesmente vão em frente!", disse Erikson. "Os antropólogos não se comportam assim." Mas os antropólogos sabiam que tinham a obrigação moral de fazer alguma coisa. Ou, como Bolten observou: "Nós estávamos lá [na sala] e perguntamos: 'Existe algum sentido no que temos feito todos esses anos se não fizermos nossa voz ser ouvida?'".

Nas semanas seguintes, Farmer e seus colegas da PIH fizeram campanha, muito zangados, por uma mudança de política, para se concentrar no *atendimento* ao paciente com empatia, não apenas na contenção da doença. Os antropólogos acadêmicos também fizeram algo que quase nunca haviam feito antes: se organizaram de uma maneira incipiente para oferecer conselhos sobre cultura. Nos Estados Unidos, a entidade AAA elaborou memorandos para a administração de Washington sobre a cultura local. Antropólogos franceses fizeram o mesmo em Paris. Uma equipe de combate ao ebola das Nações Unidas contratou uma antropóloga médica chamada Juliet Bedford. "Foi um divisor de águas", lembra ela. "Havia um sentimento verdadeiro na ONU de que era preciso mudar os procedimentos operacionais padrão [de ajuda médica], mas não sabiam como".[25] Em Londres, um grupo de antropólogos, incluindo Richards, Melissa Leach e James Fairhead, criou um site exclusivo chamado Plataforma Antropológica de Resposta ao Ebola. "O objetivo [das medidas de combate ao ebola] é combater um vírus, não os costumes locais", declarou um memorando sisudamente.[26] Whitty, o médico britânico que virara um burocrata governamental, convocou reuniões com eles nos edifícios finamente decorados de Whitehall para ouvir seus conselhos. Depois, Mokuwa se ofereceu para ir à região florestal no leste de Serra Leoa, onde a epidemia estava ocorrendo. Durante semanas, ela percorreu árduas trilhas no meio do mato para visitar comunidades que conhecia bem de seu trabalho de campo anterior e enviou relatórios para Whitty e outros, na esperança de oferecer uma perspectiva local, de baixo para cima, para equilibrar a visão de cima para baixo dos cientistas. "Andei e andei e tentei ouvir", lembra.*

Os despachos foram uma revelação para os burocratas britânicos. Até aquele momento, os especialistas médicos ocidentais — e Whitty — haviam presumido que a melhor estratégia para conter o ebola era colocar pessoas doentes em grandes centros especializados de isolamento. Mas Mokuwa explicou que essa abordagem não funcionava, uma vez que as UTES ficavam longe dos habitantes, e as vítimas não podiam viajar mais do que alguns quilômetros. Foi também um erro terrível construir centros de exclusão com paredes opacas; se ninguém soubesse o que estava acontecendo dentro dos prédios, as pessoas doentes tinham uma tendência maior a fugir. Enviar jovens *outsiders* às aldeias para dar conselhos médicos era igualmente desastroso, uma vez que a população, em geral, só aceitava conselhos dos anciãos da vila. Então, os outros antropólogos ofereceram algumas ideias de políticas: por que não mudar o estilo dos centros de exclusão para torná-los transparentes? Colocar muitos centros de tratamento pequenos nas comunidades locais? Usar os anciãos do povoado para transmitir mensagens sobre medidas de segurança para combater o ebola? Elaborar rituais fúnebres que seriam

---

* Mokuwa, como outros antropólogos, enfatiza que teria sido preferível ter mais vozes locais falando com os governos ocidentais; ou que recebessem a mensagem de um grupo de antropólogos da África Ocidental. Mas uma deficiência da antropologia ocidental do século 21 é que existem poucos adeptos não ocidentais. Mokuwa e Richards vêm tentando, há anos, implantar a disciplina em universidades locais da África Ocidental, mas é um trabalho árduo, uma vez que esses departamentos são muito mal financiados (como grande parte da infraestrutura da região).

seguros em termos médicos *e* sociais? Reconhecer que muitas pessoas insistiriam em cuidar de seus parentes doentes em casa e os aconselhar sobre como tornar mais seguras suas soluções caseiras? De certa forma, isso refletia o que Bell dissera aos engenheiros da Intel quando viu que os motoristas continuavam usando seus próprios dispositivos nos carros, resistindo às ideias dos engenheiros. Por que não trabalhar *com* a cultura local, em vez de contra ela?

Lentamente, as mensagens causaram impacto. No MSF, alguns médicos começaram a pedir mais ênfase nos cuidados terapêuticos, não apenas na contenção.* As agências internacionais mudaram o desenho dos centros de exclusão para tornar as paredes transparentes.[27] Em Whitehall, Whitty mudou a política sobre as UTEs e declarou que o governo britânico financiaria a construção de dezenas de pontos menores de triagem e tratamento próximos às comunidades. As equipes médicas começaram a conversar com as comunidades locais sobre como modificar seus rituais funerários para torná-los seguros e ao mesmo tempo respeitar os mortos. Um modelo de como fazer isso foi estabelecido quando um incidente horrível aconteceu em um vilarejo na floresta da Guiné. Quando uma grávida morreu, os funcionários locais da OMS, inicialmente, tentaram enterrar o corpo de forma rápida, longe do vilarejo. Mas os habitantes estavam determinados a cumprir os ritos funerários e retirar o feto para evitar uma maldição. Uma batalha perigosa eclodiu. No entanto, Julienne Anoko, uma antropóloga local, interveio e trabalhou com a comunidade para adaptar os rituais existentes de remoção de possíveis maldições — e persuadiu a OMS a pagar por esse ritual. Funcionou: o corpo foi enterrado com segurança, os ritos funerários foram realizados "na presença de funcionários administrativos e da equipe da OMS", o que deixou os moradores

---

* A luta interna sobre a política do MSF e da OMS na África Ocidental foi (e é) uma questão de grande controvérsia que a falta de espaço me impede de abordar aqui. No entanto, para obter mais detalhes, consulte o relato no magnífico livro de Farmer *Fevers, Feuds, and Diamonds: Ebola and the Ravages of History* (Nova York: Farrar, Straus and Giroux, 2020).

tão tranquilos que "a comunidade agradeceu a todos os envolvidos com canções tradicionais de paz", observou ela mais tarde.[28]

As comunidades locais também começaram a conceber suas próprias soluções para cuidar de pacientes fora das odiadas UTEs, em casa — e os médicos ocidentais começaram a aceitá-las com relutância. Na Libéria, os aldeões vestiram capas de chuva, usadas de trás para frente, por cima de sacos de lixo como uma forma rudimentar de equipamento de proteção individual. Os moradores criaram protocolos caseiros para usar sobreviventes a fim de monitorar contatos e tratar pacientes doentes. Em seguida, os idosos e idosas que dirigiam as sociedades secretas Poro e Sande, que controlavam os funerais de seus membros, também se envolveram. "Realizamos um seminário na Universidade de Njala [em 2015], em que um chefe supremo veio com alguns anciãos e nos pediram alguns trajes de proteção brancos", lembrou Richards mais tarde. "Quando perguntamos por que, eles disseram que queriam criar um 'demônio' dançante que ensinasse as meninas locais sobre o perigo do ebola." Isso era radicalmente diferente das táticas de mensagens usadas pela OMS e pelos governos. Mas foi muito mais eficaz.

Na primavera de 2015, os pacientes de ebola não estavam mais fugindo dos centros de exclusão, nem as comunidades desenterravam corpos para enterrá-los novamente ou atacavam os integrantes das equipes médicas. O contágio diminuiu. Quando chegou o verão, a OMS declarou que a epidemia de ebola havia terminado. O número final de mortos foi estimado entre 11 mil e 24 mil.* Apesar de ter sido tragicamente alto, ele foi também apenas 2% do pior cenário projetado pelo CDC no verão de 2014. "Foi uma boa notícia no final", Rajiv Shah, o homem que o presidente Barack Obama nomeou para chefiar

---

* Existe uma incerteza sobre os números, dada a fraca infraestrutura de saúde. A OMS informou que o número final de mortos, no verão de 2016, foi de 11 mil; observadores como Farmer consideram isso uma subestimação grosseira: Fonte: <www.ids.ac.uk/opinions/a--real-time-and-anthropological-response-to-the-ebola-crisis>.

a resposta da Casa Branca ao ebola, me contou mais tarde. "O que aprendemos foi que você pode tornar as políticas muito mais eficazes quando trabalha com as comunidades e as inclui nas soluções."

Ao que os antropólogos poderiam ter respondido: "Claro".

Cinco anos depois, Richards e Mokuwa — junto com outros veteranos da luta contra o ebola — se depararam com um déjà-vu inesperado. Desta vez, a doença foi a Covid-19, não o ebola. No entanto, mais uma vez o problema começou em um lugar que parecia tão exótico para os ocidentais que era fácil demonizar: Wuhan, China. "Culpar os vizinhos [em uma pandemia] é um esporte eternamente popular, assim como zombar de sua comida", escreveu Farmer em abril de 2020, enquanto a Covid-19 se espalhava pela Europa e pelos Estados Unidos. "A obsessão da era do ebola com a carne de caça é bem refletida nos comentários sobre os mercados de Wuhan, onde (imagina-se) civetas enjauladas, enguias e peixes estranhos se contorcem e caem, e pangolins derramam escamas como lágrimas douradas."[29] No entanto, a Covid-19 não ficou em terras exóticas. "O ebola aconteceu no coração escuro [profundezas longínquas] da África. Grande parte da população em geral, no norte global, achava que ele estava 'lá fora', muito longe deles", observou Bedford. "Mas aí eles descobriram que a Covid-19 estava acontecendo em partes do mundo onde eles [a população em geral] nunca esperavam precisar enfrentar tal ameaça."

Os governos ocidentais poderiam aprender com o passado para conceber uma resposta melhor? A princípio, os antropólogos esperavam que sim. Em 2020, o burocrata britânico Whitty havia sido promovido da agência de desenvolvimento do Reino Unido para um posto ainda mais influente, de diretor médico de todo o governo britânico. Estava, portanto, assessorando a campanha contra a Covid-19. Ele parecia perfeitamente posicionado para tirar as lições certas da saga do ebola sobre a necessidade de misturar ciências médicas e sociais, uma vez que havia escrito artigos juntamente com cientistas sociais em 2014, defendendo exatamente essa postura.[30] Grupos como a OMS também usaram a experiência do ebola para melhorar suas táticas de combate a outras doenças infecciosas, como um surto de zika em 2016. Os especialistas em informática também estavam se tornando mais sábios, misturando a ciência social e a ciência de dados. No HealthMap — a plataforma de rastreamento de doenças que John Brownstein criou em Boston —, os médicos e cientistas percebiam, cada vez mais, a necessidade de colocar os dados no contexto social. "O *big data* não é o santo graal. Sabemos que isso só é útil se você entender o contexto social", disse-me Brownstein. "No caso da Covid-19, precisamos de um híbrido: aprendizado de máquina e curadoria humana."[31] Ou, como Melinda Gates, copresidente da Fundação Bill & Melinda Gates, organismo que foca a saúde global, também me disse: "Fomos forçados a repensar parte da maneira como usamos os dados. No início, havia muita empolgação com o *big data*, e ainda acreditamos firmemente que obter estatísticas melhores é muito importante e que a tecnologia pode fazer coisas incríveis. Mas não podemos ser ingênuos: entender o contexto social é importante".[32]

Assim, com otimismo, os antropólogos apresentaram ideias sobre como aproveitar a consciência cultural para combater a Covid-19.[33] Eles sugeriram que os formuladores de políticas reconhecessem que os laços de parentesco afetam as taxas de transmissão (as famílias intergeracionais no norte da Itália, digamos, apresentam riscos). Eles alertaram que as atitudes culturais em relação à "contaminação" podem distorcer a percepção das pessoas sobre os riscos, deixando-as com medo de pessoas estrangeiras, mas levando-as a ignorar as ameaças internas. O presidente dos Estados Unidos, Donald Trump, demonstrou isso: ele se referiu à Covid-19 como uma "invasão chinesa" e fechou as fronteiras dos EUA, mas minimizou os riscos de "*insiders*" a tal ponto que um surto de Covid-19 eclodiu na Casa Branca.[34]

Os antropólogos também alertaram para o fato de que as mensagens sobre a Covid-19 precisavam ser claras, compassivas e sintonizadas com as necessidades das comunidades. Ordens de cima para baixo por si só não seriam suficientes. "O nome do ebola em mende, uma das principais línguas de Serra Leoa... era *bonda wore*, literalmente 'a família supera'. Em outras palavras, foi claramente reconhecido que esta era uma doença que exigia que as famílias mudassem seu comportamento de maneiras importantes, sobretudo na forma como cuidavam dos doentes", escreveu Richards em um relatório publicado no site da Oxfam na primavera de 2020.[35] "A Covid-19 exigirá mudanças semelhantes no nível familiar, sobretudo em termos de como os idosos são protegidos. As palavras da moda para os respondentes a epidemias incluem autoisolamento e distanciamento social, mas os detalhes de como implementar esses conceitos vagos foram deixados para a imaginação social local. O vovô deve ser despachado para o sótão?"

Os antropólogos também enfatizaram que a necessidade de misturar ciência social e médica tinha sido demonstrada não apenas por evidências oriundas da África Ocidental, mas também da Ásia. A história das máscaras faciais era particularmente impressionante. Depois que a epidemia de SARS varreu a Ásia nos primeiros anos do século 21, vários antropólogos e sociólogos — como Peter Baehr, Gideon Lasco e Christos Lynteris — estudaram o surgimento de uma "cultura de máscara" na região. Eles concluíram que as máscaras ajudaram a combater o contágio, mas *não* apenas por causa da ciência dura (o fato de que paravam a inalação ou exalação de partículas do vírus), mas também porque o ritual de colocar uma máscara é um poderoso estímulo psicológico que lembra as pessoas da necessidade de modificar seu comportamento. As máscaras também são um símbolo que demonstra adesão às normas cívicas e de apoio à comunidade.[36] O ritual de "mascarar" muda outros comportamentos.

Alguns funcionários governamentais tomaram nota. Em Nova York, por exemplo, as autoridades rapidamente lançaram uma campanha para convencer os moradores a adotar as máscaras. A princípio, parecia improvável que funcionasse, uma vez que as máscaras eram estigmatizadas em Nova York e usar uma parecia ofender a cultura individualista dos nova-iorquinos. Mas os outdoors ao redor de Manhattan ficaram repletos de mensagens que tentavam mudar as "teias de significado" em torno das máscaras, como Geertz poderia dizer, redefinindo-as como um sinal de força, não um estigma. "Sem máscara? Esqueça!", lia-se. "Somos durões em Nova York", declarava outro, e (no Dia de Ação de Graças) um deles dizia: "Não seja um peru, use uma máscara!".* Era o equivalente nova-iorquino das danças da sociedade secreta Sande que Richards e Mokuwa haviam observado em Serra Leoa. Funcionou: os nova-iorquinos rapidamente adotaram máscaras com um zelo quase religioso. Se nada mais, isso demonstrou um ponto que Richards costumava enfatizar: embora os sistemas de crenças culturais fossem profundamente importantes, eles não eram imutáveis.

Em Boston, Charlie Baker, o governador republicano de Massachusetts, também foi criativo. Ele contratou Farmer e sua equipe da PIH para importar as lições que haviam aprendido na África Ocidental e em outros lugares e aplicá-las na luta contra a Covid-19. "Isso é inovação reversa", explicou Farmer. Ele disse a Baker que a melhor maneira de conter a Covid-19 era oferecer cuidados e empatia, e trabalhar com as comunidades em vez de depender apenas de ordens de cima para baixo ou de aplicativos digitais. "Nenhum aplicativo [de rastreamento de contato] pode fornecer apoio emocional a [uma vítima de Covid] ou atender às suas necessidades complexas e singulares", explicou Elizabeth Wroe, uma médica do PIH formada em Harvard.[37] "Você precisa estar junto à pessoa e atender as suas necessidades."

No entanto, em muitos outros lugares, as autoridades ignoraram as lições do ebola — e das ciências sociais. Em Washington, Daniel Goroff, cientista da Fundação Nacional da Ciência, criou uma rede dedicada para ajudar "tomadores de decisão, em todos os níveis de

---

* Trocadilho baseado na palavra *turkey*, que tanto significa "peru" — tradicionalmente consumido no Dia de Ação de Graças — quanto "otário", na gíria local. (N.T.)

governo", a construir uma política pandêmica eficaz usando a ciência social e médica.[38] Mas a Casa Branca de Trump não demonstrou nenhum desejo de abraçar a ciência comportamental ou a inovação reversa. Na Grã-Bretanha, o Grupo Consultivo Científico para Emergências (SAGE, na sigla em inglês) convidou um cientista comportamental, David Halpern, para fazer parte do grupo. Ele divulgou relatórios sugerindo (sensatamente) que o governo britânico deveria importar lições sobre as máscaras de países como a Alemanha e a Coreia do Sul.[39] Mas o SAGE era dominado por políticos e cientistas de áreas como a medicina e introduziu políticas que, muitas vezes, eram exatamente o oposto do que os antropólogos (ou cientistas comportamentais) sugeriam. De início, o primeiro-ministro Boris Johnson declarou que as pessoas *não deveriam* usar máscaras faciais. Depois, ele passou a apoiar o uso delas, mas recusou-se a usá-las. As políticas foram impostas de cima para baixo (embora a Grã-Bretanha tivesse excelentes centros de saúde comunitários locais), e o governo investiu dinheiro em tecnologias caras de rastreamento de contatos digitais (que mal funcionavam). "A incorporação pelo governo de conhecimentos das ciências comportamentais e de outras ciências humanas tem sido lamentável", escreveu Gus O'Donnell, ex-chefe do serviço público britânico, em novembro. "Quando o governo diz que 'segue a ciência', na verdade isso significa que segue as ciências médicas, o que lhe deu uma perspectiva unilateral e levou a algumas decisões políticas duvidosas".[40]

Por quê? A política era, muitas vezes, uma explicação.* Nos Estados Unidos, Trump chegou ao poder com um discurso anti-imigração, com uma mensagem que colocava os Estados Unidos em primeiro lugar e zombava dos países pobres, em lugares como a África Ocidental, chamando-os de "lugares de merda". Em Londres, Johnson confiou fortemente nos conselhos de Dominic Cummings, que muitas

---

* Sei que estou ignorando outros países ocidentais, como os da Europa continental, que tiveram respostas variadas, mas meu foco é no mundo anglo-saxão por questões de espaço.

vezes parecia deslumbrado com a ciência empírica.[41] Havia também arrogância; os governos britânico e estadunidense presumiam que seus sistemas médicos eram tão avançados que não havia necessidade de adotar a inovação reversa.[42] No entanto, o antropólogo Richards suspeitava que havia outro problema também: aquele rótulo enganoso de "exótico". Quando Whitty convocou antropólogos para reuniões em Whitehall em 2014, ele o fez porque funcionários do governo britânico achavam que estavam lidando com *outros* estranhos. Em 2020, eles acharam que estavam em uma paisagem "familiar". Assim, sentiram pouca necessidade de aprender com os outros ou de olhar para si mesmos, embora apenas dois anos antes uma equipe de pesquisas sobre comportamento, criada pelo governo britânico e liderada por Halpern, tivesse enfatizado a importância de pensar sobre "como os funcionários de governo, eleitos e não eleitos, são influenciados pelas mesmas heurísticas e preconceitos que tentam mudar nos outros".[43]

Isso provocou erros trágicos. Se os governos ocidentais apenas tivessem se olhado no espelho no início da crise da Covid-19, poderiam ter visto as fraquezas de seus próprios sistemas de combate à pandemia. Se tivessem observado a experiência da África Ocidental ou da Ásia, teriam também (re)aprendido outra lição essencial: quando os médicos trabalham com as comunidades, com empatia, é muito mais fácil vencer uma pandemia. Ou, nas palavras de Richards: "Os governantes sabem que precisam da ajuda de antropólogos em casos culturalmente difíceis, como no Afeganistão. Eles não acham que precisam de antropólogos no centro de Manchester ou em South Yorkshire. Mas precisam, sim".

PARTE DOIS
Tornando o "familiar" estranho

A essência: é da natureza humana supor que é "normal" a maneira como vivemos e que todo o resto é estranho. Mas isso está errado. Os antropólogos sabem que existem várias maneiras de viver, e todo mundo parece estranho para outra pessoa. Podemos colocar em prática esse conhecimento: quando olhamos o mundo pelos olhos do outro, podemos olhar para trás e nos ver de forma mais objetiva também, enxergando riscos e oportunidades. Fiz isso como jornalista. Várias empresas de bens de consumo usaram variantes dessa ferramenta para entender os mercados ocidentais. Mas ela também pode ser usada para compreender o que está acontecendo dentro de instituições e empresas, sobretudo quando você pega emprestadas ideias e ferramentas da antropologia, como o poder dos símbolos, o uso do espaço (*habitus*), a relutância e a definição de limites sociais.

4
CRISE FINANCEIRA
(ou: por que os banqueiros
interpretam mal os riscos)

"Deixamos de ver aquilo que nos é familiar." — Anaïs Nin[1]

Sentei-me na fileira do fundo de uma sala de conferências escura, em uma prefeitura modernista em Nice, na Riviera Francesa, sentindo-me burra. Ao meu lado, estavam vários homens que vestiam camisa social de cor pastel. Eles tinham um longo cordão de plástico, ao redor do pescoço, que sustentava um crachá em que se lia "Fórum Europeu de Securitização 2005". Este foi um encontro de banqueiros que negociavam instrumentos financeiros complexos, como derivativos vinculados a hipotecas e empréstimos para empresas. Eu estava lá como jornalista do *Financial Times* para escrever uma reportagem sobre esse tema.

Na frente do salão, em um púlpito, financistas discutiam inovações em seu campo, exibindo PowerPoints com equações, gráficos, letras gregas e siglas como "CDO", "CDS", "ABS" e "CLO". *É como estar em Obi--Safed novamente!*, pensei. Mais uma vez, tive um choque cultural. Ele foi muito mais sutil do que no Tajiquistão, uma vez que os padrões culturais pareciam mais familiares. Mas a linguagem era completamente ininteligível: eu não sabia o que era um CDO ou o que estava acontecendo no fórum.

Uma conferência de bancos de investimento é como um casamento tajique, pensei. Um grupo de pessoas estava usando rituais e símbolos para criar e reforçar seus laços sociais e sua visão de mundo. No Tajiquistão, isso ocorria por meio de um ciclo complexo de cerimônias de casamento, dança e presentes, como almofadas bordadas. Na Riviera Francesa, banqueiros trocavam cartões de visita, rodadas de bebidas e piadas, enquanto jogavam golfe e assistiam a apresentações de PowerPoint em salas de conferências escuras. Mas, em ambos os casos, os rituais e símbolos refletiam *e* reproduziam um mapa cognitivo, preconceitos e suposições compartilhados.

Assim, enquanto eu estava sentada na escura sala francesa de conferências, tentei "ler" o mapa simbólico que sustentava o evento, da mesma maneira que eu, uma vez, havia tentado "ler" o simbolismo — e as teias de significado, para usar a moldura teórica proposta por Geertz — em um casamento tajique, prestando atenção ao que as pessoas não falavam, bem como aos tópicos que queriam discutir. Padrões surgiram. Os financistas achavam que controlavam uma linguagem e um conhecimento aos quais poucas pessoas tinham acesso — o que os fazia se sentir membros de uma elite. "Quase ninguém no meu banco sabe o que eu realmente faço!", um financista brincou quando lhe pedi para explicar o que era um "CDO" ou um "CDS" (essas siglas significavam obrigação de dívida colateralizada e seguro contra inadimplência, aprendi). O fato de os financistas compartilharem essa linguagem criava uma identidade comum; estavam vinculados por laços de conhecimento e sociais forjados pelo trabalho, embora trabalhassem em locais dispersos, como Nova York, Londres, Paris, Zurique e Hong Kong. Eles se comunicavam por um sistema especial de mensagens conectado a um terminal de negociação da Bloomberg. *É como uma aldeia Bloomberg*, pensei. Os financistas também tinham um "mito de criação" peculiar — para usar outro termo comum na antropologia — a fim de justificar suas atividades. Às vezes, os *outsiders* alegavam que os financistas só praticavam seu ofício para ganhar dinheiro. No entanto, os banqueiros não apresentavam suas atividades para si mesmos dessa forma. Em vez disso, invocavam conceitos como "eficiência", "liquidez" e "inovação". A história de criação por trás do ofício da securitização — o tema da conferência — era que esse processo tornava os mercados mais "líquidos", no sentido de que dívidas e riscos poderiam ser negociados e fluir tão facilmente quanto a água, tornando mais barato emprestar dinheiro. Eles insistiam que isso seria bom para financistas e não financistas.

Outro detalhe revelador era que faltava uma característica aos Power-Points dos financistas: rostos ou outras imagens de humanos. Em alguns sentidos, isso parecia estranho, uma vez que o mito de criação afirmava que a "inovação" beneficiava os meros mortais. Mas, quando os financistas falavam sobre seu ofício, raramente mencionavam *pessoas* vivas. Letras gregas, acrônimos, algoritmos e diagramas enchiam seus slides. *Quem está emprestando esse dinheiro? Onde estão os humanos? Como isso se conecta com a vida real?*

Inicialmente, essas perguntas me deixaram curiosa — não alarmada. Uma característica definidora da mentalidade da antropologia — como a do jornalismo — é a curiosidade compulsiva, e eu me senti como se tivesse acabado de esbarrar em uma nova fronteira que clamava por ser explorada. Poderia ser valioso para os leitores do *Financial Times* se eu me propusesse a oferecer um guia de viajante para essa nova terra, pensei, imaginando que poderia cobri-la da mesma forma que meus colegas jornalistas cobriam o Vale do Silício. Ambos os setores, afinal, tinham um mito de criação que apregoava a inovação e seus supostos benefícios para a humanidade.

Mais tarde, ficou claro que esse mito de criação também continha uma "falha", para citar a palavra usada mais tarde por Alan Greenspan, ex-presidente do Sistema de Reserva Federal dos Estados Unidos;*[2] os padrões culturais que observei na Riviera estavam criando riscos que, mais tarde, desencadeariam a crise financeira de 2008. Precisamente por serem uma tribo intelectual tão unida, com pouco escrutínio externo, os financistas não podiam ver se suas criações estavam escapando de seu controle. E, por terem um mito de criação tão forte com relação aos benefícios da inovação, eles estavam deixando de ver os riscos. Mais tarde, um antropólogo chamado Daniel Beunza apelidou essa cegueira de problema do "desengajamento moral baseado em modelos";[3] outra antropóloga, Karen Ho, culpou o "culto

---

* O banco central dos Estados Unidos. (N.T.)

à liquidez" por isso;[4] e um terceiro, Vincent Lépinay, destacou o "domínio" da matemática complexa.[5] No entanto, qualquer que fosse a metáfora usada, o problema era que os financistas não conseguiam ver nem o contexto *externo* do que estavam fazendo (o impacto dos empréstimos baratos sobre os tomadores de empréstimos) nem o contexto *interno de seu mundo* (como o jeito de clube fechado e os esquemas de incentivo peculiares alimentavam os riscos).

É por isso que a visão antropológica é importante. Um benefício da antropologia é que ela pode transmitir empatia pelo "outro" estranho. Outro benefício é que ela pode oferecer um espelho para o familiar — nós mesmos. Nunca é fácil traçar fronteiras bem delineadas entre o que é "familiar" e o que é "estranho". A diferença cultural existe em um espectro mutável, não em caixas estáticas rígidas. Mas o ponto-chave é este: onde quer que você esteja, em qualquer mistura de familiar e estranho, sempre vale a pena parar e se fazer uma pergunta simples que os banqueiros da Riviera não faziam: se eu chegasse a essa cultura, como um completo estranho, ou como um marciano ou uma criança, o que eu veria?

Minha jornada pela Grande Crise Financeira começou, indiretamente, em 1993, ou seis meses depois de eu ter me abrigado em um quarto de hotel no Tajiquistão ouvindo tiroteios em meio à guerra civil. Logo depois de concluir meu trabalho de campo, fiz um estágio para o FT, fui contratada como correspondente internacional freelancer e depois (enquanto completava meu doutorado) recebi uma oferta de estágio. Agarrei essa oportunidade agradecida, pois era fascinada pelo jornalismo.

Quando cheguei à sede do FT em Londres, meus supervisores me colocaram em treinamento na "sala [ou com a equipe] de economia". Eu deveria me sentir honrada. Mas fiquei chateada. Quando decidi entrar no mundo do jornalismo, o fiz porque era fascinada por cultura e política. Economia e finanças eram um mistério, e o jargão parecia tão impenetrável que eu estava propensa a considerá-las chatas. *Não foi para isso que me tornei jornalista!*, pensei, enquanto estava na sala de economia e lia os livros de "finanças para leigos". Mas então percebi que o medo e o preconceito eram responsáveis por grande parte da minha reação. Na universidade, muitas vezes, os estudantes de antropologia se agrupavam em uma "tribo" social diferente dos estudantes que queriam se tornar financistas, e a linguagem dos estudantes de finanças me deixava perplexa. Saltar esse abismo cultural exigia habilidades semelhantes às da antropologia. Ou, como observei mais tarde para Laura Barton, uma colega jornalista britânica que me entrevistou depois que a crise financeira explodiu em 2008: "Pensei: 'Sabe de uma coisa, isto é como estar no Tajiquistão. Tudo o que tenho a fazer é aprender uma nova língua. Trata-se de um monte de pessoas que adornaram essa atividade com um monte de rituais e padrões culturais e, se eu consegui aprender tajique, conseguirei, tranquilamente, aprender como funciona o mercado de câmbio!'".[6]

A mudança no modo de pensar rendeu dividendos. Quanto mais eu observava como o dinheiro circulava pelo mundo, mais fascinada eu ficava. "As pessoas formadas em artes e humanidades, e em estudos sociais, tendem a pensar que o dinheiro e o centro financeiro são chatos e de alguma forma sujos", expliquei a Barton. "Se você não observar como o dinheiro circula pelo mundo, não entenderá o mundo de verdade." Claro, um problema era que muitas pessoas que trabalhavam no mundo do dinheiro achavam que o dinheiro era a *única* coisa que fazia o mundo "girar". Isso também estava errado. "Os banqueiros gostam de imaginar que o dinheiro e o lucro são tão universais quanto a gravidade", disse a Barton. "Eles acham que é pura bênção e completamente impessoal. E não é. O que eles fazem no mundo das finanças tem tudo a ver com cultura e interação." No entanto, pensei — ou esperava — que, se pudesse encontrar uma maneira de vincular essas duas perspectivas, estudando o dinheiro e a cultura em conjunto, isso poderia ajudar a obter um entendimento mais profundo. Assim, nos anos seguintes, enquanto construía uma carreira no FT — primeiro na equipe de economia desse jornal na Europa e depois, por cinco anos, como repórter e chefe de redação no Japão — continuei me fazendo a mesma pergunta repetidamente: como o dinheiro faz o mundo girar? Como esse processo é visto por pessoas diferentes no mundo? Quais são, em outras palavras, as "teias de significado" em torno das finanças?

No final de 2004, sentei-me em outra "mesa", na sede do FT em Londres, que atendia pelo estranho nome de "equipe Lex".* Essa divisão do jornal exigia que os jornalistas escrevessem comentários concisos sobre as finanças empresariais. Eu tinha acabado lá mais por acidente do que por vontade própria (depois de trabalhar no Japão, eu esperava ir para o Irã como correspondente internacional, mas mudei meus planos quando engravidei). No entanto, meu título oficial era "chefe interina" da Lex, o que significava que eu era supervisora estratégica dos comentários do FT sobre finanças empresariais. *É como ser editora interina do boletim de notícias da igreja do Vaticano*, às vezes eu pensava e ria sozinha.

Um dia, no outono de 2004, recebi um pedido do editor: eu poderia escrever um relatório descrevendo os tópicos que Lex estava cobrindo — e como essa cobertura poderia ou deveria mudar. Comecei respondendo ao relatório da maneira normal, seguindo os protocolos que os grupos de mídia usam: examinei nossas colunas anteriores, li o que os concorrentes escreviam, estudei nossa cobertura de notícias e tentei concluir se o equilíbrio de nossa abordagem parecia sensato ou não. Essa análise me indicou que não estávamos prestando atenção

---

* A coluna Lex começou em 1945, mas a origem do nome não é clara. Às vezes, ela é atribuída, no folclore do ft, ao termo latino *lex mercatoria*, que significa lei mercantil; ela também pode ter começado como um jogo de palavras com base na frase *de minimus non curat lex* ou "a lei não se preocupa com ninharias", uma vez que um jornal concorrente da década de 1940 tinha uma coluna com o nome de um personagem que recolhia "ninharias". Veja: <www.politico.com/media/story/2014/08/the-60-second-interview-rob-armstrong-head-of-the-lex-column-financial-times-002617>.

suficiente à Ásia e ao setor de tecnologia em nossas colunas Lex. Enviei um documento descrevendo isso.

Então pensei duas vezes: *como seria esse relatório se eu o escrevesse como antropóloga?* Se eu caísse de paraquedas no centro financeiro de Londres ou na mesa de notícias do *Financial Times* como uma *insider-outsider*, o que eu veria? Eu não poderia responder a isso replicando o que alguém como Malinowski havia feito quando armou sua barraca nas Ilhas Trobriand para fazer antropologia. Nem com o método que eu tinha usado em Obi-Safed: andar por uma aldeia para espiar a vida de outros indivíduos. No Tajiquistão, eu desfrutava de uma liberdade impressionante para fazer perguntas e observar as pessoas. Enquanto percorria o vale fazendo meu "dever de casa", junto com um bando de crianças e uma câmera na mão, os aldeões ficavam tão animados com a ideia de que eu pudesse tirar fotos deles e depois distribuí-las que me deixavam ver diferentes cantos da vida deles (mesmo aqueles que uma moça solteira não costuma ver). No centro financeiro de Londres, porém, os bancos não permitiam que os jornalistas perambulassem por seus escritórios desacompanhados; em geral, os repórteres não tinham permissão para entrar nos prédios sem um funcionário de relações públicas monitorando-os (ou agindo como um "guardião", como os jornalistas diziam de brincadeira). A Bolsa de Valores ou instituições públicas, como o Banco da Inglaterra,* ou suas contrapartes estadunidenses também não permitiam tal coisa. Assim, era difícil ver os financistas em seu habitat natural. Em outras palavras, havia um problema de hierarquia que os primeiros antropólogos não haviam enfrentado. Quando pessoas como Malinowski foram para as Ilhas Trobriand, elas vinham de uma sociedade mais poderosa do que a que estudavam. No centro financeiro de Londres, os financistas eram muito mais poderosos do que jornalistas ou antropólogos; o desafio era saber como

---

* O banco central do Reino Unido. (N.T.)

"estudar o acima".*⁷ "A própria noção de 'armar a barraca' no pátio dos Rockefellers, no saguão do J.P. Morgan ou no pregão da Bolsa de Valores de Nova York não é apenas implausível, mas também pode ser limitante e inadequada para um estudo sobre 'a elite do poder'", observou Karen Ho, uma antropóloga que estudou Wall Street no final do século 20 e início do século 21 após conseguir um emprego na área administrativa do Bankers Trust.⁸

Assim, improvisei. Sempre que entrevistava financistas para escrever colunas para a Lex, colocava algumas perguntas não estruturadas e abertas; tentei ouvir o que as pessoas diziam — e o que *não* diziam. Em algumas ocasiões, peguei emprestada uma estratégia que havia usado uma vez na aldeia tajique: dei a alguém um lápis e uma folha de papel em branco e pedi que desenhasse como as diferentes peças de seu mundo se encaixavam. Em Obi-Safed, usei essa técnica para entender os laços de parentesco e como esses padrões familiares afetavam a localização física das casas no vale. Nos restaurantes da cidade, pedi aos financistas que desenhassem em meu caderno e me mostrassem como as diferentes peças dos mercados financeiros se encaixavam e quais eram seus tamanhos relativos.

Foi surpreendentemente difícil para os *insiders* desenhar o "mapa" de todos os fluxos que moldavam o centro financeiro de Londres. Eles conseguiam enxergar *partes* desse cenário. Havia dados excelentes sobre as emissões de ações, digamos. Mas nenhuma das pessoas que trabalhavam em bancos do setor privado ou em instituições governamentais poderia oferecer um guia facilmente compreensível para leigos e que mostrasse como todos esses fluxos interagiam. Isso parecia

---

* Esse problema de como "estudar o acima" foi detalhado pela primeira vez pela antropóloga Laura Nader, na década de 1970, e provocou infindáveis questionamentos. Alguns antropólogos resolveram o problema conseguindo empregos na instituição que tentavam estudar. Lépinay e Ho trabalharam em bancos. Mas essa alternativa levanta questões éticas sobre se os pesquisadores deveriam ou não revelar sua identidade de pesquisador aos empregadores. Outra opção é aquela seguida por Dinah Rajak, a saber, trabalhar em uma equipe de "responsabilidade social corporativa", que fica parcialmente externa e monitora a empresa.

estranho, uma vez que os financistas pareciam obsessivamente interessados em medir as coisas. Ou talvez não. Como Malinowski notou pela primeira vez em *Argonautas do Pacífico Ocidental*, é sempre difícil para os *insiders* verem um "mapa" abrangente de seu mundo.

Percebi também que, ainda que um desenho pudesse ser elaborado e mostrasse o tamanho relativo dos fluxos e das atividades financeiras, isso não refletiria, necessariamente, o volume das conversas sobre eles. Mais especificamente, veículos como o *Financial Times* escreviam em excesso sobre os mercados de ações. Mas havia uma cobertura menos abrangente dos títulos de dívida das empresas e quase nada sobre derivativos — embora os banqueiros continuassem a me dizer que o mundo do crédito empresarial e dos derivativos era grande, lucrativo e estava em expansão. O calor retórico e a ação concreta divergiam. Mais uma vez, esse padrão não era tão surpreendente do ponto de vista de um antropólogo: em toda sociedade, existe uma divergência entre o que as pessoas dizem que fazem e o que realmente fazem. No Tajiquistão, os aldeões passavam muito tempo falando sobre casamentos, mas não falavam sobre outras partes de suas vidas que absorviam a mesma quantidade de tempo, como o trabalho na fazenda estatal. Embora essa divergência não tenha sido surpreendente, teve uma implicação prática para mim como jornalista. "O sistema financeiro é como um *icebergue*!", eu disse aos colegas. Uma pequena parte — os mercados de ações — era visível, no sentido de que estava sujeita a uma cobertura obsessiva pelos meios de comunicação. A parte maior — os derivativos e o crédito — estava, em grande parte, submersa. Isso criava uma oportunidade para furos jornalísticos, ou assim eu esperava.

Depois de enviar ao editor do FT meu relatório oficial sobre o futuro da coluna Lex, escrevi um segundo intitulado "O icebergue financeiro". Ele sugeria que o FT deveria dedicar mais cobertura às partes "submersas" do mundo financeiro, como o crédito e os derivativos. Como a cobertura dos mercados de ações era tão difundida que era quase comoditizada, achei que fazia mais sentido escrever sobre um tópico que ninguém mais estava cobrindo. De início, nada aconteceu. Então, ocorreu uma mudança de equipe, e fui transferida da Lex — recebi uma oferta para administrar a equipe de mercado de capitais. "Você pode fazer aquela coisa de icebergue lá!", o editor me disse. Eu não fiquei empolgada. A equipe Lex tinha um status alto no ecossistema do FT. O mesmo acontecia com a equipe de economia: ela ficava em um escritório luxuoso, perto do editor, com uma vista maravilhosa do rio Tâmisa e da Catedral de Saint Paul. Em comparação, a equipe de mercado de capitais parecia sonolenta e de baixo status. As histórias que ela gerava tendiam a ser enterradas nas últimas páginas do jornal, e ela ficava na outra ponta do prédio do editor, com vista para as latas de lixo.

Estou agora fazendo um plano de carreira de mãe?, pensei. Estava grávida pela segunda vez, e temia que minha carreira estivesse estagnada. Uma amiga da equipe Lex tentou me animar. "O mercado de capitais é um ótimo lugar para trabalhar com um bebê, porque nada importante acontece lá!", ela declarou. "Você pode ir para casa às cinco da tarde todos os dias!"

Isso me fez sentir pior.

Em março de 2005, comecei meu novo trabalho com o título de "chefe da equipe de mercado de capitais". Eu estava ansiosa para explorar essa estranha nova fronteira das finanças. Mas enfrentei um problema prático: o único lugar em que eu podia ver banqueiros "em seu habitat natural" — como eu costumava brincar com meus amigos — era nas conferências financeiras. Este era o único local onde eles perambulavam no mesmo espaço que os jornalistas, sem assistentes de relações públicas para servir de guardiões. Então, participei de todas as conferências que pude encontrar, começando com o Fórum Europeu de Securitização, em Nice, e complementei isso com visitas mais formais — controladas — para falar com os banqueiros em seus escritórios, tentando elaborar um guia de viajante para o mundo da inovação financeira.

Foi difícil. O setor estava envolto em tantos jargões que era difícil para alguém de fora entender o que estava acontecendo. A ideia de "securitizar" a dívida, para usar o jargão financeiro para aquilo que os financistas estavam fazendo, não era nova: os banqueiros vinham fatiando partes de dívida e emitindo novos instrumentos (como os títulos de dívida ou *bonds*) há duas décadas; em parte, porque respondiam a um conjunto rígido de regulamentos bancários chamado "Basileia Um" (em homenagem à cidade suíça). Mas, em 2005, várias novas variantes dessa prática surgiam, porque os banqueiros estavam tentando tirar vantagem de (ou, em linguagem de banqueiro, "arbitrar") uma versão atualizada dessas regras, chamada Basileia Dois, usando não apenas os empréstimos de empresas, mas as arriscadas "dívidas hipotecárias *subprime*" também. Não havia dados facilmente disponíveis sobre o tamanho desses novos submercados, nem manuais ou guias para leigos sobre o significado do jargão. Quando eu pedia a um banqueiro que explicasse o que era um instrumento como um "CDO" — *collateralized debt obligation* ou "seguro contra inadimplência" — ele (ou raramente ela) explicava que se referia a um pacote composto de diferentes fatias de dívida, associadas a diferentes níveis de risco, que podiam ser vendidas a investidores. Se eu perguntasse o que significava um "CDS" — *credit default swap* —, me respondiam que se tratava de um instrumento que permitia aos investidores fazer apostas sobre o risco de inadimplência de uma fatia de dívida.

Mas como eu poderia comunicar essas ideias aos leitores do FT? — ficava pensando. Por fim, decidi que a tática mais fácil era usar metáforas: um CDO podia ser comparado a uma salsicha, pois envolvia pedaços de "carne" financeira (dívida) sendo fatiados e remontados em novas tripas (CDOs) e temperados de acordo com diferentes gostos (com empréstimos corporativos ou hipotecários, e diferentes níveis, ou *tranches*, de risco) que poderiam ser vendidos em todo o mundo. Às vezes, os investidores fatiavam e cortavam esses CDOs e depois reuniam esses novos fragmentos em um novo instrumento, chamado "CDO ao quadrado";

isso, brinquei, era como ensopado de salsicha. De forma semelhante, um CDS poderia ser descrito com uma metáfora das corridas de cavalos: o que as pessoas estavam negociando *não eram* cavalos, mas apostas feitas para ver se o cavalo venceria; ou, mais precisamente, apostas de seguro contra o risco de o cavalo desmaiar e morrer. Para reforçar esse ponto, pedi à equipe gráfica do FT que produzisse diagramas e fotos de cavalos — e salsichas — para colocar ao lado de nossas histórias. Eu também me esforcei para colocar fotos de rostos nas páginas, para tornar o assunto menos abstrato. Mas era difícil encontrá-los: poucos financistas humanos, envolvidos no mundo da dívida, dos derivativos ou da securitização, queriam ser citados ou fotografados, e era quase impossível ver os tomadores de empréstimos humanos no final das complexas cadeias financeiras.

À medida que 2005 ia passando, os contornos dessa paisagem estranha começavam a se delinear — e meu acesso aos financistas melhorava porque eles ficavam cada vez mais curiosos para falar comigo. *Por que eles estão dispostos a falar?* — pensei. Por fim, percebi que havia tropeçado em um padrão semelhante a Obi-Safed. Lá no Tajiquistão, muitas vezes, os aldeões pareciam felizes em me ver porque sabiam quem eu era — a estudante estranha que pesquisava rituais de casamento. Eles também sabiam que eu estava falando com várias famílias e se sentiam ansiosos para saber o que as *outras* pessoas diziam, uma vez que eu tinha mais liberdade social para fazer perguntas do que eles. O centro financeiro de Londres parecia estranhamente semelhante. Os financistas que trabalhavam nos mercados deveriam estar perfeitamente conectados por meio da tecnologia digital. Seus bancos deveriam ter operações internas unificadas também. Mas, na realidade, os fluxos de informações entre as diferentes mesas dentro de um mesmo banco muitas vezes eram ruins, porque os banqueiros eram pagos de acordo com o desempenho de sua equipe e, portanto, tinham uma lealdade cega a esta. Mesas diferentes, em bancos diferentes, não conseguiam ver como o mercado de CDO ou CDS como um todo estava evoluindo, uma vez que sua visão tendia a se restringir também ao que quer que estivesse debaixo de seu nariz; o mundo era estranhamente opaco para os *insiders* — e ainda mais para os *outsiders*. "Sou como uma abelha em um campo de flores", eu brincava com meus colegas. Eu estava pegando algumas informações ("pólen") e espalhando-as ao meu redor, entre os bancos — exatamente como eu tinha feito no passado, enquanto caminhava entre as casas em Obi-Safed.

Algo mais impressionante ainda era que as instituições que deveriam estar monitorando essa atividade — ou seja, os bancos centrais e os reguladores — também estavam envoltos em uma neblina. O FT ficava perto do Banco da Inglaterra, que tinha uma estrutura departamental semelhante àquela em que eu trabalhava: um departamento de status elevado (e extremamente visível) monitorava as estatísticas macroeconômicas; outro grupo menos visível (e de status um pouco mais baixo) monitorava os mercados de capital e os riscos sistêmicos do sistema financeiro. O homem que dirigia esse segundo grupo, Paul Tucker, também estava tentando criar um "guia de viajante" das partes submersas do icebergue financeiro para os reguladores e os políticos britânicos. Muitas vezes trocávamos informações. Mas Tucker também carecia de dados concretos e enfrentava desafios semelhantes de comunicação: seus colegas e os políticos tendiam a considerar as questões técnicas dos derivativos muito menos emocionantes do que, digamos, a política monetária. O jargão diminuía mais ainda a atração do setor. Tucker tentou inventar novas palavras que pudessem tornar as finanças complexas algo mais excitante. "Finanças de boneca russa" era uma delas, "financiamento veicular" era outra.[9] Mas essas expressões não se popularizaram.

De início, esse padrão apenas me irritou. Mas, com o passar das semanas, comecei a ficar alarmada. A história parecia tão complexa para os *outsiders* que havia muito poucas pessoas, além dos *insiders*, que entendiam o que estava acontecendo. Os financistas insistiam que não havia com que se preocupar. O objetivo desses instrumentos, afinal, era reduzir o risco geral no sistema financeiro, não o aumentar; essa era a teoria por trás da história da criação de liquidez, ou seja, que a inovação permitiria que os riscos fluíssem tão suavemente, como a água, pelos mercados que seriam precificados com precisão e diluídos.[10] Nas décadas de 1970 e 1980, os bancos tiveram problemas porque haviam concentrado riscos em seus livros contábeis (porque, digamos, haviam emprestado a muitos tomadores de hipoteca na mesma cidade). Mas a securitização distribuía os riscos de crédito de forma tão ampla que, caso ocorressem perdas, muitos investidores sofreriam um golpe pequeno — mas nenhum investidor sozinho sofreria um golpe tão grande a ponto de ter danos sérios. Ou assim era na teoria. O princípio motriz era o mesmo do velho ditado "Problema compartilhado é problema resolvido".

Mas e se essa lógica estivesse errada? — pensei. Eu não poderia dizer se ela estava, precisamente porque era muito opaca. Mas havia algumas singularidades — ou contradições — que eu não conseguia explicar e que estavam começando a soar o alarme. Uma delas foi que, em 2005, o custo dos empréstimos nos mercados continuou a cair, embora os bancos centrais continuassem aumentando as taxas de juro. Outro foi o fato de que, enquanto a inovação deveria tornar os mercados tão "líquidos" que os ativos pudessem ser facilmente negociados, os CDOs eram muito pouco negociados, por serem muito complexos. De fato, era tão difícil obter preços de mercado para esses instrumentos, devido à falta de transações genuínas, que os contadores estavam usando preços inflacionados de modelos de classificação para registrar o valor dos CDOs em seus livros contábeis, mesmo que o sistema fosse baseado no princípio de marcação ao mercado, ou seja, no uso de preços de mercado. Essa era uma contradição intelectual profunda. Outra singularidade era que a securitização implicava em que os bancos deveriam vender suas dívidas a outros investidores e, assim, *encolher* seus balanços — mas esses balanços continuavam a se expandir, de acordo com dados do Banco da Inglaterra. Algo não cheirava bem.

Escrevi alguns artigos perguntando se os riscos estavam crescendo nesse mundo estranho e opaco.[11] Os financistas protestaram. Assim, no outono de 2005, saí de licença-maternidade. O momento em que isso aconteceu me desanimou. "Vou perder toda a diversão!", eu disse, enfática, aos colegas; eu tinha um palpite de que o padrão nos mercados estava se tornando tão estranho que uma correção do mercado ocorreria enquanto eu estivesse fora do escritório. Eu estava errada: quando voltei ao FT, na primavera de 2006, descobri que não só o mercado não havia se "corrigido" — ou entrado em queda — como o custo dos empréstimos havia caído ainda mais, o volume de crédito concedido havia aumentado e a inovação havia ficado ainda mais frenética. *Eu estava completamente errada?* — pensei; desde que fui forçada a reavaliar a tese do meu doutorado no Tajiquistão, eu tinha plena consciência de como meus preconceitos, às vezes, podiam estar equivocados.

Entretanto, em seguida, meu desconforto tornou-se mais intenso e escrevi artigos cada vez mais críticos.[12] Eu me sentia como se estivesse em uma trilha solitária: mesmo que a atividade se tornasse mais frenética, poucos *outsiders* estavam espiando o mundo estranho, e muitos menos ainda tentando chamar atenção para o que acontecia. Os banqueiros haviam inventado um "mito de criação", baseado em teorias como a "liquefação dos mercados" e o valor da "dispersão de risco", que era tão potente para seu ofício que poucos *outsiders* se sentiam capazes de questioná-lo. Os banqueiros também tinham pouco incentivo para questionar a si mesmos. A razão não era porque eles estavam necessariamente contando mentiras *deliberadas* e conscientes para si (ou para terceiros): o mais importante — e muito mais pernicioso — era a questão do "*habitus*", ou o conceito desenvolvido por Bourdieu que eu havia usado uma vez para explicar a divisão entre os espaços público e privado em Obi-Safed.[13] Os financistas viviam em um mundo onde parecia inteiramente natural que as mesas de operações competissem umas com as outras e que ninguém fora do banco (ou mesmo em outras mesas de operações) soubesse o que estava acontecendo nesses círculos. Também parecia natural que o negócio confuso da execução de transações fosse terceirizado para a equipe de retaguarda — em outra parte do banco, com status social mais baixo. Também parecia normal, para os financistas, que eles fossem os únicos a entender o jargão de seu oficio e que essa linguagem opaca assustasse os outros. E, como os financistas conduziam seus negócios em telas eletrônicas, usando matemática abstrata, não parecia estranho que suas mentes — e vidas — estivessem totalmente desvinculadas das implicações da securitização no mundo real.

Exceções a esse padrão existiam. Como mostra o filme *A grande aposta* (baseado em um livro de Michael Lewis),[14] em 2005 e 2006, alguns investidores de fundos de *hedge* decidiram vender a descoberto (*short*) instrumentos hipotecários *subprime* no centro dessa grande expansão dos CDO e CDS. O que desencadeou essa manobra foi que um financista foi para a Flórida e esbarrou em uma dançarina de *pole dance* que havia feito várias hipotecas, as quais ela não tinha a mínima condição de pagar. A experiência de ver um humano em uma ponta da cadeia financeira mostrou as contradições daquele mercado. Mas o surpreendente — em retrospectiva — foi como esses rostos eram raros. Poucos financistas se preocupavam em conversar com mutuários, fossem eles dançarinas de boate ou não, ou olhar para o que estava acontecendo, no mundo real, de maneira holística. A mentalidade do olhar de cima para baixo dos financistas era o extremo oposto da visão de baixo para cima do antropólogo. Era precisamente isso que tornava a situação tão perigosa.

Por vezes, tentei chamar a atenção dos financistas para essa situação. Eles, em geral, não pareciam dispostos a ouvir. Tivemos muitas reclamações dos banqueiros do centro financeiro de Londres que diziam: "Por que você critica tanto a indústria? Por que você está sendo tão negativa? Ouvi todas as coisas desse tipo", expliquei, mais tarde, à jornalista do *The Guardian*, Barton. Durante uma viagem ao Fórum Econômico Mundial em Davos, em 2007, fui denunciada do palco.

"Uma das pessoas mais poderosas do governo dos Estados Unidos na época subiu no palco e mostrou um artigo meu... como um exemplo de alarmismo", contei a Barton. Em outra ocasião, no final da primavera de 2007, um financista graduado, em Londres, me convocou para ir ao seu escritório a fim de reclamar que eu continuava usando palavras como "obscuro" e "opaco" para descrever os derivativos de crédito. Ele considerava esse vocabulário desnecessariamente alarmista. "Não é opaco! Qualquer um pode encontrar tudo de que precisa em uma máquina da Bloomberg!", ele me repreendeu. "Mas e os 99% da população que não estão na Bloomberg?", perguntei.[15] O financista pareceu perplexo; não parecia ter-lhe ocorrido que as pessoas comuns pudessem ter o direito — ou o desejo — de espiar as finanças. *É aquela tal de aldeia Bloomberg de novo*, pensei. O que os financistas *não estavam* pensando ou falando importava. Assim como o fato de que essa omissão era tão habitual que parecia natural. Como Bourdieu observou certa vez, "os efeitos ideológicos mais bem-sucedidos são aqueles que não necessitam de palavras".[16] Ou, como o romancista estadunidense Upton Sinclair postulou de forma mais contundente: "É difícil fazer um homem entender algo quando seu salário depende de ele não entender!"[17]

O problema não estava restrito apenas aos financistas, no entanto. Os padrões culturais na mídia também eram importantes. Era mais difícil para mim como jornalista — uma *insider* — ver esses padrões, uma vez que eu era (e sou) uma criatura do meu próprio ambiente e tenho meus próprios preconceitos. Contudo, os antropólogos sempre foram fascinados pela questão de como as narrativas são criadas em sociedades diferentes, seja por meio do mito (estudado por acadêmicos como James Frazier, no século 19, e Lévi-Strauss no século 20)[18] ou do cinema (estudado pela antropóloga Hortense Powdermaker, que voltou suas lentes para Hollywood no século 20).[19] Os meios de comunicação também fazem parte do fluxo narrativo moderno — e, portanto, também são moldados por preconceitos culturais, embora, muitas vezes, seja difícil para os jornalistas perceberem isso, uma vez que são estimulados a orientar seu trabalho pelo princípio (admirável) de produzir reportagens imparciais e neutras. Os *outsiders*, em geral, se concentram na questão controversa do viés político dos jornalistas. Algo mais sutil e pouco discutido, no entanto, gira em torno da questão muito mais ampla de como os jornalistas são ensinados a definir, construir e transmitir uma "história" em relação à política, às finanças, à economia ou a qualquer outra coisa. Os jornalistas ocidentais são ensinados a colocar informações nessa categoria de "história" se ela contiver vários componentes-chave: uma "pessoa" (ou pessoas); números e fatos tangíveis; citações no registro público; e uma narrativa, de preferência com drama. Ao examinar o mundo financeiro em 2005 e 2006, pude ver que esses elementos que definem uma "história" existiam em grande quantidade na esfera das ações: as empresas faziam coisas tangíveis; os preços das ações moviam-se de forma visível; os analistas faziam declarações interessantes; os executivos das empresas podiam ser fotografados; havia narrativas que tinham um começo e um fim.

O grande problema com a história da dívida e dos derivativos, no entanto, era que faltavam quase todos esses recursos que criavam "histórias". Havia muito poucos rostos. Era difícil obter declarações públicas que fossem interessantes. Os números concretos sobre o setor eram raros. Os eventos surgiam como tendências lentas e elípticas, não como mudanças dramáticas. Pior ainda, o setor estava se afogando em siglas feias que eram ininteligíveis para os *outsiders*. Isso fez com que esse mercado parecesse complexo, nerd e totalmente sem graça, e, portanto, tão fácil de ignorar quanto os tambores de óleo "vazios" que Whorf observara nos depósitos em Connecticut, ou a "tralha" nos carros das pessoas que Bell fotografara em um estacionamento em Cingapura. "Os jornalistas ocidentais ainda costumam presumir que uma 'história boa' é aquela com bastante elemento humano", acrescida de drama, expliquei posteriormente ao Banco da França, o banco central francês, em um relatório.[20] Ou, como diz a piada jornalística, "onde há sangue há manchete". Faltava isso à securitização, pois era um conto opaco e lento, em que a mudança ocorria em arcos elípticos. Muito pouca gente fora do mundo dos derivativos queria desbravar a bagunçada sopa de letrinhas para descobrir o que estava acontecendo nesse mundo aparentemente monótono e, "como esse tópico não se encaixava na definição usual de uma 'boa história', a maioria dos jornais tinha pouco incentivo para investir em uma — sobretudo em um momento em que os recursos financeiros dos meios de comunicação estavam encolhendo", eu disse ao banco central francês. Essa, em vez de qualquer ocultação deliberada ou plano covarde para encobrir atividades, foi a principal razão pela qual as finanças ficaram fora de controle, com os problemas escondidos bem debaixo do nariz de todos. Ou, como eu dizia, às vezes, rindo juntamente com meus colegas: "Se você quer esconder algo no mundo do século 21, não precisa criar um enredo no estilo James Bond. Apenas cubra-o com siglas".[21]

Em 2011, encontrei Alan Greenspan, a figura lendária que dirigiu o Sistema de Reserva Federal dos Estados Unidos de 1987 a 2006. Estávamos no Aspen Ideas Festival, uma conferência que acontecia todos os anos na cidade de mesmo nome no Colorado. Ele me perguntou onde poderia encontrar um bom livro sobre antropologia. "Antropologia?", perguntei, atordoada.[22] Até aquele momento, o poderoso ex-banqueiro central — apelidado de "maestro" por causa de sua influência sobre os mercados financeiros — parecia a última pessoa a manifestar qualquer interesse nos estudos culturais. Ele simbolizava o grupo de formuladores de políticas e economistas que acreditavam nas teorias do livre mercado — e que pensavam que os humanos eram movidos por um interesse próprio racional e por uma busca de lucro que eram tão consistentes que poderiam ser rastreados com modelos derivados da física newtoniana. Essa postura levara Greenspan a defender a inovação financeira e a adotar uma política de não interferência no mercado; mesmo quando temia que bolhas estivessem se formando, com derivativos de crédito ou qualquer outra coisa, ele presumia que elas se corrigiriam porque os mercados eram líquidos e eficientes.[23] Embora, em certas ocasiões, alertasse sobre os riscos inerentes aos derivativos, ele concordava com os financistas que produtos, como os CDO e os CDS, tornariam os mercados mais "líquidos" e eficientes — e, portanto, os aprovava.

Perguntei por que ele queria saber sobre antropologia. Com um sorriso meio encabulado, Greenspan declarou que o mundo havia mudado — e ele queria entender isso. Parecia uma subestimação de tudo que estava acontecendo. No verão de 2007, uma crise financeira irrompeu, depois que alguns dos credores nas cadeias da dívida — como os tomadores de hipotecas nos Estados Unidos — começaram a entrar em inadimplência. Os prejuízos iniciais não foram muito grandes. No entanto, eles criaram o equivalente financeiro do medo de ter um surto de intoxicação alimentar, o qual — mais uma vez — era mais facilmente explicado com a metáfora de uma salsicha: se um pequeno pedaço de carne podre entrar na tigela de um açougueiro, os consumidores evitarão *tudo que é* carne picada e salsichas, uma vez que eles não têm como saber onde o veneno pode estar. Quando surgiram inadimplências nos empréstimos hipotecários, os investidores se recusaram a tocar nos CDOs, pois não tinham como monitorar o risco, já que esses instrumentos haviam sido fatiados e picados muitas vezes. Ferramentas que deveriam dispersar o risco entre os investidores e, assim, facilitar a absorção de golpes haviam introduzido um risco novo no sistema — a perda de confiança. Ninguém sabia dizer para onde haviam ido os riscos.

Por quase um ano, as autoridades financeiras lutaram para conter esse problema de "intoxicação alimentar financeira" sustentando mercados, socorrendo bancos e, em seguida, isolando (e removendo) os veículos financeiros — ou instrumentos — que continham as hipotecas ruins, ou o veneno. Não funcionou: em outubro de 2008, eclodiu uma crise financeira geral. Foi um golpe intelectual doloroso para homens como Greenspan. Toda uma geração de formuladores de políticas acreditava que os incentivos econômicos do livre mercado poderiam criar um sistema financeiro tão eficiente que, caso surgissem quaisquer excessos — como uma bolha de crédito —, eles se corrigiriam sem causar danos reais. Isso agora parecia errado. Ou, como Greenspan disse ao Congresso no final de 2008: "Havia uma falha [no meu pensamento]".[24] Por isso, ele queria ler alguns livros sobre antropologia: queria saber como a "cultura" havia atrapalhado os modelos.

Fiquei impressionada. Quando Greenspan fez seu primeiro comentário sobre a "falha" no Congresso, essa admissão provocou desprezo generalizado, sobretudo das pessoas que haviam perdido dinheiro na queda do mercado. Mas eu considerei essa reação errada. Era raro para qualquer líder, quanto mais para alguém apelidado de "maestro", admitir um erro intelectual em público. Menos pessoas ainda tentaram repensar suas ideias explorando um novo modo de pensamento, como a antropologia. Achei que Greenspan merecia crédito por abraçar um espírito investigativo. Mas, à medida que discutíamos antropologia, também percebi que a razão pela qual Greenspan queria entender a "cultura" não era exatamente a mesma que motivava a maioria dos antropólogos. Para ele, estudar "cultura" era, sobretudo, uma tentativa de entender por que *outras* pessoas se comportavam de forma estranha. Assim, ele se voltava para a antropologia pela mesma razão que Whitty, na Grã-Bretanha, havia pedido ajuda aos antropólogos na época do ebola: para entender os outros "estranhos". O que deixava Greenspan particularmente curioso, quando o encontrei em Aspen, era como os padrões culturais podiam estar influenciando a crise da dívida da zona do euro em 2011, por exemplo, uma vez que ele considerava o comportamento dos gregos muito difícil de entender. Para ele, em outras palavras, os gregos eram um "outro" estranho, sobretudo em contraste com os alemães, e ele queria saber se os padrões culturais gregos poderiam fazer explodir a zona do euro.

Essa era uma preocupação válida. E os antropólogos, com frequência, exploravam os "outros". Mas isso era apenas metade do que a antropologia podia oferecer e, no rescaldo de 2008, não foi apenas a Grécia que oferecia material interessante para análise cultural; o que acabara de acontecer com as dívidas em Wall Street ou no centro financeiro de Londres era igualmente interessante. Então, sugeri que ele lesse também alguns dos estudos que os antropólogos haviam feito sobre as finanças ocidentais. Havia muito para escolher. A antropóloga Caitlin Zaloom, por exemplo, viveu entre os negociantes dos mercados de Chicago e de Londres, em 2000, e acompanhou como a mudança para os mercados eletrônicos havia moldado as culturas dos financistas.[25] Karen Ho havia desconstruído a ideologia da liquidez da Wall Street e observado que uma das principais razões pelas quais as finanças continuavam saindo do controle era que os financistas tinham transposto essa estrutura para a economia real — sem perceber quão estranha (se não inadequada) parecia para os outros.[26] "Em vez de reconhecer as transações constantes e a liquidez desenfreada dos negociantes como sua própria cultura local, meus informantes de Wall Street confundiram suas práticas organizacionais com seus papéis culturais de intérpretes do mercado", observou ela. "Eles confundiram as leis 'naturais' do mercado com os ciclos financeiros." Da mesma forma, um sociólogo financeiro escocês, Donald MacKenzie, havia analisado como o tribalismo dos negociantes os levou a criar diferentes modelos de avaliação para os produtos financeiros, até mesmo com a mesma (supostamente neutra) matemática.[27] Uma antropóloga jurídica estadunidense — que aplicou a antropologia ao direito — chamada Annelise Riles fez uma análise surpreendente das implicações culturais dos contratos de derivativos no Japão e nos Estados Unidos.[28] Outra, Melissa Fisher, analisou questões peculiares em torno dos desequilíbrios de gênero em Wall Street.[29] Daniel Souleles estudou as redes de investidores no mercado de ativos privados (*private equity*).[30] Alexandre Laumonier fez um trabalho fascinante analisando como a localização das torres de telefonia celular moldou as estratégias de negociação dos fundos de *hedge* em Chicago e Londres.[31] Vincent Lépinay, outro antropólogo francófono, trabalhou como negociante de derivativos de ações em um banco francês e escreveu um estudo magistral que esclareceu como era difícil, até para os financistas, entender a "engenharia financeira disruptiva" e "os riscos gerados pelos produtos financeiros inovadores".[32] Houve uma série de trabalhos que tentaram colocar os modelos macroeconômicos em um contexto cultural mais amplo e incorporar a economia à vida social, conforme afirmou o antropólogo Keith Hart.[33] Houve até uma pesquisa brilhantemente provocativa sobre a própria "tribo" de Greenspan. Douglas Holmes, um antropólogo estadunidense, estudou os rituais de instituições, como o Banco da Inglaterra, o Riksbank (Suécia) e o Banco da Reserva da Nova Zelândia. Isso o levou a concluir que os banqueiros centrais exerciam (e exercem) influência sobre a economia, não tanto por alterarem mecanicamente o preço do dinheiro (como, em geral, se supõe nos modelos dos economistas), mas por lançarem feitiços verbais. A narrativa e a cultura importavam, mesmo para os banqueiros centrais; ou *sobretudo* nos bancos centrais.[34]

Entretanto, Greenspan não parecia muito ansioso para ler estudos sobre cultura em seu próprio quintal; como a grande maioria dos não antropólogos, ele achava que a antropologia significava estudar o exótico (no seu caso, a Grécia). Não surpreende: nunca é fácil para alguém olhar objetivamente para si mesmo ou para seu próprio mundo, muito menos se pertencer a uma elite. Usar uma lente antropológica sobre nós mesmos pode revelar verdades desconfortáveis sobre nosso mundo, e a elite raramente tem muito incentivo para fazer isso, seja nas finanças, no governo, nos negócios ou na mídia. "O problema para as empresas que contratam antropólogos é que estes podem lhes trazer mensagens que elas não querem ouvir", observa Lucy Suchman, uma antropóloga que já trabalhou na Xerox (sobre a qual falaremos mais adiante).

No entanto, é *precisamente* porque é difícil para as elites "inverter as lentes" que é importante fazê-lo. Isso ficou claro com a Covid-19. Isso foi (e é) verdade no mundo do dinheiro. Se ao menos os financistas tivessem operado, antes de 2008, com a lente de um antropólogo, a bolha financeira nunca teria se tornado tão grande — e depois explodido com consequências tão terríveis. Da mesma forma, se mais banqueiros centrais, reguladores, políticos — e, sim, jornalistas também — tivessem pensado como antropólogos, eles não teriam ficado tão cegos para os riscos crescentes e não teriam confiado tanto nos banqueiros.

Mas essa *não é* apenas uma história sobre finanças ou medicina. Longe disso. Quase todos os líderes empresariais e formuladores de políticas poderiam se beneficiar ao fazer a pergunta básica que perpassa a antropologia: se um marciano pousasse aqui na Terra de repente e olhasse ao redor, o que ele veria? O que estou ignorando por parecer tão familiar, não "estranho"? Se eu empregasse conceitos como "teias de significado" ou *habitus* em minha vida, o que eu veria?

5
CONFLITOS EMPRESARIAIS
(ou: por que as reuniões da General Motors
tinham um impacto negativo?)

"Ver o que está diante do próprio nariz exige uma luta constante."
— *George Orwell*[1]

Bernhard, um engenheiro alemão, parecia furioso. À sua frente, em uma inóspita sala de conferências em Warren, Michigan, no campus da gigante automobilística estadunidense General Motors (GM), havia um grupo de colegas engenheiros. Alguns vinham de uma subsidiária da GM chamada Saturn, que produzia carros a 800 quilômetros de distância em uma fábrica em Springfield, Tennessee. Outros estavam sediados em Warren, trabalhando em um grupo conhecido como o "Grupo de Carros Pequenos" que fabricava modelos como Chevy Cavalier e Pontiac Sunfire. Mas Bernhard trabalhava em Rüsselheim, Alemanha, a 6.400 quilômetros de distância. Ele era engenheiro-chefe de uma empresa chamada Adam Opel, que deveria estar trabalhando com a Saturn e o Grupo de Carros Pequenos para construir um veículo novinho em folha como parte de uma parceria de alto nível. Era 9 de dezembro de 1997.

Muito dependia dessa parceria: a diretoria da GM — e seus investidores — esperava que ela mostrasse como revitalizar o grupo automobilístico em dificuldades. Várias centenas de engenheiros de cada grupo já haviam passado um ano enfiados no segundo andar de um prédio da GM em Warren, trabalhando no projeto cujo codinome era Delta Dois; esta era a segunda tentativa deles de colaboração. Mas algo estava dando errado. E, no canto da sala, uma antropóloga chamada Elizabeth Briody tentava entender por que — usando essencialmente o mesmo tipo de ferramentas de observação participante que eu havia empregado no Tajiquistão.

"A última vez que nos encontramos [em novembro], conversei com você e nós reduzimos o roteamento do cabo do freio de estacionamento a dois [sistemas] de roteamento — o da Saturn e o da Honda", anunciou Mary, representante do Grupo de Carros Pequenos; a reunião havia sido convocada para discutir onde colocar a fiação de um sistema de estacionamento para o embrionário carro Delta Dois. "Decidimos que precisávamos ter conjuntos de critérios obrigatórios e desejáveis, e depois os classificamos. O roteamento da Saturn saiu com uma pontuação de 2.301,5 e o da Honda teve uma pontuação de 2.107,5. Isso sugere que deveríamos usar o roteamento da Saturn." Mary acenou com um pedaço de cabeamento feito pela concorrente da GM, a Ford, para dar ênfase. Em seguida, soltou a bomba: "A Opel não está satisfeita com essa decisão".

O engenheiro-chefe da Saturn declarou: "Você não pode aceitar o processo e depois dizer que não gosta dos números".

Rory, o engenheiro-chefe do Grupo de Carros Pequenos, que já havia trabalhado na Saturn, interveio: "Quando tomamos uma decisão, precisamos ter consenso. Você tem que estar 70% confortável com alguma coisa... Se não houvesse apoio do pessoal da Opel, não teríamos chegado a uma decisão. Ninguém vai ficar totalmente satisfeito".

"Minha equipe não aceitou isso", declarou de repente Bernhard, o engenheiro-chefe da Opel. Seu colega acrescentou: "Fomos desconsiderados".

"Não é aceitável chegar a uma recomendação coletiva e depois dizer: 'Não, minha equipe não aceitou isso'", retrucou Rory. O grupo já havia gastado um total de 280 horas discutindo essa questão, sem chegar a uma conclusão. Uma fúria soturna tomou conta da sala.

Elliott, outro executivo do Grupo de Carros Pequenos, apontou — de maneira pouco construtiva — que uma luta semelhante estava sendo travada em torno do "EPS", ou direção hidráulica eletrônica, do carro novo. Mas Bernhard insistiu: "Tenho três preocupações com a solução Saturn: o carpete, o nível de ruído e a vibração". "Estamos com uma semana e meia de atraso", rebateu um membro da equipe de Mary. "Preciso manter esse assunto em aberto", contestou Bernhard. "Precisamos que você aceite a decisão desta equipe", Rory insistiu. "Mas a equipe não chegou a uma decisão consensual", Bernhard disse. "O que é necessário para chegar a um consenso em torno da decisão da equipe?", Rory perguntou, aparentemente em desespero. Ninguém parecia saber.[2]

Briody fazia anotações, tentando observar *tudo*. Os funcionários da GM, em geral, a ignoravam, uma vez que ela era tecnicamente um deles: ela trabalhava em uma unidade da montadora chamada Pesquisa GM e morava em Michigan. Mas, apesar de parecer uma *insider*, ela sabia que seu trabalho também consistia em pensar como uma *outsider*. E, enquanto ouvia, ela notou dois pontos marcantes — importantes — que os próprios engenheiros, como *insiders*, não conseguiam ver. As brigas que ocorriam não eram apenas entre "alemães" e "estadunidenses". Havia quase o mesmo número de desavenças *entre* os diferentes grupos estadunidenses. A GM era tomada pelo tribalismo. Em segundo lugar, o fato de as reuniões serem tão desastrosas *não* se devia apenas a uma diferença entre as perspectivas da engenharia (digamos, onde colocar o cabo), mas a algo que os *insiders* não conseguiam ver: mesmo antes de discutir questões de engenharia, as diferentes "tribos" tinham diferentes premissas culturais sobre o que constituía uma reunião. Elas nunca haviam notado essas diferenças, muito menos refletido sobre elas, porque consideravam as "reuniões" algo natural. No entanto, assim como uma barra de chocolate Kit Kat pode parecer fisicamente semelhante no mundo inteiro, mas carregar diferentes teias de significado, o ritual moderno que é denominado reunião corporativa pode *parecer* universal, mas não é. Não perceber isso pode ser desastroso em termos de como as instituições funcionam, ou não funcionam.

"O que faço é tornar explícito o que estava implícito", explicou Briody a um jornalista, logo após o projeto Delta Dois. "Às vezes, isso deixa as pessoas desconfortáveis. Mas esse é o trabalho do antropólogo. Ajudamos as pessoas a ver padrões com mais clareza.³ Além disso, esses padrões não apenas explicavam por que uma empresa outrora gigantesca, como a GM, estava dando errado no final do século 20, mas por que vários riscos estavam (e estão) assolando outras companhias que estavam (estão) tentando atravessar fronteiras, realizar fusões ou simplesmente combinar diferentes habilidades profissionais, aquelas necessárias, digamos, para uma montadora tentar criar um carro que não precisa de motorista.

A GM não foi a primeira empresa grande a buscar antropólogos para estudar a si mesma. É possível que esse crédito tenha de ser dado a uma companhia chamada Western Electric, precursora do grupo de telecomunicações AT&T, cuja fábrica principal estava localizada em Hawthorne, Illinois. Em 1927, a direção da empresa convidou alguns pesquisadores da recém-fundada Escola de Relações Humanas da Universidade de Harvard para examinar suas operações, estudando alguns de seus 25 mil funcionários que fabricavam equipamentos e componentes de telefonia. A razão pela qual ela fez isso foi que os líderes da empresa queriam analisar uma questão que continua a aparecer rotineiramente nos estudos das faculdades de administração e nos trabalhos dos consultores de gestão: eram produtivas as práticas usadas na Western Electric, no sentido de fazer com que a força de trabalho executasse bem suas tarefas? Essa era uma pergunta que gerava grande ansiedade, pois na década de 1920 — como hoje — as rápidas mudanças tecnológicas e a globalização estavam virando o mundo dos negócios de cabeça para baixo.

A equipe da Universidade de Harvard envolvida no projeto era chefiada pelo psiquiatra Elton Mayo, mas incluía o antropólogo William Lloyd Warner, que já havia estudado comunidades aborígenes na Austrália e depois passou a pesquisar sistemas empresariais estadunidenses, prenunciando a transição feita por Bell na Intel.⁴ Os pesquisadores realizaram dois experimentos. Primeiro, eles submeteram diferentes equipes de trabalhadores a diferentes níveis de iluminação e os observaram para ver se isso afetava seu desempenho. Em seguida, fizeram o mesmo enquanto alteravam seus horários de trabalho e intervalos de descanso.

Os resultados foram surpreendentes, mas não da maneira que se esperava. As observações mostraram pouca mudança na produtividade entre os trabalhadores quando a iluminação e os horários de descanso foram alterados. Mas houve uma melhora dramática quando os trabalhadores achavam que estavam sendo observados, em comparação com os momentos em que pensavam que os pesquisadores não estavam presentes. Isso gerou uma dor de cabeça para os pesquisadores, pois mostrou que a mera presença deles mudava o que deveriam estudar (um fenômeno que veio a ser chamado de "efeito Hawthorne"). Também trouxe uma lição para os executivos de negócios que é relevante tanto no século 21 quanto era no início do século 20: às vezes, a maneira mais simples de melhorar a produtividade do trabalhador é apenas fazer com que eles *pensem* que estão sendo observados.

Mayo, o psiquiatra, passou a realizar pesquisas entre os trabalhadores. Mas este experimento também não evoluiu como planejado. Quando preenchiam o questionário, os trabalhadores invariavelmente davam apenas as respostas que achavam que os pesquisadores queriam ouvir. Então Warner sugeriu que seria mais sensato empregar as ferramentas que ele havia usado para sua pesquisa entre os povos aborígenes australianos: observação não estruturada e entrevistas abertas. Não foi fácil para os acadêmicos de elite ouvir "sem interrupção" o que os trabalhadores queriam dizer, observa Gabriel Santiago Jurado Gonzalez, outro antropólogo.[5] Professores e executivos de alto nível estavam acostumados a falar, não a observar com o tipo de "arrebatamento infantil" descrito por Mead. Porém, ao longo de três anos, a empresa permitiu que os pesquisadores conduzissem vinte mil entrevistas não estruturadas. Elas mostraram que a administração da Western Electric tinha suposições totalmente equivocadas sobre seus funcionários. Os gerentes presumiam que os trabalhadores respondiam melhor aos incentivos econômicos e que as hierarquias burocráticas oficiais dos funcionários nas fábricas descreviam como a estrutura de poder funcionava. No entanto, os pesquisadores descobriram que havia "uma estrutura informal, dentro da empresa, criada com base nas relações sociais existentes entre colegas [...] desvinculada da estrutura formal estabelecida pelo organograma e pelo regimento interno da empresa", observa Gonzalez. Além disso, os incentivos econômicos *não eram* a única motivação que afetava o desempenho; em vez disso, os pesquisadores descobriram histórias como a de uma trabalhadora de 18 anos que relatou que "estava sendo pressionada, em casa, a solicitar um aumento salarial na fábrica", mas temia que "receber um aumento significasse separar-se do grupo de trabalhadores entre os quais ela se sentia feliz".

Confusos, os líderes da empresa pediram à equipe de Harvard (que, na época, também colaborava com a Universidade de Chicago) para estudar quais incentivos poderiam aumentar a produtividade. Mais uma vez, a pesquisa não produziu a resposta que eles esperavam. "Os trabalhadores haviam espalhado um boato de que as pessoas mais eficientes eram 'servos' da administração, os quais aumentavam a produção média do grupo para obter benefícios individuais. Consequentemente, nenhum trabalhador queria se destacar", observa Gonzalez. Os executivos não sabiam o que realmente estava acontecendo na equipe — ou até mesmo o que eles não sabiam.

Com a chegada da Grande Depressão, o projeto de pesquisa da Western Electric parou. No rescaldo da Segunda Guerra Mundial, o conceito de usar a ciência social — ou o tipo de técnicas observacionais que os antropólogos haviam empregado — caiu em desuso. Os Estados Unidos do pós-guerra ficaram deslumbrados com a engenharia e as ciências exatas; aspirantes a executivos aprendiam sobre sistemas de gestão científica, eficiência empresarial e planejamento eficaz. Falar sobre tribalismo parecia antiquado quando a tecnologia industrial parecia tão vibrante. Tampouco parecia haver qualquer incentivo para um executivo estadunidense ambicioso pensar nas diferenças culturais, uma vez que os aliados ocidentais haviam triunfado na guerra — e o poder das empresas dos Estados Unidos estava aumentando.

No entanto, à medida que o século 20 avançava, o clima começava a mudar. Longe dos holofotes, a General Motors embarcou em um experimento. Nos primeiros anos do século, a gigante automobilística era uma das empresas mais poderosas e bem-sucedidas dos Estados Unidos, se não do mundo. De fato, na década de 1950, a companhia era tão dominante que quase metade de todos os automóveis estadunidenses comprados pelos consumidores vinham das fábricas da GM em Michigan, o que levou Charlie Wilson, o então presidente, a declarar: "O que é bom para a General Motors é bom para os Estados Unidos". No entanto, na década de 1980, o ar de supremacia da GM estava se esvaindo — rapidamente. A partir da década de 1960, carros alemães e japoneses entraram no mercado, primeiro na forma de importações e depois através da construção de fábricas nos Estados Unidos. Rapidamente, os "estrangeiros" conquistaram mercado. Em seguida, o descontentamento industrial cresceu: em 1970, o sindicato United Auto Workers (UAW) fez uma greve na GM que durou 67 dias e custou à empresa US$ 1 bilhão em lucro. Surgiram dúvidas sobre os sistemas de gestão dos estadunidenses. A GM e a Ford haviam desfrutado de um sucesso impressionante na primeira metade do século ao usar um sistema de produção em massa que presumia que a maneira mais eficiente de tratar os trabalhadores era como engrenagens de uma máquina, alocando para cada humano um — e *apenas* um — trabalho determinado em uma hierarquia clara. Os novos concorrentes japoneses, no entanto, usavam um sistema diferente (às vezes chamado de Sistema de Produção da Toyota, ou TPS), o qual pedia aos trabalhadores que colaborassem em pequenas equipes e assumissem a responsabilidade por toda a produção de um carro de maneira mais flexível, em vez de tratar cada trabalhador como peça de uma engrenagem fixa. No início, os estadunidenses desdenharam desse tipo de arranjo, mas, na década de 1980, o desdém estava se transformando em reflexão.

Os executivos da GM — como os das outras montadoras — responderam investindo dinheiro em pesquisa e desenvolvimento, contratando engenheiros e cientistas para melhorar o design dos automóveis. Um deles foi Robert A. Frosch, físico e ex-administrador da Nasa, que foi escolhido para chefiar a equipe responsável por pesquisa e desenvolvimento. Frosch tinha se formado no mundo da ciência dura, mas, no início de sua carreira, ele encontrou um antropólogo empresarial, que trabalhava com cientistas, e ficou intrigado com a ideia de misturar as perspectivas. "Ele era um cara renascentista", observou Briody. Então, Frosch decidiu trazer um cientista social para dentro da equipe de pesquisa e desenvolvimento da GM.

Como a maioria dos antropólogos que migraram para os negócios, Briody nunca esperou ser puxada para esse mundo — nem pensou que seu caminho poderia cruzar com o de um homem como Frosch. Ela fez pós-graduação em antropologia na Universidade de Texas no início dos anos 1980, uma época em que seus colegas, em geral, iam para países em desenvolvimento fazer trabalho de campo. Como Briody falava um pouco de espanhol, a América Latina ou a América Central pareciam um destino natural. Mas ela precisava desesperadamente de dinheiro. Então, mudou de tática e estudou a comunidade de zeladores (principalmente de língua espanhola) que limpava os prédios de sua universidade. Ninguém havia feito esse trabalho antes, pois essa "tribo" não parecia nada exótica ou glamorosa. Entretanto, Briody estava curiosa sobre o que ela poderia encontrar, escondido à vista de todos. "Passei horas com os zeladores, em seus intervalos de almoço, apenas ouvindo as histórias de suas vidas e de seu trabalho — tudo", ela explicou mais tarde. "Eles ficaram felizes em conversar comigo, uma vez que não estavam acostumados a atrair o interesse das pessoas."

Mais tarde, ela estudou trabalhadores agrícolas migrantes do México que colhiam laranjas e toranjas nos pomares do Texas. Essa era outra parte semioculta dos Estados Unidos. Assim, alguns pesquisadores da GM ouviram falar de seu trabalho e a convidaram a usar as mesmas técnicas de pesquisa para observar os trabalhadores nas linhas de montagem da empresa. Briody visitou os escritórios da GM, em Michigan, em meados da década de 1980 e "foi fisgada". Para ela, estudar uma fábrica e seus sindicatos, aparentemente "problemáticos", era tão emocionante quanto ir à Amazônia ou às Ilhas Trobriand; representava uma nova fronteira intelectual que Frosch, o físico da Nasa, estava quase tão interessado em explorar quanto ela.

Pouco depois, Briody chegou às linhas de montagem de uma fábrica barulhenta em Michigan. Em meados da década de 1980, os gerentes da GM já haviam usado todo tipo de ferramentas gerenciais supostamente científicas para avaliar o que estava acontecendo em suas fábricas — e, acima de tudo, para tentar explorar o que estava dando errado. Briody, no entanto, tomou um rumo diferente. Sua tarefa era observar como era feito o trabalho de fabricação; assim, no estilo etnográfico clássico, ela começou a observar *tudo* o que chamava a sua atenção, independentemente de se encaixar ou não na definição usual de um "problema" de gestão: manipuladores de materiais passando zunindo em seus carrinhos; áreas de armazenamento repletas de peças que acabavam de chegar; montadores que trabalhavam no "poço", apertando parafusos nas carrocerias dos veículos; zonas de conserto repletas de caminhões. Ela tentou evitar ter ideias preconcebidas sobre o que era importante, mas, em vez disso, observar como uma criança — ou um marciano.

Um dia, ela estava acompanhando um manipulador de materiais quando ele fez um comentário impressionante. "Muita gente acumula peças", declarou ele, gesticulando para os armários. As orelhas de Briody ficaram em pé. A essa altura, a indústria automobilística estava tomada pelo chamado movimento de qualidade, inspirado pelos resultados notáveis alcançados pelos fabricantes japoneses. A fábrica estava realizando "treinamento de qualidade" — e espalhando essas ideias entre os funcionários, o que deveria criar um sistema de logística enxuto. Então por que, perguntou Briody, alguém "acumularia" peças?[6]

"Se sua linha está prestes a ficar sem uma determinada peça, você é o responsável [e] se a linha parar, mesmo que seja por cinco a dez minutos, isso reflete em seu encarregado, no supervisor geral, no coordenador e no gerente de fábrica e também custa muito dinheiro à GM", disse um manipulador de materiais a Briody. "Logo, muita gente estoca certas peças e as guarda em seus armários [ou] na área de estoque errada, onde só eles sabem onde estão."

Ou, como outro operador de produção explicou depois que Briody viu uma linha de montagem ser fechada devido à falta de peças: "Se o operador de produção tivesse separado algumas [peças] extras antes, ele não estaria enfrentando esse problema. Várias vezes, encontrei peças escondidas em diferentes lugares da fábrica". Os sistemas de inventário enxutos estavam sendo ignorados. Em vez disso, um jogo de esconde-esconde estava rolando. Ou, como observou um manipulador: "Nós [fazemos] parte de um jogo de tabuleiro ou de uma corrida para ver quem [pode] localizar as peças e voltar primeiro para casa". O "jogo" de esconde-esconde era tão intenso que Briody calculou que ele absorvia um quarto do tempo dos manipuladores. Isso foi surpreendente. Ainda mais surpreendente era que os gerentes seniores da GM não tinham ideia de que esse "jogo" estava ocorrendo.

Isso levantou uma pergunta: *por que* os trabalhadores quereriam esconder peças em seus armários como se fossem crianças levadas? Briody concluiu que a resposta era que os trabalhadores estavam em uma posição quase inviável. O modelo de produção em massa, que havia moldado a produção automobilística estadunidense, avaliava os trabalhadores de acordo com seu desempenho, como peças de uma engrenagem, usando métricas quantitativas. Se mais veículos saíssem da linha de montagem, bônus eram pagos; se não, eles não eram. O novo "movimento de qualidade", iniciado pelas montadoras japonesas e alemãs, avaliava os trabalhadores por métricas diferentes, por exemplo, se os produtos tivessem falhas (ou não). Essa mudança de ênfase soava impressionante quando apresentada aos investidores. Mas havia um problema: mesmo em meio à retórica da "qualidade", os trabalhadores estadunidenses ainda eram julgados e remunerados por métricas de "quantidade", e as fábricas ainda mantinham estruturas hierárquicas que tratavam eles como peças de uma engrenagem.

Os trabalhadores responderam a isso com uma estratégia de enfrentamento peculiar: uma "cultura de culpar". Sempre que algo dava errado, a *primeira* reação entre os trabalhadores era delatar alguém ou alguma coisa — em vez de buscar suas próprias soluções — porque eles não sentiam que tinham autonomia suficiente para consertar o que quer que fosse. "Se você admite que uma coisa específica foi sua culpa, você vai precisar fazer algo com relação a isso", um manipulador de materiais explicou a ela. "É muito mais fácil culpar outro departamento em outro turno... A primeira regra prática é 'salve a própria pele'." De fato, quando Briody releu as transcrições das conversas que ouvira na fábrica, ela descobriu que "era sete vezes mais provável que os funcionários da fábrica jogassem a culpa do que elogiassem uns aos outros".[7]

Isso significava, concluiu ela, que era errado supor que os confrontos entre sindicatos e gerentes fossem a *causa* dos problemas da GM, como alegavam investidores, gerentes seniores e alguns políticos. Pelo contrário, os confrontos eram um *sintoma* de desafios e contradições estruturais maiores. Assim, não era possível esperar "consertar" o problema de produtividade na GM apenas pela adoção de uma visão de cima para baixo; era preciso também olhar o mundo de baixo para cima, pelos olhos dos trabalhadores. E, embora jornalistas, investidores, políticos e gerentes estivessem obcecados com os confrontos visíveis em torno dos sindicatos, o que era, sem dúvida, ainda mais importante, mas amplamente ignorado, era a contínua subversão furtiva das regras nas fábricas por meio, digamos, dos jogos em torno das autopeças nos armários dos montadores.

Havia — e há — uma lição maior aqui para investidores e administradores. Quando os alunos das faculdades de administração aprendem sobre empresas, eles normalmente se concentram nas hierarquias institucionais oficiais e nos "organogramas" e avaliam o que acontece quando um conflito aberto irrompe entre diferentes equipes ou camadas da hierarquia. No entanto, os antropólogos sempre souberam que o poder não é exercido apenas por meio de uma hierarquia oficial, mas também por canais informais, e o conflito nem sempre ocorre de maneira aberta. Um estudo do antropólogo James Scott sobre os camponeses da Malásia ilustra bem essa questão: nele, Scott mostra que, quando os camponeses são confrontados com proprietários opressores, em geral eles não reagem por meio de um confronto aberto, e sim com táticas de atraso e subversão — ou o que ele descreveu como "fazer corpo mole".[8] Os agricultores da Malásia podem parecer ter pouca conexão imediata com os sindicatos de Michigan, mas o que Briody observava era simplesmente outra forma potente de "fazer corpo mole", como uma adaptação a um sistema de inventário que estava dando errado. O "fazer corpo mole" estava tendo efeitos amplos e corrosivos, mas de uma maneira que a maioria dos executivos ocidentais não conseguia enxergar, pois nunca lhes ocorreu entrar nos vestiários.

Vinte anos depois, às vésperas da Grande Crise Financeira de 2008, Briody voltou ao chão de fábrica onde havia assistido aos jogos de "esconde-esconde" nas linhas de montagem. Nesses anos intermediários, os concorrentes asiáticos da GM haviam aumentado ainda mais sua parcela de mercado e, em resposta, empresas como a GM haviam transferido parte da produção de sua terra natal — Michigan — para outros cantos do país, como o Tennessee, onde os sindicatos eram menos poderosos. Eles também haviam estabelecido fábricas em lugares como o México. Essa "terceirização" foi feita para cortar custos, uma vez que os salários no México eram muito inferiores aos de Michigan.

Mas isso teve uma consequência adicional inesperada: as fábricas mexicanas não apenas produziam carros de uma maneira mais barata como muitas vezes também o faziam com melhor qualidade.

Por quê? Briody foi enviada de volta para investigar, juntamente com dois colegas da GM — Tracy Meerwarth e Robert Trotter —, usando modos de pesquisa semelhantes. Em alguns sentidos, o que eles encontraram foi animador. Quando Briody fez seu estudo inicial na década de 1980, ela teve a impressão de que muitas de suas recomendações acabaram sendo ignoradas pelos gerentes mais graduados — apesar de serem revistas pela diretoria da GM. No entanto, duas décadas mais tarde, ela descobriu que mudanças surpreendentes haviam ocorrido. As estatísticas de cima para baixo mostravam isso: a produtividade na empresa aumentara 54% entre 1986 e 2007; as reclamações de clientes haviam caído 69% entre 1989 e 2008 (embora isso tenha sido gravemente prejudicado, na década seguinte, por um escândalo relacionado a interruptores de ignição defeituosos);[9] os dias de trabalho perdidos por lesões e doenças ocupacionais haviam diminuído 98% entre 1993 e 2008.[10]

Mais impressionante ainda, a etnografia sugeria que a "cultura de culpar" estava desaparecendo. Um episódio que Meerwarth testemunhou em uma fábrica de Michigan captou essa mudança. Um dia, ela visitou uma unidade de prensagem recém-ocupada, ainda não completamente equipada com todas as prensas de estampagem e com outros equipamentos, e funcionando apenas em um turno. Um gerente, chamado Davis, pediu a uma equipe de trabalhadores — nomeada como grupo de "ofícios qualificados" — que escolhesse um local, no chão de fábrica novinho em folha, para sediar sua sala de recreação. Os trabalhadores logo colocaram faixas para separar o canto escolhido, longe do barulho das prensas.[11] Mas Davis queria que a sala ficasse perto do escritório dos gerentes. Seguiu-se um impasse. "Ficamos chateados", disse Don, um dos principais membros do UAW, a Meerwarth. "É um tapa na cara nos dizer que temos uma escolha e depois não termos escolha!", Duas décadas antes, a desavença poderia ter desencadeado uma batalha entre sindicato e administração. Contudo, dessa vez, Davis recuou — e a equipe de Don conseguiu sua sala de recreação na parte da fábrica que haviam escolhido. "Às vezes, sinto que estou batendo a cabeça na parede. O velho jeito de agir, na GM, tinha uma espécie de percepção de que 'Ei, eu sou o novo chefe. Esse é o meu jeito'", disse Don. "[Mas] posso dizer honestamente que fizemos mais melhorias do que há dez anos e muito mais do que há vinte anos. Temos aqui uma receita de sucesso... apesar de nossos problemas." Uma cultura mais empoderada estava surgindo.

O grupo de Briody nunca teve a chance de apresentar essas descobertas à alta administração da GM. Logo depois da conclusão de seu estudo, a Grande Crise Financeira explodiu, provocando uma profunda recessão. Isso levou à falência da GM, que foi colocada sob controle do governo, e Briody e os outros pesquisadores perderam seus empregos, juntamente com milhares de funcionários. "Foi muito triste o que aconteceu", Briody observou mais tarde. "Eu não acho que a GM tenha recebido crédito suficiente pelo que vinha acontecendo nos primeiros anos do século 21 — ela estava finalmente começando a tomar uma direção melhor. Mas aí já era tarde demais."

Nos anos seguintes, Briody descobriu que as lições que havia aprendido na GM poderiam ser aplicadas em muitas outras empresas. Ela prestou assessoria a alguns grupos globais sobre como lidar com choques culturais internos entre diferentes grupos étnicos. É coautora de um manual campeão de vendas que ajuda líderes empresariais ocidentais que foram enviados para outros países a lidar com culturas aparentemente "estranhas".[12] No entanto, enquanto dava seus conselhos sobre as falhas na comunicação intercultural, ela também enfatizava um ponto crucial, mas muitas vezes ignorado: os piores mal-entendidos, às vezes, acontecem entre diferentes equipes dentro de um, supostamente, mesmo grupo étnico, sobretudo se elas vinham de locais diferentes ou tinham formação profissional diferente (digamos, trabalhadores de TI misturados com engenheiros). Por vezes, as falhas de comunicação são mais perigosas quando as pessoas parecem falar a mesma língua ou ter a mesma identidade nacional, precisamente porque ninguém percebe ou questiona as suposições que elas têm — ou pergunta se outras pessoas têm as mesmas suposições.

Esse ponto foi enfatizado por antropólogos que estudam outros aspectos da cultura profissional ocidental. Na década de 1980, Frank Dubinskas trabalhou com uma equipe de pesquisadores para analisar como o conceito de "tempo" era imaginado em várias comunidades diferentes: físicos de partículas, biólogos geneticistas, engenheiros de semicondutores, médicos, bem como advogados e financistas. "O tempo — ou melhor, os tempos — significa coisas diferentes para cada uma das comunidades de cientistas, engenheiros, médicos e executivos que investigamos", observou ele. "Estamos acostumados a falar de todos eles como parte da 'cultura ocidental', como se houvesse algum contexto uniforme ou estrutura hegemônica que padroniza o tempo. No entanto, as diferenças na construção social dos tempos são fatores cruciais na realização do trabalho científico e técnico, e na formação das comunidades de profissionais que o fazem."[13]

Quando, mais tarde, Briody examinou as notas sobre o malfadado projeto Delta Dois na GM, ela pôde ver que sua pesquisa havia começado — como costuma acontecer — em torno de um conjunto de suposições erradas. A maioria das pessoas na GM presumiu que os problemas que havia no projeto surgiram porque os "alemães" (ou seja, os engenheiros da Opel em Rüsselheim, Alemanha) estavam lutando com os "estadunidenses" (da Saturn, em Spring Hill, Tennessee, e do Grupo de Carros Pequenos, na área de Detroit). Parecia tentadoramente fácil usar esses rótulos étnicos, uma vez que as diferentes equipes tinham idiomas diferentes e defendiam tecnologias automobilísticas diferentes. Mas, quando Briody observou as equipes em ação, ela viu que os rótulos étnicos explicavam apenas parte do problema.

Um ponto marcante foi que os estadunidenses que trabalhavam em Rüsselheim se comportavam como o resto da equipe Adam Opel, ou seja, como "alemães", e os alemães que trabalhavam na área de Detroit agiam como sua equipe majoritariamente estadunidense. Não era a etnia que importava, mas as culturas que emergiam dentro de diferentes instituições e locais. O outro ponto marcante foi que os "estadunidenses" estavam longe de ser homogêneos, mas também tinham divisões culturais. Uma das equipes estava alocada em Michigan, perto da sede da GM. No entanto, a segunda equipe vinha de Spring Hill, Tennessee, onde a GM havia construído uma fábrica na década de 1980, quando a gigante estadunidense tentava freneticamente enfrentar a concorrência dos japoneses. Naquela época, os executivos da GM haviam, deliberadamente, colocado esse novo empreendimento longe de Michigan para quebrar o poder dos sindicatos, remodelar o trabalho nas fábricas e criar práticas mais "colaborativas" entre gerente e trabalhadores subalternos. Como resultado, a fábrica de Spring Hill tinha uma cultura diferente de sua contraparte em Michigan — e essa divisão era tão importante quanto a que existia entre "alemães e estadunidenses".

Os próprios trabalhadores não conseguiam descrever facilmente as características definidoras de sua própria cultura, pois cada um achava que a maneira como trabalhavam era "natural". No entanto, Briody continuou tentando compará-las para ver as diferenças e, como qualquer antropólogo, descobriu que observar rituais e símbolos ajudava a esclarecer padrões e comparações. No Tajiquistão, fiz o mesmo com os rituais de casamento; Briody se concentrou nas reuniões de empresa.[14] Os funcionários do escritório não costumam passar muito tempo refletindo sobre o significado dessa palavra.[15] Entretanto, quando Briody se debruçou sobre as transcrições das reuniões desastrosas a que ela havia assistido durante as negociações do Delta Dois, percebeu que os três grupos tinham suposições diferentes sobre como uma "reunião" deveria ser. A equipe Opel de Rüsselheim presumia que esses rituais deveriam ser breves, com uma agenda claramente predefinida. Como a maior parte do trabalho do dia a dia era realizado *fora* das reuniões, presumia-se que a única função destas era tomar uma decisão concreta, e a frase "Estou em reunião" não equivalia a "Estou trabalhando". Além disso, o grupo de Rüsselheim entendia que, uma vez que as decisões eram tomadas em uma reunião, isso deveria ser feito por um líder; existia uma estrutura hierárquica de poder — pelo menos em sua mente.

No entanto, os engenheiros do chamado Grupo de Carros Pequenos, sediado na área de Detroit, achavam que "ter uma reunião" era equivalente a "trabalhar". Eles esperavam passar grande parte de seu tempo de trabalho em reuniões. Isso porque a equipe de Detroit operava com uma premissa diferente da equipe de Rüsselheim: as reuniões eram o momento adequado para compartilhar ideias. Assim, o grupo de Detroit supunha que a agenda não deveria ser predefinida; em vez disso, eles queriam que ela evoluísse à medida que as informações fossem trocadas. E, embora Rüsselheim tivesse um sistema hierárquico, controlado pela liderança, o grupo de Detroit achava que as decisões deveriam ser "tomadas pela maioria" — o que significava que a maioria das pessoas tinha que apoiá-las.

O grupo do Tennessee possuía ainda outro padrão mental e cultural. Como a equipe de Rüsselheim, os engenheiros do Tennessee esperavam que as reuniões fossem breves, pois também achavam que a maior parte do trabalho deveria ser feita em outro lugar; mas, *ao contrário* de Rüsselheim, o grupo do Tennessee achava que o objetivo de uma reunião era atingir consenso, em vez de tomar decisões, e *não* gostava de agendas predefinidas. Além disso, eles odiavam a ideia de que uma decisão pudesse ser tomada de forma hierárquica por um líder. Em vez disso, a fábrica de Spring Hill tinha uma regra formal de que uma decisão só poderia ser tomada quando todos concordassem que uma ideia estava pelo menos 70% correta. Em outras palavras, os "estadunidenses" não eram um grupo homogêneo.

Mais tarde, Briody estudou os rituais de reunião de três outras filiais da GM — a GM do Brasil (filial brasileira da montadora), o GM Truck

Group (uma unidade sediada em Pontiac, Michigan) e a Isuzu (uma entidade sediada em Fujisawa, Japão, que havia assinado um acordo de *joint venture* com a GM). Nesses lugares, ela viu ainda mais variações sobre esses mesmos temas. O GM Truck Group em Pontiac usava um padrão de "empoderamento individual" para realizar o trabalho. A GM do Brasil usava a "colaboração", e a Isuzu usava uma única "voz de autoridade". O ideal cultural mais importante na Isuzu era "harmonia", enquanto na GM do Brasil era "interdependência" e na GM Truck Group era "individualismo".[16] Nenhum desses padrões culturais era necessariamente "certo" ou "errado", mas eles eram diferentes e essas diferenças tendiam a passar despercebidas porque o conceito de reunião era muito familiar. Ou, em outras palavras, a maioria dos engenheiros e executivos da GM nunca aprendeu que, às vezes, a maneira mais simples de melhorar as operações é dar um passo atrás e perguntar: *o que aconteceria se eu olhasse para esta organização com os olhos dos funcionários subalternos da equipe, em vez de com os olhos dos altos executivos? Como o espaço está sendo usado para reforçar as divisões sociais e mentais? O que, em outras palavras, um antropólogo poderia ver se ele fosse autorizado a entrar — e os líderes o ouvissem?*

Em 1999, Briody apresentou os resultados de seu estudo para a equipe Delta Dois. A essa altura, ficou claro que o projeto tinha problemas. De fato, logo depois disso, os líderes seniores de desenvolvimento de produtos da GM concluíram que seria impossível conseguir que as três equipes diferentes produzissem juntas um carro pequeno com um sistema comum abaixo dos assentos e interromperam o projeto. Alguns engenheiros atribuíram o problema à ciência. Mas Briody tentou delinear as diferentes premissas que havia sobre reuniões. Inicialmente, suas mensagens foram um choque para todos. Depois, foi quase um alívio.

"O engenheiro sênior afundou na cadeira, colocou as mãos na cabeça e disse: 'Finalmente entendi!'", Briody lembrou mais tarde. "Ele ficava dizendo: 'Eu simplesmente não entendia isso antes, mas agora eu entendo'. Foi um momento importante." A cultura era importante.

6
OCIDENTAIS ESTRANHOS
(ou: por que realmente pagamos por ração para
animais de estimação e por educação infantil?)

"É estranho não ser estranho." — *John Lennon*

Na primavera de 2015, Meg Kinney, a executiva que dirigia uma consultoria chamada Bad Babysitters, recebeu uma mensagem urgente de um estrategista digital em Los Angeles: "Um cliente precisa de sua ajuda".

A entidade que necessitava ajuda era a Primrose Schools, com sede na Geórgia. No papel, o negócio parecia ser um sucesso estrondoso. Fundada em 1983 para oferecer cuidados a crianças de seis semanas a cinco anos de idade, a instituição foi aumentando suas operações de forma tão eficaz em todos os Estados Unidos que estava perto de se tornar uma operação de US$ 1 bilhão, com quatrocentas creches diferentes e 11.500 funcionários. Os executivos haviam alcançado esse crescimento fenomenal adotando conhecimentos nas áreas de dados e de educação em um grau impressionante. Eles ofereciam um programa próprio de "aprendizagem equilibrada", baseado em pesquisas de desenvolvimento combinadas com as melhores ideias de renomados filósofos da aprendizagem infantil. Eles também se basearam em modelos econômicos para prever oferta e procura futuras e usavam *big data* para modelar tendências e perfis de público em potencial, de uma maneira normalmente associada ao Vale do Silício. "Se a mãe está lá no andar de cima pesquisando classificações e avaliações de pré-escolas em seu iPad e o pai está lá embaixo conferindo os placares de futebol americano em seu telefone com a TV ligada, Primrose sabe disso e vai direcionar os dois para versões exclusivas de algum conteúdo de conscientização", observou a Kinney em um relatório.[1] Essa não era a creche dos seus pais ou avós.

Entretanto, os executivos da Primrose tinham um problema: os indicadores-chave de desempenho, ou ICDs, eram estranhos. A questão principal era que as taxas de conversão estavam baixas. Os pais navegavam pelo site, interagiam com o conteúdo e visitavam as mídias sociais. Porém, na hora da verdade — a visita à escola — as matrículas não atingiam as taxas previstas. Era difícil de entender. O nível de reconhecimento da marca parecia adequado. As consultas dos consumidores vinham aumentando. A oferta não mudara, nem os modelos preditivos. Mas algo estava errado. E, embora as informações de megadados, coletadas durante a jornada digital dos pais, descrevessem *como* os pais estavam se comportando, não explicavam o *porquê*.

Kinney começou a trabalhar. O nome de sua consultoria de estratégia — Bad Babysitter Productions [Babá Má Produções] — não refletia nenhuma especialização em educação infantil; ela trabalhava, sobretudo, com empresas de bens de consumo e varejistas e havia selecionado a marca como uma peça de *branding* irreverente, para ser facilmente lembrada. No entanto, o que realmente diferenciava a consultoria era sua abordagem: ela usava a etnografia. Kinney havia passado a maior parte de sua carreira no planejamento de contas em publicidade, administrando contas para empresas como a Procter & Gamble. Porém, mais tarde em sua carreira, ela entrou em contato com as ideias presentes na etnografia e na antropologia e as adotou. Ela não foi a única. A antropologia surgiu como disciplina no século 19 para estudar os rituais, símbolos, mitos e artefatos de outras culturas "estranhas", juntamente com suas instituições e sistemas sociais. No século 20, alguns antropólogos — como Briody, na GM – usaram essas ferramentas para examinar as instituições ocidentais também. No entanto, elas também podiam lançar luz sobre a cultura de consumo ocidental, sobretudo se você observar, com olhos de *outsiders*, aquilo que os consumidores estadunidenses consideram "normal".

Na década de 1950, o antropólogo Horace Miner fez o mesmo, de maneira memorável, em um ensaio satírico marcante que analisava o "ritual corporal" entre os "Naricema", ou "americano" de trás para a frente, na língua inglesa.[2] Em seu ensaio, Miner escreve como se um antropólogo tivesse encontrado, por acaso, um "grupo norte-estadunidense que vive no território entre os cris do Canadá, os yaquis e tarahumaras do México e os caribes e os aruaques das Antilhas", os quais exibem uma obsessão peculiar pelo corpo humano e participam de certos costumes, como uma cerimônia, repetidas duas vezes ao dia, em um santuário com uma fonte. Eles usam movimentos ritualísticos, que são ensinados às crianças desde tenra idade por um "homem santo" — mais conhecido como o ritual de escovação dos dentes ensinado por um "dentista". No final do século 20, diversos grupos de marketing e publicidade haviam adotado a ideia de Miner de olhar para os consumidores. Às vezes, antropólogos eram convocados para tal fim.[3] No entanto, os não antropólogos também adotaram o conceito de etnografia. Essa tendência deixou alguns acadêmicos desconfortáveis; eles reclamaram que a pesquisa não acadêmica era tão superficial que minava a disciplina. No entanto, os novos etnógrafos de negócios retrucaram — muito corretamente — que essa tendência estava dando à disciplina uma relevância renovada e promovendo uma inovação inesperada em torno do conceito de "trabalho de campo".

O grupo Bad Babysitter era um excelente exemplo dessa tendência. Nos tempos de Malinowski e Mead, os antropólogos observavam, sobretudo, as pessoas a olho nu; a observação face a face era um traço definidor da disciplina. No entanto, Kinney trabalhava com Hal Phillips, um contador de histórias multimídia, para fazer a chamada etnografia em vídeo, usando uma câmera para filmar tudo, a fim de que as interações pudessem ser revistas várias vezes mais tarde. Esse método permitia que os pesquisadores usassem outra ferramenta para enxergar aquilo que, muitas vezes, não era visto — e estudar o quadro completo, a fim de complementar o *big data*. "Todo problema de negócios é um problema humano e cada ponto de dados representa algum comportamento humano em sua essência", explicou Kinney.[4]

Kinney e Phillips fizeram uso desta estratégia para a Primrose. Eles começaram por recrutar uma dúzia de famílias, incluindo pais da Primrose existentes e potenciais, que moravam em dois locais. A idade média dos pais era de 33 anos e a renda familiar anual era superior a US$ 50 mil. Em seguida, os pesquisadores enviaram uma "apostila" para cada família, com perguntas abertas, do tipo: como os pais escolheriam uma escola de educação infantil se esta fosse um esporte (alguns compararam isso ao mergulho com auxílio do equipamento de respiração, por causa do risco de afogamento). Armados com as respostas, os pesquisadores acompanharam as famílias, com uma câmera de vídeo, durante suas rotinas diárias na escola, em lojas, em áreas de lazer e próximo ao lar. Eles também acompanharam visitas guiadas de pais a uma escola Primrose e gravaram como os futuros pais reagiram após as visitas, ao entrar em seus carros.

A filmagem revelou um ponto importante que ajudou a desvendar o mistério em torno da Primrose: o conceito de creche tinha teias de significados diferentes para pais e professores. A questão em jogo era, em parte, geracional. Os principais gerentes da Primrose eram oriundos, sobretudo, da chamada Geração x, ou seja, pessoas nascidas antes de 1975 que haviam absorvido os valores americanos do final do século 20. Eles cresceram em uma época em que os especialistas eram respeitados e em que se supunha que os pais que usavam creches o faziam porque *queriam ativamente* trabalhar e buscavam conquistas educacionais para seus filhos, como aprender a ler.

No entanto, os pais viviam no século 21, estavam na faixa dos 25 a 45 anos e tinham atitudes diferentes. "Esse é o grupo mais instruído de todos os tempos nos Estados Unidos. Eles também estão empregados em uma era de salários estagnados, horas de trabalho mais longas e dívidas derivadas de sua própria educação", observou Kinney. "Esse grupo está na vanguarda da paternidade, na chamada 'economia da atenção' — uma era de diminuição da capacidade de manter a atenção, de aumento do estresse e de demanda por personalização [...]

[e] esses pais jovens estão criando filhos em um mundo que prioriza a internet."[5] Esses pais eram, com frequência, chamados de "*millennials*", embora a própria Kinney evitasse esse rótulo. Eles viviam um conflito moral muito mais profundo com relação aos cuidados com os filhos do que seus antecessores: embora usassem creches porque ambos os pais precisavam trabalhar por razões econômicas, também sabiam que "legisladores, empresários e pais que trabalhavam enfatizavam [continuamente] o papel crucial das primeiras experiências infantis". Isso criava sentimentos de culpa e de medo. Eles também tinham uma visão diferente da dos professores sobre o papel da educação infantil. Os professores enfatizavam os marcos educacionais. Os pais queriam desenvolver personalidade, curiosidade, autoexpressão e resiliência em seus filhos, o que os prepararia para diversas interações sociais, porque eles se preocupavam com um futuro incerto em que seus filhos teriam que se relacionar bem com pessoas diferentes e estar habilitados para lidar com máquinas de IA. "Culturalmente, as crianças estão deixando de ser excessivamente protegidas (por exemplo, ganhando prêmios apenas pela participação) e virando crianças resilientes", observou Kinney. "Ser adaptável é uma habilidade do século 21."

A outra diferença era que os pais não respeitavam as hierarquias verticais, por exemplo, pressupor que "especialistas", como cientistas, professores, CEOS — ou os executivos da Primrose —, eram sempre a melhor fonte de conselhos; em vez disso, eram moldados pela confiança "horizontal" ou "distribuída", para usar as fases postuladas pela cientista social Rachel Botsman, porque colocavam mais ênfase nas informações de seus pares.[6] Eles não consideravam os "especialistas" como fonte de autoridade ou como um motivo para pagar pela educação infantil. Isso era significativo porque a literatura de marketing da empresa exaltava seus "especialistas" e adotava um tom de autoridade que falava de "cima para baixo".

A Bad Babysitters apresentou seu estudo aos principais executivos da Primrose. Eles ficaram surpresos. "Isso foi algo que não havíamos vivido antes", disse Paul Thaxton, vice-presidente de gestão de marca da Primrose Schools, a Kinney. Em uma demonstração de sua confiança nas recomendações da consultoria, as escolas mudaram a estratégia: trocaram o *slogan* de "Líder em educação infantil e puericultura nos Estados Unidos" para "Acreditamos que é tão importante o que as crianças serão quanto o que elas sabem". Eles também mudaram o conteúdo digital para minimizar o uso de estatísticas, de pesquisas acadêmicas e de conselhos de especialistas e, em vez disso, adotaram um tom mais acessível. Verbos como "acreditamos" foram utilizados no lugar de expressões como "estudos mostram"; os diretores das escolas foram motivados a trocar um roteiro formal em favor da escuta ativa. Para construir um sentimento de comunidade lateral, os diretores da escola também adotaram outro princípio central da antropologia: rituais e símbolos. Como perceberam que a decisão dos pais de efetuar a matrícula era mais uma questão de ingressar em uma comunidade do que qualquer outra coisa, eles usaram aparatos culturais para reforçar esse desejo, distribuindo mochilas de "primeiro dia de aula" e encenando cerimônias com um mascote, "Erwin, o Cachorro", que ensinava sobre amizade.

Funcionou. No ano seguinte à conclusão do estudo, houve um crescimento de 4% no número de matrículas, um aumento de 18% nas consultas, um aumento de 24% no engajamento (com base em métricas de mídia social) — e a empresa passou do quarto para o primeiro lugar na classificação do setor em termos de conscientização do público. A melhoria não foi uma revolução. Mas foi um progresso.

Para entender por que o *big data* por si só é incapaz de explicar a cultura de consumo, vale a pena examinar um conjunto de ideias sobre a natureza "estranha" dos ocidentais, desenvolvida por Joseph Henrich, professor de biologia evolutiva da Universidade de Harvard. Henrich começou sua carreira como engenheiro aeronáutico antes de mudar para a antropologia e estudar a interação entre cultura, biologia humana e meio ambiente (ou uma mistura de antropologia física e cultural).* Como parte desse estudo, ele fez um extenso trabalho de campo entre os mapuches, no Chile. No entanto, as descobertas de Henrich acabaram revelando menos sobre os mapuches em si e mais sobre a natureza da profissão de psicólogo *ocidental*.[7] Essa profissão se desenvolveu nos séculos 20 e 21, oferecendo conhecimentos úteis sobre como o cérebro humano funciona (ou não). Mas existe um problema, observa Henrich: os psicólogos criaram muitas de suas teorias estudando os sujeitos que estão mais acessíveis — estudantes voluntários, que são tipicamente ocidentais, extremamente bem instruídos e no final da adolescência ou no início dos vinte anos. Assim, embora as pesquisas em psicologia pretendam apresentar descobertas universais, o que elas realmente mostram é como funcionam os cérebros instruídos no *Ocidente*. Quando Henrich fez os mesmos experimentos com os mapuches, obteve resultados diferentes.

Essas diferenças se enquadram em várias áreas amplas. Uma delas é o grau em que o cérebro resolve problemas e absorve informações por meio do raciocínio *sequencial* (A leva a B que leva a C) e da observação extremamente seletiva, em vez de olhar para uma situação *como um todo* de uma maneira holística. O primeiro está associado ao pensamento da era do Iluminismo ocidental e é reforçado pelo hábito generalizado de ler com um alfabeto — ou seja, aquilo que os estudantes ocidentais (esperamos) fazem o dia inteiro. Assim, quando Henrich mostrou aos estudantes estadunidenses imagens de situações e pediu-lhes que as interpretassem, os alunos tendiam a "focar o centro das atenções [em uma imagem] enquanto ignoravam o contexto e o fundo".[8] A análise

---

* Embora a antropologia física e cultural tenha se dividido em ramos distintos no início do século 20, alguns antropólogos continuam a analisar a cultura olhando para a biologia e o ambiente físico, e essa abordagem tornou-se cada vez mais popular nos últimos anos devido aos best-sellers escritos por Jared Diamond, como *Armas, germes e aço: os destinos das sociedades humanas* (Record, 2017). O trabalho de Henrich segue uma linha semelhante. O mesmo acontece com Robin Dunbar, o biólogo evolucionista cujo trabalho explora como o tamanho do cérebro afeta a estrutura e a escala dos grupos sociais.

lógica — e a visão em túnel — imperavam. No entanto, a segunda abordagem holística é, com frequência, encontrada em culturas que não têm escrita, como a dos mapuches: eles usavam "relações holísticas contextualmente apropriadas para apoiar suas escolhas". Quando Henrich realizou experimentos semelhantes em outros lugares, notou que as populações de outros países se dividiam em dois campos, embora em um espectro (e com diferenças dentro dos países, bem como entre eles). O pensamento analítico era mais dominante na Holanda, Finlândia, Suécia, Irlanda, Nova Zelândia, Alemanha, Estados Unidos e Reino Unido. O pensamento holístico era mais difundido na Sérvia, Bolívia, Filipinas, República Dominicana, Romênia e Tailândia.

Um segundo campo de diferença era a identidade. Quando Henrich pediu às pessoas que respondessem à pergunta "Quem sou eu?", ele descobriu que estadunidenses e europeus tendiam a responder com atributos *pessoais* (como emprego), enquanto pessoas não ocidentais, como os samburus, os quenianos ou os habitantes das Ilhas Cook, se definiam em relação à família e falavam sobre o parentesco e os papéis na comunidade. "Focar os atributos e realizações de uma pessoa em vez de seus papéis e relacionamentos é um elemento-chave em um pacote psicológico que vou categorizar como o complexo do individualismo", escreveu ele.[9] Um terceiro ponto era a moralidade: quando Henrich perguntou se seria aceitável mentir ou trapacear para favorecer um membro da família, nas sociedades ocidentais, as pessoas, em geral, diziam que não, pois supunham que a moral e as regras deveriam ser aplicadas universalmente. No entanto, os grupos não ocidentais tendiam a dizer sim, uma vez que se presumia que as regras poderiam mudar de acordo com o contexto.[10] Henrich citou um experimento natural surpreendente que ocorreu com as multas de estacionamento em Nova York. Até 2002, os diplomatas das Nações Unidas gozavam de imunidade se recebessem uma multa de estacionamento na cidade. Apesar de não haver multa por estacionar em local proibido, "diplomatas do Reino Unido, da Suécia, do Canadá, da Austrália e de alguns outros países obtiveram um total de zero multa" nesse período, uma vez que eles obedeciam às regras mesmo se não houvesse custo se fossem quebradas. Mas "diplomatas do Egito, de Chade, [e] da Bulgária acumula(ra)m mais de cem" multas por pessoa; para eles, a moralidade dependia mais do contexto.

Os ocidentais podem reagir a isso criticando as culturas não ocidentais, chamando-as de "estranhas". Mas Henrich argumenta que, na verdade, são as atitudes das sociedades estadunidenses e europeias que são "estranhas", uma vez que, "durante a maior parte da história humana, as pessoas cresceram enredadas em densas redes familiares. [...] Nesses mundos onde as relações são regulamentadas, a sobrevivência, a identidade, a segurança, os casamentos e o sucesso das pessoas dependiam do vigor e da prosperidade das redes de parentesco". As sociedades ocidentais são atípicas, pois "as pessoas tendem a ser extremamente individualistas, obcecadas por si mesmas, controladoras, inconformistas e analíticas [...] e nos vemos como seres singulares [...] e preferimos a sensação de controle e de fazer nossas próprias escolhas".[11] Ele descreve essas características como WEIRD (ou "esquisitas") — de *Western* (ocidentais), *Educated* (instruídas), *Individualistic* (individualistas), *Rich* (ricas) e *Democratic* (democráticas).

Essa distinção é importante se você quiser entender a cultura do consumidor. As culturas WEIRD tendem a supor que o indivíduo está no centro de seu mundo;* que a sociedade é derivada do indivíduo, e não o contrário; e que os indivíduos, supostamente, têm escolha sobre seu destino e sua identidade. De fato, no século 21, esse conceito foi ampliado de forma inimaginável, uma vez que as tecnologias digitais promovem a ideia de que os consumidores podem moldar o mundo ao seu redor de acordo com seus desejos, personalizando escolhas de música,

---

* Eu uso a palavra "tendem", pois deve-se enfatizar que a estrutura de Henrich descreve um padrão de comportamento visto em todas as sociedades em graus variados, ao longo de um espectro. Existe, obviamente, uma enorme variação mesmo dentro das sociedades WEIRD, como a dos Estados Unidos.

comida, café, mídia ou quase qualquer coisa. Todos nós vivemos em nossa versão do filme *Matrix*. Ou, se preferir, na era da "Geração P", a Geração da Personalização.

Isso cria a impressão de que os consumidores ocidentais são movidos pela escolha individual, daí o emprego frequente dos *insights* da psicologia e do *big data* para mostrar (respectivamente) como o cérebro humano funciona e o que os indivíduos estão fazendo online. Mas existe um problema: embora os consumidores acreditem que suas decisões são motivadas por escolhas totalmente racionais e independentes — de acordo com os ideais WEIRD —, isso raramente é verdade. Os consumidores definem sua identidade usando símbolos e rituais herdados de seu entorno. Eles são moldados por lealdade ao grupo e pelas relações sociais. Operam em padrões espaciais que são parcialmente criados por terceiros. As ideias que absorvem de seu ambiente podem ser profundamente contraditórias e multifacetadas. No entanto, talvez eles não admitam isso — nem para si mesmos, nem para os outros — precisamente porque têm uma presunção "esquisita" de que os problemas podem ou devem ser resolvidos por meio do pensamento lógico e sequencial — e da visão em túnel. Assim, embora a cultura moderna de consumo tenha surgido de valores WEIRD, ela não pode ser entendida *apenas* através do modo de pensamento WEIRD. Os consumidores ocidentais são mais complexos e contraditórios do que imaginam.

A Mars, a empresa gigantesca que produz de tudo, de chocolate a ração para animais de estimação, entende muito bem as contradições da cultura de consumo. O grupo é mais conhecido pelo público por vender doces, como a icônica barra de chocolate Mars. Contudo, ela também começou a vender ração para animais de estimação na década de 1930. No início, essa linha de produtos era modesta, mas, no final do século, esse setor começou a crescer rapidamente. Isso refletiu um aumento no mercado, sobretudo nos Estados Unidos: enquanto apenas 56% das famílias estadunidenses possuíam cães e gatos em 1988, em 2012 esse número saltou para 62%.[12] E, enquanto os estadunidenses gastaram US$ 17 bilhões em alimentos para animais de estimação em 1994, em 2011 esse valor mais do que triplicou, passando para US$ 53 bilhões.

Em 2009, os executivos da Mars decidiram que o setor era tão atraente que eles queriam ampliar sua participação no mercado. No entanto, não estava claro quais mensagens de marketing podiam ser mais eficazes. Afinal, toda a premissa ocidental em torno dos alimentos para animais de estimação é muito estranha, ou o é se você adotar uma perspectiva mais ampla — antropológica. Até o século 20, no Ocidente, os animais de estimação eram alimentados apenas com restos de comida (e, em muitas partes do mundo, continuam sendo). Entretanto, no início do século 21, os tutores nos Estados Unidos estavam convencidos de que seus bichinhos precisavam de comida especial. O que não ficou claro foi: *por quê?* Como um comprador julgava se os alimentos para animais de estimação eram bons? Afinal, o próprio consumidor — o cachorro ou o gato — era incapaz de falar.

A antropóloga Maryann McCabe foi convidada a realizar um estudo. Acadêmica tímida, hábil em passar despercebida na multidão, ela começou sua carreira no mundo da antropologia na Universidade de Nova York na década de 1980, fazendo um estudo sobre abuso sexual infantil, parentesco e legislação nos Estados Unidos. Mas ela mudou para a pesquisa do consumidor, com a qual aprendeu a mesma lição que Bell e Anderson na Intel: quando as empresas buscavam conhecimentos antropológicos, elas não queriam obtê-los da maneira que os antropólogos acadêmicos faziam em suas pesquisas (ou seja, por meio da observação longa e paciente e de estudos de comunidades isoladas, usando estruturas analíticas baseadas em comparações e teorias interculturais). Em vez disso, elas queriam estudos de curta duração que perpassassem as redes de contato — não comunidades estanques. Isso deixava alguns acadêmicos frustrados, embora pudesse ser esclarecedor, pois oferecia uma microanálise tridimensional, que era um bom contraponto aos conjuntos grandes de dados estatísticos.

Os executivos da Mars identificaram duas regiões para sua pesquisa: Filadélfia e Nashville. McCabe então selecionou doze famílias com animais de estimação e pediu que criassem diários fotográficos e colagens explicando o que ter animais de estimação significava para eles. Isso foi semelhante, digamos, ao que os executivos da Nestlé haviam feito com relação ao Kit Kat no Japão. A ideia era levar os tutores a refletir sobre o seu cão ou gato, mas de maneira não direcionada. Em seguida, McCabe e um colega antropólogo observaram as famílias e seus animais de estimação em suas casas e foram com eles comprar ração, incentivando-os a falar sobre seus sentimentos em um fluxo de consciência. Às vezes, McCabe pedia que a equipe de marketing da Mars a acompanhasse, pois achava que um dos serviços mais úteis que podia oferecer não era simplesmente a elaboração de um relatório, mas ensinar os executivos a olhar o mundo de maneira diferente ou a pensar mais como um antropólogo.

Os resultados foram impressionantes. Depois de observar as famílias, McCabe pôde deduzir que elas não consideravam seus animais de estimação apenas como animais ou espécimes do reino natural. Em vez disso, "as pessoas que têm animais de estimação falam deles em termos de parentesco", observou ela em um relatório. "Os entrevistados afirmam que seus cães e gatos são 'como sangue' e membros da família". Para as famílias estadunidenses, essas imagens pareciam normais. Pelos padrões da história global e de muitas outras sociedades, no entanto, as declarações sobre "sangue" e "família" eram bizarras. Na maioria das sociedades estudadas por antropólogos, os animais estão em uma categoria mental e cultural diferente dos humanos. Quando o antropólogo Claude Lévi-Strauss fez pesquisas no Brasil, observou que os humanos, muitas vezes, se definiam *em contraste* com os animais. Em um contexto diferente, os indígenas lakota dos Estados Unidos também assumem que os animais estão fora dos círculos humanos ou familiares. "[Os lakota], tradicionalmente, não possuem animais... As pessoas alimentam seus bichos e cuidam deles, mas os cães continuam vivendo do lado de fora das habitações e são livres para fazer o que quiserem", observam dois acadêmicos da tribo oglala sioux.[13] Assim, em muitas culturas, parece absurdo descrever os animais de estimação como parte de uma família humana, sobretudo porque "o parentesco é o conceito fundamental que organiza as relações sociais" entre a maioria das sociedades não WEIRD, como Henrich observa, e os laços de parentesco são impostos às pessoas, não escolhidos.

No entanto, as culturas WEIRD tendem a celebrar o conceito de escolha individual, mesmo quando as pessoas estão definindo sua família. A inclusão de um animal de estimação em uma família é, portanto, uma extensão desse sentimento de agenciamento do consumidor: as pessoas estão decidindo redefinir "família", com base em seus sentimentos, em vez de apenas aceitar a "família" que herdam. (O animal em si não tem escolha, mas isso é outra história.) Por que um humano *desejaria* exercer essa escolha acrescentando um bicho à sua família? McCabe sugeriu que o motivo era fortalecer os laços humanos. Isso pode soar ainda mais perverso. No entanto, a questão em jogo é outra consequência de valores WEIRD: *precisamente* porque a família é vista como algo que as pessoas decidem conscientemente preservar (ou não), os consumidores ocidentais que valorizam a ideia de família estão ansiosos para encontrar dispositivos para preservá-la — até porque sentem que existem outros fatores que a ameaçam, como as distrações digitais (por exemplo, os celulares). Em uma cultura em que ninguém pode considerar os laços familiares como algo permanente, os animais são usados para reforçá-los.

"Os animais de estimação são recursos para a comunicação", sugeriu McCabe, descrevendo como pais e filhos os levam ao parque de cães, os fantasiam no Halloween, falam sem parar sobre eles, compartilham histórias bobas — e criam experiências conjuntas como resultado. Ou, como observou uma mãe de família: "Todos os dias falamos sobre nossos animais de estimação lá em casa, como eles são fofos ou sobre as coisas bobas que eles fazem". A natureza sensorial dos animais de estimação reforça esse sentimento de vínculo, pois, "quando os membros da família humana ouvem, veem, tocam e cheiram seus animais enquanto brincam com eles e atendem às suas necessidades, os familiares ficam mais próximos uns dos outros e criam memórias".[14]

Essa descoberta tinha implicações para a forma como a Mars deveria vender alimentos para animais de estimação, sugeriu McCabe. Até então, as peças de publicidade haviam sido criadas com base na saúde e na ciência: supunha-se que a biologia do animal era o que mais importava para seus tutores. Mas McCabe sugeriu que a empresa faria melhor caso se concentrasse nas relações entre humanos ao lado dos animais de estimação, *não* apenas com o próprio animal — ou mesmo no vínculo animal-humano. Os executivos da Mars ouviram. Seus anúncios anteriores mostravam um animal solitário ou um indivíduo com seu animal. Depois de 2008, eles mudaram essas imagens para mostrar famílias felizes brincando com animais e conversando uns com os outros, criando memórias e laços. Os animais foram retratados de uma maneira mais "humana" e, por vezes, até fazendo piadas uns com os outros. A ênfase estava na dinâmica de grupo e na sensação de que a "família" estava sendo criada por *escolha*. Na empresa, começou também uma nova conversa entre os executivos sobre o que esses alimentos deveriam significar para os consumidores. De fato, as campanhas de marketing foram tão bem-sucedidas — e o interesse dos estadunidenses por seus animais de estimação continuou crescendo a uma velocidade tão surpreendente — que, em 2020, a Mars estava lucrando mais com as vendas de ração do que com o chocolate. Poucos teriam previsto esse fenômeno duas décadas antes. Porém, como a história das barras de chocolate Kit Kats verdes, esse foi outro exemplo das reviravoltas curiosamente imprevisíveis da cultura.

McCabe fez pesquisas semelhantes para uma ampla gama de empresas de bens de consumo. Ela se juntou a outro antropólogo chamado Tim Malefyt para estudar como as mães estadunidenses viam a preparação de alimentos, em um projeto encomendado pela Campbell

Soup.¹⁵ Essa era uma área em que as atitudes eram tão contraditórias quanto aquelas relativas aos animais de estimação. Quando questionadas sobre o preparo das refeições, em entrevistas *estruturadas* (com perguntas dirigidas), as mães definiam cozinhar como uma tarefa. Assim, a Campbell Soup promovia seus produtos em torno do conceito da conveniência. No entanto, quando McCabe e Malefyt repetiram o mesmo exercício que haviam feito com a Mars — ou seja, observação *não* estruturada —, eles notaram que, quando as mães também falavam sobre a preparação de alimentos, elas expressavam orgulho em sua criatividade e prazer sobre os laços sociais que a alimentação forjava. A comida, assim como os animais de estimação, era percebida como uma ferramenta que as pessoas poderiam usar para criar uma família, como uma escolha consciente. Daí, surge outra característica da cultura ocidental de classe média do século 21: uma reverência por projetos de cozinha, pelas receitas saudáveis e pela comida "caseira" entre muitos consumidores. Assim, McCabe e Malefyt sugeriram que a Campbell Soup produzisse propagandas que celebrassem a criatividade — não apenas a conveniência.

Lavar roupa era semelhante.¹⁶ No final do século 20 e início do século 21, as empresas de bens de consumo tentavam vender detergente aos consumidores enfatizando com ciência o poder (ou a ação) do sabão em pó para remover a sujeira. Isso parecia lógico, pois, quando essas companhias realizavam pesquisas que usavam perguntas direcionadas (ou predeterminadas) sobre lavar roupa, elas costumavam mostrar que os compradores consideravam isso uma "tarefa" — da mesma forma que cozinhar. Mas, em 2011, a Procter & Gamble (P&G), o conglomerado de produtos para consumidores, pediu a McCabe que estudasse os rituais relacionados à lavagem de roupa. Quando ela conversou com as mães usando perguntas *não* estruturadas, recebeu mensagens semelhantes àquelas relacionadas à alimentação. Por um lado, "as participantes falaram de lavar roupa como um processo chato e repetitivo, que nunca terminava", observou ela.¹⁷ Por outro lado, muitas mulheres relutavam em passar a tarefa para outra *pessoa*. (A pedido da P&G, o estudo foi focado em mães, como o projeto da Campbell Soup havia sido.) "Eu odeio lavar roupa, mas não suporto quando outra pessoa faz isso para mim" era um refrão comum. A razão, concluiu McCabe, era que lavar roupa era outra forma que as consumidoras podiam escolher para reforçar os laços familiares. "Amy, mãe de três crianças em idade pré-escolar, falou sobre babadores sujos e lembrou-se de seu bebê de seis meses cuspindo o purê de vegetais verdes que ela tentou lhe dar e as roupas manchadas de terra que seus outros dois filhos usavam quando faziam tortas de lama no quintal", observou McCabe. "Quando as mães tocam, cheiram, ouvem e veem roupas sujas durante o processo de lavagem, elas conectam passado, presente e futuro. Por meio dessas associações e relembrando ocasiões sociais em que roupas sujas eram usadas no passado e imaginando gavetas cheias de roupas limpas para serem usadas a fim de cultivar a subjetividade no futuro, as mães se colocavam no âmbito da passagem do tempo."[18] Então McCabe sugeriu à P&G e à sua agência de publicidade, a Saatchi and Saatchi, que tentassem vender seus produtos não apenas em termos de ciência, mas também de celebração, manutenção e exibição de laços sociais.

No final da segunda década do século 21, o tipo de análise feita por McCabe tornou-se prolífico. Tanto que, quando a EPIC — a entidade setorial para a antropologia aplicada — realizava suas reuniões anuais, os ingressos esgotavam em poucas horas. O frenesi foi um contraste surpreendente com o que costumava ocorrer uma década antes e refletia, em parte, uma disputa entre empresas de tecnologia bem financiadas — como Intel, Facebook, Uber, Amazon e Google — para adotar a etnografia na pesquisa de usuários na esfera digital. No entanto, os antropólogos também estavam observando quase todos os outros aspectos concebíveis do comportamento do consumidor: eles estudaram a Japan Airlines e a Boeing para ver como os passageiros com deficiência vivenciavam o voo;[19] exploraram a marca de bonecas American Girl para ver como esses brinquedos poderiam empoderar as meninas;[20] e um antropólogo chamado Grant McCracken observou como os consumidores assistiam à Netflix (o que o levou a sugerir que a empresa deveria falar sobre "maratonar" os programas, e não sobre "vê-los compulsivamente", pois a primeira expressão tinha conotações mais positivas de controle pelo usuário).[21] Às vezes, os antropólogos apenas escreviam relatórios sobre os padrões culturais que viam.[22] No entanto, alguns tentavam mudar a mentalidade de seus clientes também. O antropólogo Simon Roberts, por exemplo, que dirigia uma consultoria chamada Stripe Partners, dizia aos executivos de empresas que eles mesmos precisavam adotar a experiência da observação participante. Ele argumentava que era um grande erro alguém pressupor que o comportamento do consumidor poderia simplesmente ser entendido apenas por meio de um raciocínio intelectual WEIRD (esquisito), uma vez que experiências físicas, hábitos e rituais "incorporados" também tinham uma importância profunda. "Na psicologia, que exerce uma influência desproporcional nas pesquisas de consumidor, a ideia é que a maior parte do que queremos saber está em nossas cabeças e só precisamos encontrar maneiras de entrar na mente do consumidor", disse ele. "[Mas] o conhecimento assimilado é poderoso." Para explicar isso à empresa Duracell, ele insistiu em levar os executivos para acampar em um parque perto da fronteira mexicana, a fim de forçá-los a vivenciar como as pessoas que acampam usavam baterias na natureza. A lição assimilada levou a Duracell a mudar suas campanhas publicitárias.[23]

Uma área da experiência do consumidor, no entanto, permaneceu — estranhamente — negligenciada: o dinheiro. Após a Grande Crise Financeira, os antropólogos estudaram como as pessoas interagiam com os mercados financeiros. Mas eles tendiam a se concentrar no que os financistas, às vezes, descrevem como financiamento no "atacado", ou o que acontecia nas empresas financeiras, tais como bancos ou seguradoras, e nos mercados financeiros. Alguns antropólogos da Intel estudaram a experiência dos consumidores com finanças, e Bill Maurer, professor da Universidade da Califórnia, Irvine, criou um instituto de pesquisa para estudar o dinheiro e a tecnologia financeira, o qual era financiado por uma doação da Fundação Bill & Melinda Gates.[24] Entretanto, o que chamou a atenção foi que poucos bancos, seguradoras ou gestores de ativos pareciam interessados em etnografia — em um nítido contraste com o setor de tecnologia e de bens de consumo. A Dinamarca, no entanto, era uma exceção rara; lá, a consultoria ReD Associates estava interessada em explorar esse mundo. O grupo surgiu nesse país logo após a virada do século para fazer pesquisas etnográficas e sociais para a empresa de brinquedos Lego, ajudando o grupo a "entender as brincadeiras das crianças e a saber como se reconectar com elas", como disse Jørgen Vig Knudstorp, ex-CEO da empresa. Os conhecimentos adquiridos foram posteriormente reconhecidos por Knudstorp como um fator-chave na revitalização da companhia dinamarquesa.[25] Com base nesse trabalho, a ReD se expandiu a outros setores de consumo, como saúde, moda e automóveis, e elaborou um projeto a fim de estudar as atitudes do consumidor para um grupo financeiro escandinavo de médio porte chamado Danica.

Em geral, os pesquisadores da ReD não eram antropólogos no estilo acadêmico. Um deles, Mikkel Rasmussen, era um economista que havia trabalhado para o governo dinamarquês na criação de modelos macroeconômicos complexos. Outro, Martin Gronemann, era cientista político. Eles — assim como Kinney — tinham gravitado em direção à antropologia em uma fase avançada de suas carreiras, quando perceberam os limites do uso de ferramentas analíticas que ignoravam o contexto, e começaram a adotar a análise cultural. Rasmussen, por exemplo, se apaixonou pela etnografia porque os modelos macroeconômicos que ele vinha desenvolvendo para o governo dinamarquês pareciam excluir muitas variáveis importantes, como o contexto social. Ele e Gronemann ficaram muito perplexos com o fato de tão poucos antropólogos tentarem ver o dinheiro do ponto de vista dos consumidores. Então eles decidiram lançar um estudo que acabou sendo uma arena em que as atitudes WEIRD figuraram como as mais estranhas de todas.

No início de 2016, Linda, uma consultora de eventos de 54 anos, espalhou catorze cartões de crédito diferentes sobre uma mesa. Ela explicou que essas eram as ferramentas que ela usava no dia a dia para fazer compras e lidar com dinheiro. Mas essa não era a história completa: ela também possuía dinheiro vivo, várias hipotecas, meia dúzia de apólices de seguro e vários planos de previdência, explicou ela, parecendo envergonhada.

Do outro lado da sala, a equipe de pesquisa da ReD escutava atentamente. Eles haviam passado várias semanas se deslocando por casas da Alemanha, da Grã-Bretanha e dos Estados Unidos conversando com pessoas sobre bancos, seguradoras e planos de previdência, e observando transações. Em teoria, deveriam ter sido conversas simples. O dinheiro "faz o mundo girar", como afirma o dito popular, e a disciplina de economia ocidental, muitas vezes, presume que os humanos são criaturas egoístas e motivadas pela maximização do lucro. Nos modelos financeiros, supõe-se que a motivação das pessoas e suas ações são tão consistentes que podem ser previstas com base em modelos extraídos da física newtoniana. Supõe-se também que o dinheiro é fungível, razão pela qual é reserva de valor e meio de troca.

No entanto, os consumidores com quem Gronemann e Rasmussen conversaram não se comportavam como se o conceito de dinheiro fosse, de forma alguma, consistente. *Alguns* elementos da conversa sobre dinheiro eram fáceis: os consumidores ficavam felizes em explicar como usavam celulares para pagar suas compras, por exemplo, e entusiasmados com a conveniência dessa tecnologia. No entanto, quando se tratava de discutir poupança, seguro ou empréstimos e investimentos, havia confusão, silêncio ou constrangimento.[26] "É mais fácil para muitos ocidentais falar sobre sexo do que sobre dinheiro", observou Gronemann. "É um tabu."[27] Por quê? Uma questão era um paradoxo moral: estadunidenses e europeus são constantemente incentivados a se esforçar para ganhar dinheiro; porém, a maioria das religiões e culturas ocidentais afirma que as pessoas não devem ser movidas a fazer coisas pelo "amor ao dinheiro", uma vez que isso é "a raiz de todo mal", para citar o bordão cristão. O outro problema era a dissonância cognitiva: os consumidores ocidentais sabem que o dinheiro *deve* ser algo visto de maneira consistente e racional, de acordo com os ideais WEIRD, mas não é assim que eles realmente vivem. Em vez disso, as famílias observadas por Rasmussen e Gronemann haviam acumulado vários cartões de crédito que pouco usavam; tinham planos de previdência que haviam esquecido; rastreavam e controlavam obsessivamente alguns cofrinhos de dinheiro, mas ignoravam outros. "O que muitas vezes acontecia era que as pessoas passavam muito tempo conversando conosco sobre uma parte pequena de suas finanças, como alguns investimentos sustentáveis que haviam feito, ou sobre seus cartões de crédito ou sua casa", disse Gronemann. "Mas aí elas se esqueciam completamente de mencionar algo muito mais significativo na composição geral de seus ativos, como um plano de previdência." Ou como Christian, um astrofísico de 68 anos, disse à equipe: "Posso ser bom em física nuclear e atômica, mas simplesmente não entendo minha aposentadoria".[28]

Por quê? Uma explicação pode ser encontrada nos cérebros individuais, ou na psicologia. Como o psicólogo Daniel Kahneman mostrou, os cérebros humanos têm vieses que afetam nossas visões em relação ao dinheiro: lembramos mais as perdas financeiras do que os ganhos, digamos, ou temos diferentes modos de tomar decisões que são movidos por impulsos "rápidos" ou pelo raciocínio "lento".[29] Tais *insights* psicológicos ajudaram a criar toda uma escola de finanças e economia comportamental. No entanto, Rasmussen e Gronemann estavam interessados em mais do que psicologia: eles queriam explorar as teias culturais de significado que grupos de pessoas construíam em torno do dinheiro. Depois de ouvir os consumidores, eles sugeriram que um ponto crucial sobre a estrutura cultural era que a maioria dos consumidores não considerava o dinheiro uma "coisa" única. Os economistas ocidentais tendem a presumir que o dinheiro é fungível; isso está no cerne de qualquer modelo econômico. Porém, os antropólogos têm descrito inúmeras sociedades que possuem diferentes categorias simbólicas para dinheiro e tipos de troca.[30] Quando Rasmussen e Gronemann revisaram suas notas de campo, perceberam que seus entrevistados também estavam usando uma espécie de compartimentalização quando pensavam em dinheiro no século 21. Para descrever essa divisão, a equipe de ReD tomou emprestados os rótulos "rápido" e "lento" de Kahneman e os atribuíram ao dinheiro.

O dinheiro que os consumidores consideravam rápido era aquele usado nos pagamentos diários. Os consumidores falavam sobre isso sem segredo ou vergonha, pois achavam que era algo que podiam controlar e ficavam entusiasmados com qualquer coisa que aumentasse esse controle e eficiência. "[Minha conta corrente] é como eletricidade; simplesmente sai da tomada", observou Anita, 45 anos, mãe de dois filhos e advogada de uma editora em Munique. "Quero que meu dinheiro saia do caixa eletrônico quando preciso — é isso." No entanto, o restante do dinheiro era "dinheiro lento", ou dinheiro usado como reserva de valor. As atitudes em torno dele eram diferentes: muitas vezes, os consumidores ignoravam o dinheiro lento, mentiam para si mesmos sobre ele ou expressavam medo com relação a ele. Alice, uma gerente sênior de seguro de saúde, de 28 anos, de Londres, que ganhava oitenta mil libras por ano, era um exemplo típico. "Ela achava muito fácil gastar o limite de seu cartão de crédito em noitadas, mas, todos os meses, transferia dinheiro diligentemente a seus pais para que fosse guardado", escreveu Gronemann no relatório. Ela via sua aposentadoria como um plano "reserva", porém não confiava nele — mas presumia que sua casa era uma reserva confiável de riqueza, embora tivesse havido uma turbulência nos preços dos imóveis alguns anos antes. "Para Alice, sua hipoteca era uma dívida útil e produtiva, mas seu acesso ao crédito era uma dívida negligente e indulgente."

Essa descoberta tinha uma implicação mais ampla para as políticas públicas, afirmaram Rasmussen e Gronemann. Uma vez que muitos consumidores achavam difícil falar sobre dinheiro "lento", eles não sabiam dizer se estavam usando os serviços financeiros de forma eficaz — e eram suscetíveis a serem explorados. A crise de 2008 ilustrou esse risco. No entanto, o padrão também tinha implicações para o próprio ramo das finanças. Dificilmente as empresas financeiras conquistariam o amor dos clientes se estes odiassem o dinheiro lento. O que piorava o padrão era que a própria indústria era muito fragmentada: empresas diferentes ofereciam produtos diferentes aos consumidores, e departamentos variados, na mesma instituição, também atendiam aos consumidores. Isso apenas reforçava a divisão rápido-lento. Algumas empresas se esforçavam bastante para usar a tecnologia para oferecer produtos de dinheiro rápido, mas o consumidor lidava com o dinheiro lento de uma maneira distinta.

Isso poderia mudar? Danica, o grupo de seguros de vida e plano de previdência que havia trabalhado com a ReD, decidiu tentar. Até 2013, os executivos da empresa não dedicavam muito tempo ao estudo de seus consumidores. "Os ramos de seguros de vida e de plano de previdência são, provavelmente, os únicos negócios de consumo em que as empresas mal parecem saber que têm consumidores — achamos que temos apólices de seguro", explicou John Glottrup, chefe de desenvolvimento de negócios da Danica. "Por quê? Porque as atividades que temos hoje só vão aparecer nos livros daqui a cinco a dez anos, e há tanta inércia que é possível errar. E as pessoas, nesse setor, são todas treinadas para usar números, quase exclusivamente, uma vez que são atuários e economistas." Como resultado, ele acrescentou, existe uma "crença central que moldou nosso setor... a de que uma pensão, um produto de seguro de vida, é de baixo interesse para os consumidores

— ninguém se importa —, então você fala com os consumidores talvez uma ou duas vezes durante suas vidas, mas é melhor deixá-los em paz".[31] Em outras palavras, o seguro de vida era tratado como se nada tivesse a ver com cultura; mesmo que o ato de fazer uma aposta financeira sobre quanto tempo alguém viverá esteja, na verdade, enraizado em ideias culturais ocidentais peculiares que parecem estranhas para outras culturas (por exemplo, que é possível usar um modelo moralmente aceitável para prever quanto tempo alguém viverá e fazer uma aposta nisso).[32]

Havia outra razão pela qual os executivos de seguros de vida e de previdência muitas vezes ignoravam os consumidores: quando *perguntavam* a seus clientes o que moldava suas decisões, eles ouviam mensagens tão bizarras que pareciam fáceis de descartar com a lógica WEIRD. "Podemos perguntar a um consumidor o que é mais importante quando ele escolhe uma apólice de seguro, e as pessoas nos dão as respostas-padrão: é o custo, o retorno esperado, o serviço, porque as pessoas são amigáveis e tudo mais", disse Glottrup. "Mas, quando colocamos a segunda linha de questionamento — Quanto você pagou no ano passado? Qual foi seu retorno? Quando foi a última vez que você realmente usou nosso serviço? —, as pessoas ficam mudas. Elas não têm resposta, [então] essas coisas simplesmente não podem ser a razão."

A equipe da ReD sugeriu que os executivos da Danica tentassem um experimento: reconhecer que os consumidores encaram os planos de previdência como dinheiro "lento", ou seja, existindo em uma categoria que gera medo e confusão, e depois buscar maneiras de tornar esse dinheiro "lento" mais atraente. Isso significava oferecer aos clientes os recursos associados ao dinheiro "rápido": uma sensação de transparência, controle e escolha em tempo real. Assim Danica criou um painel "semáforo" que os consumidores podiam baixar para monitorar seus investimentos em dinheiro lento, em tempo real, em seus próprios dispositivos. Em seguida, ao contrário de sua prática anterior, entrou em contato com seus clientes, solicitando que ativassem o painel e falassem sobre metas. A inovação aumentou a retenção de consumidores, disse Glottrup. Também mudou as atitudes dentro da empresa. Não, os atuários não abandonaram seus queridos modelos e conjuntos de *big data*. No entanto, eles perceberam que isso e as estatísticas em nível macro poderiam ser interpretadas de forma mais eficaz em combinação com observações culturais em nível micro. Foi a mesma lição que as autoridades de saúde aprenderam ao lidar com a pandemia de ebola, ou a mesma que a equipe da Bad Babysitter havia enfatizado para os executivos da creche Primrose: computação, medicina e ciências sociais funcionavam melhor quando combinadas. Isso se aplicava a qualquer local, seja ele "familiar" ou "estranho".

PARTE TRÊS
Ouvindo o silêncio social

A essência: vivemos em um mundo de barulho constante. O poder da antropologia é que ela nos ajuda a ouvir o silêncio social e, acima de tudo, a ver o que está escondido de todos. Para ouvir dessa maneira, é preciso adotar ferramentas da etnografia que nos informam como ser um *insider-outsider* e tomar emprestado ideias como *habitus*, reciprocidade, criação de sentido e visão lateral. Quando empregamos essa moldura de análise, obtemos uma perspectiva diferente sobre política, economia, tecnologia — bem como sobre a questão enfadonha do que faz os escritórios funcionarem e provoca a ascensão surpreendente do movimento da "sustentabilidade".

7
"GRANDEMENTE"
(ou: o que não entendemos sobre
Trump e os adolescentes?)

*"Os efeitos ideológicos mais bem-sucedidos são aqueles que não
precisam de palavras e pedem apenas um silêncio cúmplice."* —
Pierre Bourdieu

O clima na sala de jantar do hotel em Davos, no alto das montanhas suíças, era fervoroso. A data era janeiro de 2014. Cinco anos haviam passado desde o auge do pânico desencadeado pelo colapso financeiro de 2008 — e sete desde que eu havia ido à reunião do Fórum Econômico Mundial e alertado sobre os perigos iminentes nos derivativos de crédito. Os perigos representados pelas peças submersas do "icebergue" financeiro — todos aqueles CDOs, CDSs e outros instrumentos modernos de inovação financeira — haviam ficado claros para todos. O setor finalmente ganhou um *nome*, que o levou para as primeiras páginas dos jornais e permitiu que fosse imaginado e discutido: "sistema bancário sombra". A partir de 2009, os reguladores introduziram reformas para tornar o sistema financeiro mais seguro. Em Davos, onde a reunião anual do Fórum Econômico Mundial (FEM) — uma reunião da elite dos negócios, das finanças e das lideranças políticas do mundo inteiro — acontecia todo mês de janeiro, foram realizadas intermináveis discussões em painéis sobre o sistema bancário sombra.

Em janeiro de 2014, a conversa no vilarejo em que se reunia a elite do FEM mudou: pude ver que as discussões sobre finanças estavam saindo da pauta. Não era porque o sistema financeiro tinha sido "consertado". Grandes problemas ainda espreitavam, sobretudo em partes desse mundo bancário sombra. Mas o mundo das finanças começava a melhorar. A economia global estava se recuperando. As pessoas estavam ficando entediadas com a discussão sobre os tais de CDOs. Eu também. Outros temas pareciam mais empolgantes, como a inovação tecnológica que surgia de empresas como Facebook, Google e Amazon. Eu estava ansiosa para ampliar o foco.

"Penso que eu [deveria] certificar-me de que você já tenha ouvido falar em danah boyd [*sic*]", sugeriu-me Craig Calhoun, diretor da Escola de Economia e Ciência Política de Londres (e ele próprio antropólogo), por e-mail, no início de janeiro daquele ano, pouco antes de eu ir para Davos. Boyd, ele explicou, estava fazendo uma pesquisa patrocinada pela Microsoft sobre mídias sociais e *big data* com base em sua formação em antropologia; Calhoun queria que boyd e eu nos conhecêssemos porque achava que a abordagem dela à informática refletia minha experiência em Wall Street e no centro financeiro de Londres.

Fiquei intrigada. Fui a um jantar em um hotel decadente, porém caríssimo, perto da estação ferroviária Davos Dorf. Boyd estava no palco, com outros representantes de empresas de tecnologia. Como os antropólogos acadêmicos entre os quais eu havia estudado, ela parecia desafiadoramente desarrumada, com uma mecha de cabelo encaracolado saindo por baixo de um estranho chapéu felpudo, e calçava botas de cano alto. Ela insistia em escrever seu nome em letras minúsculas como um protesto contra normas culturais ocidentais desnecessárias; como muitos antropólogos, ela era instintivamente antissistema e contracultura. Mas seu crachá a designava como membro da elite de Davos: uma "Jovem Líder Global". Esse paradoxo muitas vezes a incomodava.

"Andei pesquisando os adolescentes e seus celulares", disse ela à multidão, enquanto eles se sentavam ao redor de mesas cobertas com toalhas brancas e pratos de porcelana que continham uma refeição pesada de carne e batatas. Eu me animei. Minhas filhas seriam adolescentes dali a alguns anos, e eu já havia lido vários artigos sobre como os celulares podiam ser viciantes e prejudiciais. O escritor Nicholas Carr havia escrito um best-seller que alertava que "a internet, pela própria maneira como foi projetada, subverte a paciência e a concentração. Quando o cérebro está sobrecarregado de estímulos, como, em geral, acontece quando estamos olhando para uma tela de computador conectada à rede, a atenção se fragmenta, o pensamento se torna superficial e a memória sofre", escreveu ele. "Nós nos tornamos menos reflexivos e mais impulsivos. Longe de aumentar a inteligência, eu afirmo que a internet a degrada."[1] Tristan Harris, ex-engenheiro do Google, foi ainda mais contundente. Como ele apopleticamente explicaria mais tarde, os engenheiros das empresas de informática estavam usando, de forma deliberada, técnicas de "persuasão" para projetar jogos e aplicativos de modo a serem o mais viciantes possível, visando, com frequência, crianças e adolescentes. "O que os celulares e aplicativos estão fazendo é criar um gancho que atinge diretamente o seu cérebro, desde o momento em que você acorda até o momento em que vai dormir", disse ele ao FT. Por ter ajudado a criar esses produtos como engenheiro no Google, agora ele queria expô-los e detê-los.[2]

Dessa forma, como um pai ou uma mãe — ou um formulador de políticas — poderia mitigar tudo isso? A resposta de boyd não foi a que eu esperava. À multidão do jantar, ela começou dizendo que havia passado os anos anteriores andando pelos Estados Unidos, realizando pesquisas etnográficas sobre como os adolescentes usavam seus celulares. Assim como no trabalho que os antropólogos estavam fazendo para empresas de tecnologia e grupos de consumidores, esse não era exatamente o tipo de antropologia que Malinowski e Boas haviam feito, uma vez que boyd não havia se embrenhado em uma única comunidade. Em vez disso, ela havia falado com vários adolescentes em locais diferentes.[3] A mudança foi uma consequência inevitável de um mundo em transição. Na época de Malinowski, fazia sentido se instalar em uma ilha. Em uma era moldada pelo ciberespaço, ficar em uma ilha — ou em apenas um local físico — fazia menos sentido. Por isso, antropólogos como boyd estudavam cada vez mais as redes de contato, conversando com pessoas em lugares diferentes, que não eram uma única comunidade física, mas ainda assim estavam conectadas. Boyd passou horas sentada com adolescentes em seus quartos ou casas, ouvindo o que eles diziam sobre seus celulares e os vendo usá-los. Ela os observou em eventos de adolescentes, como uma partida de futebol americano do ensino médio, e ia com eles a shopping centers. A ideia — como sempre — era fazer perguntas não estruturadas, observar tudo o que pudesse e olhar para além daqueles telefones irritantes.

Enquanto boyd fazia observações em quartos de adolescentes de classe média, ela percebeu que eles tinham atitudes surpreendentes em relação ao tempo e ao espaço. Uma adolescente chamada Maya, em um subúrbio de classe média da Flórida, era um caso típico. "Em geral, minha mãe tem coisas agendadas para eu fazer. Então, minhas noites de sextas-feiras já estão tomadas", disse ela a boyd, listando suas atividades extracurriculares: atletismo, aulas de tcheco, orquestra e trabalho em uma creche. "Não tenho um fim de semana livre há um tempão. Nem consigo me lembrar da última vez em que pude escolher o que queria fazer no fim de semana."

Um garoto branco de 16 anos chamado Nicholas, do Kansas, refletiu essa ideia: ele disse que não tinha permissão para socializar com os amigos porque seus pais haviam lotado sua agenda de esportes.

Jordan, uma garota de 15 anos, moradora de um subúrbio de Austin, disse que mal podia sair de casa por causa de desconhecidos perigosos. "Minha mãe é do México e ela acha que vou ser sequestrada", explicou. Natalie, uma garota branca de 15 anos de Seattle, disse a boyd que seus pais não a deixavam ir a lugar algum. Amy, uma garota birracial de 16 anos de Seattle, declarou: "Minha mãe não me deixa sair muito, então isso é praticamente tudo que faço... falar com as pessoas e mandar mensagens pelo telefone, porque minha mãe sempre tem algum motivo maluco para me manter em casa". Os pais confirmavam essas informações. "A grande verdade é que vivemos em uma sociedade do medo... admito que protejo demais minha filha e não a deixo sair para lugares onde não posso vê-la", disse Enrique, um pai que morava em Austin. "Estou sendo superprotetor? Pode ser. Mas é assim que a banda toca... Nós a mantemos bem ocupada sem tornar tudo deprimente."

Pais e adolescentes consideravam esses controles tão normais que mal comentavam sobre eles — a menos que fossem solicitados. Mas boyd sabia que, em gerações anteriores, nos Estados Unidos, os adolescentes podiam se reunir com amigos, esbarrar em conhecidos e sair fisicamente de casa. Como adolescente, na década de 1980, na Filadélfia, boyd ia ao shopping com outros adolescentes. Agora, os administradores do shopping — e os pais — estavam proibindo isso. Os adolescentes estavam sendo excluídos de outros locais públicos, como parques ou esquinas, se tentassem se reunir ali em grupos grandes. O contraste com épocas mais antigas era ainda mais gritante: em meados do século 20, era normal os adolescentes irem a pé ou de bicicleta para a escola, marcarem encontros em campos, participarem de "bailinhos", passearem pela cidade, irem e voltarem de seus empregos, ou simplesmente se reunirem em grupos grandes em uma esquina ou em um parque.

"Em 1969, 48% de todas as crianças do jardim de infância até a oitava série caminhavam ou iam de bicicleta para a escola, em comparação com 12% que eram levados por um membro da família", observou boyd. "Em 2009, esses números haviam se invertido: 13% andavam ou iam de bicicleta, enquanto 45% eram levados de carro. Boyd não fazia qualquer julgamento de natureza moral sobre essas novas restrições (embora ela tenha observado que há poucas evidências de que o perigo provocado por desconhecidos tenha aumentado nos últimos anos). Mas ela disse no jantar de Davos que, se você quisesse entender por que os adolescentes usavam celulares, *não* bastava apenas olhar para telefones ou para o ciberespaço. Era assim que os pais e os formuladores de políticas discutiam a questão. Os engenheiros faziam a mesma coisa ao projetar os equipamentos; para eles, o mundo físico real, fora de um aparelho, parecia menos importante do que o que acontecia dentro dele.

Contudo, por mais que pais, formuladores de políticas e especialistas em informática desprezassem esses problemas físicos — não telefônicos — do mundo real, eles eram importantes. A razão era que os controles no mundo tangível tornavam vagar online duplamente atraente; o ciberespaço estava se tornando o *único* lugar que os adolescentes podiam explorar, no qual podiam passear, reunir-se com amigos e conhecidos em grandes grupos — ou fazer aquilo que os adolescentes sempre fizeram no mundo real — com liberdade. Na verdade, era praticamente o *único* lugar onde os adolescentes podiam contornar as restrições, testar limites e remodelar sua identidade sem que os pais "helicópteros" os observassem ou houvesse a necessidade de eles agendarem um compromisso em suas agendas lotadas.

Isso não isentava as empresas de informática de sua responsabilidade em relação ao vício digital: boyd sabia que engenheiros inteligentes estavam usando a tecnologia de "persuasão" para fazer com que os aplicativos fossem atraentes para o cérebro das pessoas. Mas isso significava que os pais (ou qualquer outra pessoa) tinham que reconhecer esses controles físicos se quisessem entender por que os adolescentes pareciam viciados em seus telefones. A maioria das pessoas tratava o ciberespaço como se fosse um lugar desencarnado e, portanto, ignorava o mundo físico. Isso era um erro tão grande quanto ignorar os derivativos nas finanças antes de 2007. *É como o icebergue financeiro*, pensei.

Saí de Davos com duas promessas. Uma era assegurar que minhas filhas tivessem bastantes oportunidades para vagar fisicamente pelo mundo. A segunda era me lembrar de pensar em pontos cegos. Eu precisava ouvir o silêncio social em todas as arenas, como havia feito na das finanças. Era fácil se esquecer de fazer isso, e muitas vezes eu esquecia: a mídia, como grande parte da vida moderna, é um lugar dominado pelo barulho, criado por jornalistas e por muitos outros. Há uma competição tão intensa para obter a "história" e acompanhar o que os outros estão falando que ouvir o silêncio parece autoindulgente. No entanto, se minha dança com os derivativos de crédito havia me ensinado alguma coisa, foi que a mídia trabalha melhor quando os jornalistas se concentram no silêncio, e não apenas no barulho, sobretudo em uma época em que os políticos estão se tornando cada vez mais "barulhentos".

Dois anos e meio depois, na noite de 26 de setembro de 2016, eu estava na redação do escritório do FT em Nova York. A eleição estadunidense estava em pleno andamento, e os monitores acima da mesa de notícias exibiam imagens de Donald Trump participando do primeiro debate oficial, na televisão, com Hillary Clinton. No meio da discussão, Trump usou uma palavra estranha: *bigly* [grandemente]. Risos irromperam na mesa de notícias. Eu ri também. Mais tarde, Trump insistiu que havia dito *big league* [grandes ligas], não *bigly*, e havia sido mal interpretado. De qualquer forma, a palavra soou estranha; não era o inglês "adequado", do tipo que os presidentes deveriam usar ou que os jornalistas empregavam todos os dias.

Mas, enquanto eu ria, um pensamento desconexo passou pela minha mente: *Será que estou esquecendo minha formação acadêmica — mais uma vez?* Afinal, o riso nunca é neutro ou irrelevante — ou não é para os antropólogos. Nós tendemos a ignorá-lo, pois parece apenas uma parte inevitável da interação social ou uma válvula de escape psicológica. Mas o riso, inadvertidamente, define grupos sociais, uma vez que é necessário ter uma base cultural compartilhada para "entender" uma piada. Os *insiders* sabem a hora de rir, mesmo instintivamente; os *outsiders* não "entendem". Essa alegria também tem outra função: ajuda uma comunidade a abordar, pelo menos em parte, as inúmeras ambiguidades e contradições em sua vida cotidiana. Isso era importante — e continua a ser —, como mostra o trabalho de Daniel Souleles, outro antropólogo. Entre 2012 e 2014, Souleles estudou o mercado de ativos privados em Wall Street empregando os mesmos métodos para estudá-lo que eu havia usado com os CDOs: participar de conferências bancárias e depois decodificar os rituais e simbolismos que ele via. Ele ficou impressionado com a frequência com que os executivos desse mercado se engajavam em gargalhadas ritualísticas. Começou a colecionar essas piadas, com a mesma atenção voraz aos detalhes e senso de admiração que Lévi-Strauss, digamos, usava quando coletava mitos entre as tribos da selva amazônica. Como ele explicou mais tarde em um artigo com o cativante título "Não misture Paxil, Viagra e Xanax: o que as piadas dos financistas dizem sobre a desigualdade", essas piadas não eram neutras ou irrelevantes.[4]

O fato de os financistas as usarem em conferências reforçava a sensação de que havia um grupo de negociantes de elite. Também os ajudava a lidar com as potenciais contradições em seu credo fundador. Em 2012, na esteira da Grande Crise Financeira, os executivos do mercado de ativos privados sabiam que estavam na mira dos políticos e dos ativistas sociais. Eles estavam ansiosos para se defender — e inventaram uma retórica (ou narrativa) poderosa sobre a forma como o mercado de ativos privados estava, supostamente, tornando a economia dos EUA mais eficiente e vibrante. No entanto, assim como o mito de criação inventado pelos corretores de derivativos que eu havia visto na Riviera em 2005, a retórica do mercado de ativos privados continha muitas contradições intelectuais que os financistas não queriam abordar. Fazer piadas que só os colegas entendiam era uma maneira de criar laços em torno de uma sensação de ambivalência compartilhada.

Os jornalistas também usavam piadas dessa maneira. Quando eles gargalhavam por causa do uso da palavra "grandemente" por Trump, às vezes o faziam porque presumiam, com desdém, que seu aparente (mau) uso da linguagem mostrava que ele não era adequado para o cargo. Tal ódio público e desprezo consciente era o "barulho" visível. A razão pela qual "grandemente" soava tão engraçado, no entanto, também estava em uma área de "silêncio" social que poucos na mídia desejavam reconhecer. A maioria dos jornalistas tinha certeza de que, para definir a agenda da vida pública, era preciso falar "corretamente", usando palavras e frases que normalmente eram incutidas em pessoas instruídas. O domínio da linguagem era uma das poucas formas de elitismo e esnobismo publicamente aceitos porque implicava em uma percepção de meritocracia, devido a realizações educacionais pessoais. Essa suposição era reforçada todos os dias na esfera pública, uma vez que as pessoas que controlavam as telas da televisão, os jornais, os programas de rádio — e muitas outras áreas de influência — o faziam por meio de palavras. Dominar a língua e ter instrução era visto como pré-requisito para conquistar o poder; *não* dominar a língua, em contraste, era algo que mantinha qualquer um de fora.

Contudo, nem todos nos Estados Unidos sentiam que tinham o domínio das palavras, muito menos do dinheiro ou do poder. A maioria não tinha. Isso criava uma divisão epistemológica da qual as elites estavam, muitas vezes, apenas vagamente conscientes. Eu tinha aprendido isso da maneira mais difícil por causa de um erro que cometi. No verão de 2016, previ, equivocadamente, a votação britânica pelo Brexit: como eu, pessoalmente, odiava a ideia de deixar a União Europeia (em parte porque minha própria identidade estava envolta em um sentimento de globalização e filiação europeia), extrapolei meus próprios sentimentos para todos os outros e presumi que o público britânico votaria para permanecer na União Europeia. O resultado me deixou atônita. Castigada, resolvi então fazer um trabalho melhor com a eleição dos Estados Unidos e, nos meses seguintes, fiz questão de tentar ouvir o maior número possível de estadunidenses diferentes, com a mente mais aberta possível, para escutar o que as pessoas estavam dizendo e o que *não* diziam. Essa abordagem me deixou convencida de que havia um nível muito maior de hostilidade em relação a Clinton do que era reconhecido e que muitas pessoas estavam famintas por uma ruptura e extraordinariamente dispostas a assumir o risco de realizar essa quebra.

Isso tudo também me deixou convencida de outra coisa: a maneira como as elites instruídas (como os jornalistas) olhavam para Trump se baseava em um sentido de epistemologia diferente da matriz cultural que muitos eleitores usavam. Uma maneira de descrever essa distinção foi com a frase memoravelmente cunhada pela jornalista Salena Zito: enquanto a elite entendia Trump "literalmente, mas não o levava a sério", muitos de seus eleitores faziam o contrário — e o levavam a sério, mas não literalmente.[5] Ou, para usar o modelo delineado por Henrich, que citei no capítulo anterior, em torno das culturas WEIRD: os grupos "instruídos" dos Estados Unidos estavam interpretando as palavras de Trump com o tipo de lógica sequencial que a formação acadêmica WEIRD ensinava às pessoas, ou seja, o raciocínio unidirecional, e, portanto, achavam que os comentários de Trump não "faziam sentido". Mas, conforme Henrich sempre enfatizou, o pensamento WEIRD operava em um espectro, e, mesmo dentro de um país WEIRD como os Estados Unidos, havia variantes. Alguns eleitores não usavam esse raciocínio e essa lógica unidirecional, percebi, mas estavam reagindo a uma visão holística de Trump e à sua marca abrangente. Pessoas como eu podiam rir da palavra "grandemente" porque ela não fazia parte de uma frase lógica; outros apenas ouviam aquilo como um sinal de que ele não pertencia à elite — e aplaudiam.

Havia outra maneira de enquadrar o que estava acontecendo e que um antropólogo como Geertz poderia ter defendido: refletir sobre performance, símbolos e rituais. No início da campanha presidencial de Trump, um amigo meu chamado Joshua, que cresceu em uma região rural pobre do norte do estado de Nova York e depois na Carolina do Norte, me disse que, "se você realmente quiser entender Trump, precisa ir a uma luta livre". A razão, ele explicou, era que enquanto os espectadores da classe média conheciam Trump mais por programas como *O Aprendiz*, os espectadores da classe trabalhadora estavam muito (se não mais) familiarizados com sua marca por causa da luta livre. Isso porque Trump havia investido na World Wrestling Entertainment (WWE) e depois aparecido nas lutas por ela organizadas, na TV, e a luta livre era muito popular entre muitos estadunidenses da classe trabalhadora — embora amplamente desprezada pela elite. "A luta livre profissional pode ser, em grande parte, invisível como uma força cultural para a maioria dos eleitores liberais, mas a WWE gera quase US$ 1 bilhão em receita anual", aponta a ativista social Naomi Klein.

Fui a um evento da WWE no centro de Manhattan e fiquei impressionada com os paralelos que vi entre o evento e os comícios e a campanha eleitoral de Trump. Isso não foi um acidente. Como Klein também observa, as lutas são conduzidas por um senso claramente definido de performance ritual.[6] Os competidores recebem apelidos como "Lil' John" [Joãozinho]. Eles fazem demonstrações de agressão exageradas, projetadas para agitar as multidões, e se envolvem em lutas dramáticas previamente ensaiadas. As multidões aplaudiam isso, sabendo muito bem que os dramas são artificiais. Propositalmente ou por instinto, em 2016 Trump estava utilizando muito do mesmo padrão performático em sua própria campanha: ele criava apelidos para seu oponente, se envolvia em ataques igualmente artificiais de melodrama político, exibia demonstrações de extrema agressão e incitava a multidão.* Muitas vezes, seus apoiadores agiam, naquela arena política, como se estivessem em uma luta livre; por meio do simbolismo e do discurso, o estilo performático da luta livre havia sido transposto para uma campanha política. Ou como Klein observou: "Suas rixas com outros candidatos, cuidadosamente alimentadas, eram pura luta livre profissional [...] [assim como] a maneira como ele distribuía apelidos com sentido depreciativo ('Little Marco' [Marquinhos], 'Lyin' Ted' [Ted Mentiroso])... e fazia o papel de mestre de cerimônias em seus comícios, completando com bordões ofensivos e exagerados".

Esse comportamento tinha duas implicações importantes. Primeiro, os partidários de Trump não tratavam as ações e declarações dele como se fossem programas políticos literais — mas como peças de expressão performática. Isso era diferente de como elas eram interpretadas pela elite "instruída"; daí aquela cisão de "literalmente" e "seriamente" identificada por Zito. Em segundo lugar, a maioria da elite

---

* Vale ressaltar que esse tipo de drama ritualístico, com sinalização performática, foi amplamente estudado por antropólogos. Um dos exemplos mais famosos é um estudo que Clifford Geertz fez sobre a briga de galos balinesa, em que ele destacou o papel do "jogo absorvente" (Clifford Geertz. *A interpretação das culturas*). No entanto, como observou Ed Liebow, Geertz via o sentido de "jogo absorvente" como uma performance teatral parcialmente separada da vida "real", enquanto o uso de Trump tomou conta da política estadunidense do mundo real, por um tempo.

não conseguia enxergar essa profunda divisão epistemológica porque, em parte, eles não assistiam a muita luta livre, então não estavam em condições de identificar as semelhanças. Mas também era por causa daquela questão recorrente das palavras. As pessoas instruídas tinham tanta certeza de que a instrução escolar deveria moldar a maneira como as pessoas falavam e pensavam — definiam o que era valioso — que nem notavam outros modos de pensamento ou os consideravam importantes. Pessoas dominadas por um modo WEIRD de pensar tendiam a ignorar outros padrões mentais. E era difícil apreciar a lacuna na epistemologia até você sentar na plateia, diante de um ringue de luta livre, e ser fisicamente "incorporado" pela experiência de assistir àquilo, no meio de uma multidão, para usar o enquadre teórico proposto pelo antropólogo Roberts.[7] "[Existe] uma lição que jornalistas, cientistas sociais, escritores e qualquer pessoa que estuda os outros como meio de ganhar a vida precisam lembrar: somos todos criaturas de nosso próprio ambiente cultural, propensos a suposições e preconceitos preguiçosos", escrevi em uma coluna em outubro de 2016, antes da eleição, que lamentava como a mídia estava interpretando mal os eleitores de Trump. A única solução, afirmei, era a mídia pegar emprestada uma ideia da antropologia e pensar sobre aquilo que essa disciplina, às vezes, chama de problema das "lentes sujas", ou o fato de que os jornalistas não agem como microscópios, ou seja, como ferramentas de observação neutras e consistentes. Em vez disso, eles têm preconceitos — sujeira — em suas lentes mentais. Isso significava que os jornalistas precisavam dar quatro passos: primeiro, "reconhecer que nossas lentes estão sujas. Em segundo lugar, estar consciente de nossos preconceitos. Terceiro, procurar compensar esses preconceitos por meio de uma tentativa de ver o mundo a partir de diferentes perspectivas... [e] por último, mas não menos importante, lembrar que nossas lentes pessoais nunca estarão perfeitamente limpas, mesmo se dermos os três primeiros passos".[8] Em vez de rir, nós — eu — precisávamos ouvir o silêncio social.

Foi e é tentadoramente fácil esquecer essa lição sobre as lentes sujas, e sei muito bem disso por causa dos erros que cometi em minha própria jornada intelectual. Previ, erradamente, a votação do Brexit no início do verão de 2016. E, embora tenha levado a candidatura de Trump mais a sério do que muitos outros jornalistas no final daquele ano (escrevendo colunas sobre a eleição que acabaram sendo premonitórias),[9] eu ainda ri, por instinto, na mesa de notícias, naquele outono, ao ouvi-lo pronunciar a palavra "grandemente". Eu também era um produto do meu próprio ambiente. Da mesma forma, embora possa ter percebido os silêncios sociais nas finanças em 2005 e 2006, eu estava bem cega para outros tipos de silêncio. A informática foi um exemplo disso. Um ano depois de conhecer boyd em Davos, fui a um laboratório de ideias, chamado Data and Society, que ela havia criado no centro de Manhattan com colegas cientistas sociais — financiado por empresas de informática como a Microsoft, onde ela trabalhava — para analisar a economia digital através das lentes da antropologia. Discutimos sobre os adolescentes e seus celulares. Um de seus colegas me perguntou se eu já havia tentado fazer um esboço mental de como a internet funcionava. Eu não havia. Se pensasse no ciberespaço, eu o visualizava como uma vaga nuvem gigantesca ou uma série de pixels zunindo pelo ar que, de alguma forma, pousavam em dispositivos de plástico ao meu redor. Eu não tinha ideia de como essas conexões funcionavam, embora dependesse da internet para quase todos os aspectos da minha vida diária. Então, Ingrid Burrington, uma artista e cientista social que era colega de boyd, me mostrou um modelo que eles haviam criado para explicar as três "camadas" que faziam a internet funcionar: a "superfície" (a única parte com que a maioria dos usuários se importava ou via), composta de recursos digitais, como aplicativos; a intermediária de redes, que permitia que as máquinas conversassem umas com as outras; depois, a inferior de roteadores, cabos e satélites que conectavam a rede, supostamente desencarnada em um sentido muito físico. Eu nem sabia onde essa camada inferior existia.

"Está ao seu redor em Nova York!", disseram-me: as calçadas eram pintadas com símbolos que mostravam onde ficavam os cabos que conectavam a internet. Eu andava por aquelas calçadas todos os dias, mas nunca havia notado os símbolos antes; meu cérebro foi treinado para excluí-los. Como qualquer pessoa criada em um mundo WEIRD, cresci olhando para o meu ambiente de uma maneira extremamente seletiva, em vez de olhá-lo de uma maneira holística, e considerava isso tão normal que não havia percebido quão fragmentada era minha visão.

Para servir de contraste a tudo isso, Burrington publicou um chamado "guia de campo ilustrado da infraestrutura urbana de internet" para Nova York, que mostrava aos leitores como ver essas redes semiocultas em Manhattan e interpretar os símbolos que, em geral, ignoravam e que estavam bem debaixo de seus narizes, nas ruas. Esse guia, ela enfatizou, não era um atlas, mas uma ferramenta para "ajudar as pessoas a fazer seus próprios mapas" daquilo que costumavam ignorar. Ela também organizava passeios a pé, por Nova York e por outras cidades, como Chicago, que não apenas explicavam o funcionamento da internet para as pessoas, mas também mudavam a forma como elas veem o mundo. "Sempre que começamos a falar sobre tecnologia, computação e redes, estamos, na verdade, simplesmente falando sobre poder", explicou ela. "Quando essas coisas ficam bem opacas, é mais fácil [para as elites] manter o poder. Existe essa suposição de que é assim mesmo que as coisas são."[10]

Para entender isso, tente olhar você mesmo para a calçada de uma cidade ocidental, na próxima vez que andar pela rua. É quase certo que encontrará símbolos estranhos que também nunca notou antes. É um lembrete diário do quão pouco realmente vemos ou entendemos sobre as estruturas que moldam nossas vidas, sejam elas relacionadas a dinheiro, remédios, internet ou qualquer coisa. A menos que comecemos a olhar para os espaços não tão vazios e ouvir atentamente o silêncio social.

8
CAMBRIDGE ANALYTICA
(ou: por que os economistas sofrem no ciberespaço?)

"O universo é um vasto sistema de trocas. Cada artéria dele está em movimento, pulsando com reciprocidade." — Edwin Hubbel Chapin

Na primavera de 2016, meio ano antes de Donald Trump vencer as eleições nos Estados Unidos, encontrei um homem chamado Robert Murtfeld, que trabalhava para um grupo de ciência de dados chamado Cambridge Analytica.[1] Estávamos em um seminário em Nova York. Eu nunca tinha ouvido falar da empresa dele, mas fiquei animada para conversar com ele, pois presumi (erroneamente) que a empresa era ligada à minha *alma mater*, a Universidade de Cambridge. Murtfeld estava ansioso para almoçar. Ele sabia que eu era formada em antropologia, e os fundadores da empresa se consideravam especialistas em ciência comportamental e usavam o trabalho de sociólogos, psicólogos e antropólogos, entre outros. Assim, no dia 26 de maio, sentei-me em um restaurante japonês no centro de Manhattan, em uma mesa repleta de caixas de bentô, ao lado de Murtfeld, um alemão alegre, e de um britânico magro e sério chamado Alex Taylor, que chefiava a área de pesquisa da empresa.

Eu não tinha ideia de que o que estava prestes a acontecer traria uma lição poderosa que mostraria por que especialistas em informática, economistas — e jornalistas — precisam ouvir o silêncio social. Mas Taylor abriu um livreto de plástico laminado que exibia mapas dos Estados Unidos, sobrepostos por gráficos complexos com cores vivas. Mais tarde, percebi que esse diagrama se referia a um modelo psicológico chamado OCEAN, que se tornara moda no final do século 20 porque dividia as pessoas de acordo com diferentes traços de personalidade, dependendo da abertura para experiências, conscienciosidade, extroversão, amabilidade e neuroticismo ou instabilidade emocional (termos cujas iniciais em inglês formavam a palavra OCEAN). Taylor explicou que os gráficos previam a maneira como os eleitores poderiam se comportar em uma eleição.

Isso é muito estranho. Eles estão loucos? — pensei. O gráfico não parecia com nenhuma antropologia de negócios que eu conhecesse; aquilo era análise de dados. No entanto, Taylor e Murtfeld retrucaram que aquela era uma *nova* versão de ciência social; em vez de tentar entender a natureza humana por meio da observação intensiva de algumas pessoas de forma holística e depois extrapolar as observações do nível micro para o macro, seus modelos coletavam um conjunto enorme de dados sobre os intrincados detalhes da vida de milhões de pessoas para obter seus instantâneos holísticos em grande escala. Perguntei a eles como coletavam os dados; eles pagavam por eles?

"Varia", disse um deles. Alguns vinham de corretoras de dados, uma nova espécie de empresa do século 21 que coleta os rastros digitais que os consumidores deixam quando usam cartões de crédito, serviços de compras online ou qualquer outra plataforma, e agrupam essas informações para venda. A Cambridge Analytica também obtinha dados de outras fontes, como as mídias sociais, "grátis".

Grátis? A palavra ficou na minha mente, uma vez que soava estranha. Depois de anos cobrindo os mercados financeiros, eu tendia a supor que a definição do capitalismo moderno era que tudo tinha um preço monetário. Mas naquele dia, enquanto estávamos sentados com nossas caixas de bentô e pauzinhos, eu não os pressionei sobre o que "grátis" significava, pois estava muito distraída com o barulho nos meios de comunicação em torno do panorama político. Os representantes da Cambridge Analytica indicaram que eles estavam trabalhando para a campanha presidencial de Donald Trump em 2016, embora nada tivesse sido ainda anunciado publicamente. Eu estava ansiosa para saber se eles achavam que Trump poderia ganhar. Mantivemos contato, pois eu estava preocupada em acompanhar a corrida presidencial. Entretanto, não me preocupei em escrever nada sobre o modelo OCEAN, uma vez que ele parecia muito estranho.

Foi um erro imenso. Muitos meses depois, percebi que deveria ter prestado muito mais atenção àqueles gráficos estranhos — e à palavra "grátis". Naquele outono, Trump venceu a eleição, provocando a fúria pública de seus opositores. Quando eles investigaram as táticas de sua equipe, o furor se intensificou: descobriu-se que a Cambridge Analytica havia criado esses gráficos por meio da coleta de dados em sites, como o Facebook, para monitorar o sentimento dos eleitores e desenvolver campanhas de influência.[2] Chris Wiley, um cientista de dados que, naquela época, tinha cabelos cor-de-rosa e havia trabalhado com a Cambridge Analytica (mas depois passou a se descrever como um denunciante), chamou aquilo de "manipulação mental!", alegando que a empresa tinha um plano para "destruir o mundo" por meio da manipulação dos sentimentos dos eleitores através da desinformação.[3] A equipe da Cambridge Analytica negou isso veementemente. Contudo, surgiram rumores fortes sobre violações de privacidade e táticas políticas inescrupulosas. A empresa fechou as portas.[4]

Isso foi chocante. Mas o barulho das manchetes sobre manipulação política escondia uma segunda arena de silêncio social potencialmente mais interessante ainda: as questões levantadas pela palavra "grátis". Quando o escândalo do Facebook estourou, os críticos declararam que os dados pessoais haviam sido roubados. No entanto, isso não era verdade: a Cambridge Analytica havia adquirido a maior parte deles por meio de permuta; os dados haviam sido trocados por serviços. "É provável que cerca de metade dos nossos dados tenham sido coletados sem qualquer pagamento em dinheiro", Julian Wheatland, o jovial ex-diretor financeiro (e último diretor executivo) do grupo, me contou mais tarde.[5]

Não existe uma palavra consagrada para descrever essa troca de serviços por dados, ou nenhuma que indique seu peso adequado. O uso da palavra "grátis" expressa a situação em termos de um negativo (ou seja, a *ausência* de dinheiro). Isso significa que a palavra tende a ser ignorada em um mundo obcecado por dinheiro. Rotular algo como "gratuito" para os economistas é, portanto, o equivalente financeiro de colocar o rótulo "vazio" nos tambores de petróleo sobre os quais Whorf escreveu na década de 1930: afixar um rótulo cultural que equivale a "nulo" e, portanto, é tão pouco significativo que é facilmente ignorado. No entanto, uma palavra que poderia ser usada para descrever essas trocas é "permuta". Os especialistas em informática quase nunca a usam, uma vez que ela tende a evocar imagens de tribos pré-históricas que trocam frutas e contas, em vez de bytes de computação. Nem os economistas. Desde os dias do economista Adam Smith, a palavra "permuta" tem sido desprezada como sendo uma prática primitiva.[6] Mas, embora economistas e especialistas em informática possam evitar usar a palavra "permuta", essas trocas são fundamentais para o funcionamento do Vale do Silício. E, até que os formuladores de políticas comecem a discutir a permuta de maneira explícita, será difícil criar um setor de informática que pareça ético para os consumidores ou combater a desinformação política — ou até mesmo obter uma visão precisa de como a economia funciona e de como atribuir um valor às empresas de informática. Por essa razão, vale a pena usar as lentes de um antropólogo para examinar a história da Cambridge Analytica e olhar não apenas para os escândalos políticos barulhentos, mas também para os silêncios sociais embutidos na permuta e na economia, sobretudo porque uma ironia nessa história é que a própria empresa emergiu, em parte, do mundo da antropologia.

Para entender por que os economistas (e os especialistas em informática) precisam prestar mais atenção à permuta, um bom ponto de partida é pensar nas raízes da palavra "dados". Os especialistas em informática raramente perguntam de onde vem essa palavra. Se o fizessem, talvez concluíssem que está ligada a algo relacionado a números ou dígitos. "É a mesma raiz de digital? Ou de data?", um grupo de personalidades do Vale do Silício perguntou quando eu lhes pedi para dar seus palpites. Não é. Os etimologistas ligam as origens da palavra ao verbo latino *dare*, que significa "dar", expresso em sua forma passiva no passado. "Como a raiz latina nos diz, 'dados' significa algo que é oferecido", observa Kadija Ferryman, uma antropóloga médica que estuda dados e pesquisa biomédica. E, ela acrescenta, uma "coisa que é dada" é literalmente "um presente".[7]

Para os internautas isso pode parecer bizarro. "O ideal moderno de presente [é] [...] um espelho impossível do comportamento do mercado: um ato de pura generosidade, livre de qualquer ideia de ganho pessoal", observa David Graeber, outro antropólogo.[8] A coleta de dados, do tipo em que a Cambridge Analytica estava envolvida, não parece ser um ato de caridade. E, precisamente porque os "presentes" costumam ser considerados o oposto do comportamento de mercado — ou comercial —, eles tendem a ser excluídos dos modelos da economia elaborados pelos economistas. No entanto, os antropólogos sempre tiveram uma visão de "economia" muito mais ampla do que aquela usada pela maioria dos economistas: em vez de apenas examinar "mercados" e trocas mediadas pelo dinheiro, eles estudam como as trocas unem as sociedades no sentido *mais amplo* possível. "A economia é uma criatura de seu ambiente ocidental", argumenta o antropólogo Stephen Gudeman.[9] "Nos lugares onde trabalham os antropólogos, há muitas esferas da economia — as domésticas, por exemplo, são cruciais [também]."[10] Um tema-chave que influencia este estudo das trocas é um conjunto de ideias desenvolvidas pelo intelectual francês Marcel Mauss.[11] Mauss afirmou que presentear é endêmico em sociedades ao redor do mundo e o gesto é composto de três elementos: a obrigação de dar, de receber e, mais importante, de retribuir. Às vezes, há reciprocidade bilateral imediata (as pessoas trocam presentes). No entanto, a reciprocidade costuma ser postergada, criando uma "dívida" social (se eu ganhar um presente de aniversário de você, darei um a você depois). A reciprocidade pode ser "bilateral" (no sentido de que, se eu receber um presente, devo dar um apenas a você e mais ninguém). Mas também pode ser "generalizada" (posso pagar minha dívida para todo o grupo social). De qualquer forma, a questão é que os "presentes" criam obrigações que vinculam as pessoas.

Esse padrão de reciprocidade pode parecer distante da visão moderna de uma economia de mercado. No entanto, se você olhar através de uma lente mais ampla, verá que estamos cercados por muitos tipos de trocas que não carregam rótulos monetários ou terminam de uma maneira organizada e limitada, como os modelos econômicos tendem a sugerir. Basta pensar em como o gigantesco setor de empréstimos educacionais, nos Estados Unidos, digamos, está inserido em obrigações e relações familiares que não podem ser capturadas apenas por trilhões de dólares: como observa o antropólogo Zaloom, esses fluxos financeiros significam dinheiro, mas também envolvem muito mais do que finanças, uma vez que estão enraizados em estruturas de parentesco e em padrões de reciprocidade que são abrangentes.[12] E a existência desses tipos numerosos de troca é uma das razões pelas quais falar sobre "permuta", no século 21, pode não ser tão estranho quanto parece. Os economistas costumam pressupor que as sociedades só usavam a permuta no passado porque não tinham dinheiro ou crédito — o que implica dizer que, uma vez que as finanças modernas foram inventadas, a permuta desapareceu. No entanto, "nosso relato-padrão da história monetária está precisamente invertido", aponta Graeber. Em vez de os humanos terem usado primeiro a permuta e depois "evoluído" para a adoção de dinheiro e crédito, "aconteceu justamente o contrário". Isso pode parecer difícil de acreditar. Entretanto, não existem evidências de que as sociedades antigas funcionavam da maneira que Smith imaginava. "Nenhum exemplo de uma economia de permuta, pura e simples, jamais foi descrito, muito menos o surgimento do dinheiro a partir dela; toda a etnografia disponível sugere que nunca existiu uma", observa Humphrey, meu ex-professor em Cambridge.[13] Em vez disso, as comunidades sem dinheiro costumam ter sistemas de "crédito" extensos e complexos, pois as famílias criam dívidas sociais e econômicas.

O que realmente deveria nos fazer repensar suposições preguiçosas sobre a "evolução" econômica é o fato de que a permuta não desapareceu no mundo moderno. Longe disso. No Vale do Silício, a informação é constantemente "dada" em troca do "presente" de serviços gratuitos. Um purista pode argumentar que isso não é exatamente um negócio de "permuta" no sentido de ser o resultado de uma negociação deliberada. É justo: muitos dos participantes nessa "permuta" não estão, explicitamente, cientes de que estão envolvidos em uma. No entanto, como não existe outra palavra à mão para definir essa transação, descrevê-la como "permuta" pode ser uma opção menos ruim. Afinal, a palavra nos ajuda a ver aquilo que, normalmente, não é visto. Não podemos esperar melhorar nosso mundo tecnológico até que o vejamos claramente. Por essa razão, os economistas precisam ampliar as lentes para falar não apenas de "economia", mas de "trocas". Olhar para a história controversa da Cambridge Analytica é uma maneira de começar.

Em novembro de 2015, um jovem de cabelos loiros e um jeito sério, vestindo uma camisa listrada azul e branca, fez um discurso para cientistas sociais e computacionais no escritório da ASI, uma consultoria londrina. Chamava-se Jack Hansom e fizera mestrado em física experimental na Universidade de Londres, seguido de doutorado em "informação quântica experimental" na Universidade de Cambridge. Uma década antes, essa formação acadêmica poderia tê-lo levado ao centro financeiro de Londres, se ele estivesse buscando enriquecer. Mas, depois da crise financeira de 2008, o setor havia perdido (parte de) seu fascínio, e nerds brilhantes que, no passado, haviam optado pelos derivativos estavam entrando em uma nova esfera: a *ad tech*, ou o campo de marketing e publicidade que usa algoritmos complexos para rastrear dados e ajudar as empresas de marketing e publicidade a enviar mensagens com mais eficiência. As habilidades necessárias para isso eram surpreendentemente semelhantes às necessárias para criar CDOs.

"Gostaria de começar com uma pergunta: você seria capaz de se apaixonar por um computador?", Hansom perguntou ao público.[14] Atrás dele, um PowerPoint exibia uma imagem do filme de ficção científica *Ela*, estrelado por Joaquin Phoenix e pela voz de Scarlett Johansson, no qual um computador dotado de inteligência artificial é tão hábil em ler sinais comportamentais que um homem solitário acaba por admitir que está tendo um romance com ele. "Para se apaixonar por um computador, é preciso um computador para se apaixonar por você. Podemos usar ferramentas da ciência de dados e do aprendizado de máquina para permitir que um computador entenda e preveja sua personalidade?"

A plateia riu. Hansom explicou que, recentemente, havia começado a trabalhar com colegas da Cambridge Analytica para usar dados do Facebook e estudar a personalidade dos eleitores, com base no modelo de psicologia OCEAN que vi enquanto comia o bentô no restaurante de Nova York. "Para uma consultoria [como a nossa] é extremamente importante entender o eleitorado. Se pudermos entender a personalidade do eleitorado em nível individual, poderemos realmente projetar uma mensagem que atinja cada pessoa. Eu quero usar as curtidas do Facebook para prever a personalidade das pessoas. O poder de revelação de tais "curtidas" pode ser surpreendente, afirmou. "Curtir o New Orleans Saints [no Facebook] significa que é menos provável que você seja uma pessoa responsável. Gostar do coelhinho da Energizer significa que é mais provável que você seja neurótico." Hansom colocou uma fotografia de um escritório no telão. "Com [esse] modelo e as curtidas no Facebook, posso prever quão responsável ou neurótico você é, melhor do que seus colegas de trabalho!... Na verdade, um dia seu computador o conhecerá bem o suficiente para que você possa se apaixonar por ele!". A plateia riu — e aplaudiu.

Quase ninguém fora daquela sala viu a apresentação na época; se tivessem visto, poderiam ter reagido como eu: *isso é loucura*. Contudo, por trás da história de Hansom havia uma outra maior ainda sobre o uso — e potencial abuso — das ciências social e de dados. As raízes da Cambridge Analytica se encontram em uma empresa chamada Strategic Communications Laboratories Ltd. (SCL), criada por um executivo britânico de publicidade de alta classe chamado Nigel Oakes. Ele havia trabalhado com a agência de publicidade Saatchi and Saatchi na década de 1980. Quando Oakes começou sua carreira, os "criativos" dominavam o segmento. Essas pessoas, imortalizadas no programa de televisão *Mad Men: inventando verdades*, presumiam que a melhor maneira de atingir os consumidores era com seu "instinto" ou gênio de marketing. Mas Oakes achava que havia uma maneira mais rigorosa de fazer isso. "Estudamos antropologia, psicologia social, semiótica e análise estrutural para ver como poderíamos unir a ciência social e a comunicação criativa", lembra ele.[15] Isso nos remete à questão de adotar a ciência da "persuasão", que está presente na publicidade desde meados da década de 1950.[16] Ele decidiu criar uma consultoria na Suíça, parcialmente financiada com dinheiro de um executivo da Estée Lauder, na esperança de atender clientes empresariais. Mas havia uma demanda limitada por seus serviços. Então, ele se concentrou em um grupo de clientes que parecia interessado naquelas ideias: políticos em mercados emergentes, como Indonésia ou África do Sul, que queriam empregar a ciência comportamental para ganhar eleições. A equipe de Nelson Mandela foi um desses clientes.

Em 2004, Oakes transferiu a SCL para Londres e convenceu um velho amigo, Alexander Nix, a se juntar a ele. A essa altura, Oakes havia decidido parar de vender seus serviços para campanhas políticas em mercados emergentes. "Era um negócio muito desagradável — a maioria das pessoas acabava não nos pagando", lembra ele. Em vez disso, Nix e Oakes apresentaram seus serviços a militares ocidentais, argumentando que a ciência comportamental poderia combater o extremismo islâmico em lugares como Iraque e Afeganistão. "Eu disse a eles que se trata de usar a ciência para salvar vidas. Se conseguíssemos persuadir o inimigo a fugir [devido a] uma campanha de informação, seria melhor do que atirar neles", explica. "A questão é como você pode persuadir um grupo inimigo a mudar o comportamento? É por meio de recompensas? Trata-se de falar com um líder religioso? Ou o quê? É preciso entender a cultura."

Ele ganhou uma série de clientes. "Não trabalhamos no local [de guerra]. Mas nos tornamos o principal fornecedor da OTAN", lembra ele.

Para obter a análise cultural de que precisava, Oakes discretamente contratou acadêmicos para ajudá-lo. "Escolhemos, principalmente, pessoas com doutorado de Oxford e Cambridge, porque estávamos aplicando ciências sociais genuínas — psicólogos e antropólogos experimentais." Essa tática não era novidade: antropólogos estadunidenses, como Ruth Benedict e seu equivalente britânico E. E. Evans-Pritchard, haviam ajudado as forças aliadas a entender diferentes culturas na Segunda Guerra Mundial, e os militares dos Estados Unidos, posteriormente, haviam usado antropólogos nas guerras da Coreia e do Vietnã. Isso havia provocado grande controvérsia no mundo da antropologia, uma vez que muitos acadêmicos odiavam a ideia de ajudar a estratégia militar dos governos.* Oakes, no entanto, insistiu que ele estava envolvido em uma missão humanitária. "Tratava-se de salvar vidas. Pense no Iraque — era realmente preciso bombardear o país e gastar um trilhão de dólares lá? Ou seria possível fazer isso com comunicações estratégicas? Usar a persuasão faz muito mais sentido."

Na segunda década do século 21, Oakes e Nix se separaram. Nix queria retornar ao negócio de eleições políticas, do qual Oakes não gostava, e se apaixonou pela ciência de dados. Ele não tinha qualquer especialização nesse tema, pois havia estudado história da arte na faculdade. No entanto, nos primeiros anos da nova década, Nix encontrou líderes do Vale do Silício que estavam entusiasmados com a ideia de que era possível entender o comportamento humano ao rastrear as pegadas online dos indivíduos. Oakes achou isso ridículo, uma vez que esses traços

---

* A ideia de antropólogos trabalharem para militares provocou uma angústia sem fim na disciplina. Lutas internas amargas eclodiram nos Estados Unidos durante a Guerra do Vietnã e depois, no século 21, quando se descobriu que militares estadunidenses haviam criado o chamado Projeto do Sistema de Terreno Humano (HTS, na sigla em inglês) e estavam usando antropólogos para fazer análises culturais no Afeganistão e no Iraque. Os militares dos Estados Unidos dizem que isso melhorava as operações. No entanto, em 2007, a Associação Americana de Antropologia emitiu uma declaração condenando o HTS por contrariar a ética da disciplina. Fonte: <www.americananthro.org/Connect WithAAA/Content.aspx?ItemNumber=1952>.

digitais, em geral, eram de baixa qualidade. De qualquer forma, ele duvidava que fragmentos de atividade digital *individual* fossem um bom guia para padrões culturais; em vez disso, acreditava — como a maioria dos antropólogos — que o comportamento também era moldado pelo sentimento *coletivo*, o qual não podia ser rastreado por dados individuais fragmentados. (Esse foi o mesmo argumento que *orientou* o trabalho dos antropólogos e etnógrafos que fazem as pesquisas de consumidor descritas no Capítulo 6.) "Se digo, no Facebook, que gosto do chapéu de alguém, isso não significa, necessariamente, que gosto do chapéu — eu gosto da *pessoa*. Digo isso para preservar uma relação social. Mas coletar dados sobre curtidas não mostra isso."

No entanto, Nix ficou encantado — e ainda mais quando conheceu um brilhante gerente de fundo de hedge estadunidense chamado Robert Mercer e sua filha, Rebbekah. Os Mercers, arquiconservadores, haviam ficado horrorizados com as vitórias de Barack Obama nas eleições de 2008 e 2012. Como eles acreditavam que a equipe de Obama havia vencido por meio de um domínio superior da tecnologia digital, queriam revidar criando sua própria consultoria digital. Então, a conselho de seu amigo Steve Bannon, um ativista de extrema direita, os Mercers investiram US$ 15 milhões em uma nova empresa que Nix criou a partir de uma subsidiária da SCL, e eles a batizaram, por sugestão de Bannon, de "Cambridge Analytica" para aumentar a credibilidade de sua marca. (Funcionou: a razão pela qual eu havia concordado em almoçar com os representantes da empresa foi devido à palavra "Cambridge".) Nix queria obter qualquer receita que pudesse encontrar — e os Mercers precisavam encontrar cientistas de dados obedientes que não fizessem parte do grupo do Vale do Silício, o qual é de inclinação democrata. "Os republicanos eram a lacuna no mercado", observou Wheatland. "Por isso fomos nessa direção."

A conexão com o Facebook começou de forma complicada. Enquanto formava o grupo, Nix recorreu aos serviços de um cientista de dados canadense de 24 anos chamado Chris Wylie, que, anteriormente, havia trabalhado com políticos liberais no Canadá. Wylie sabia que acadêmicos da Universidade de Cambridge estavam fazendo alguns experimentos de psicologia de ponta, coletando dados de plataformas de mídias sociais, aparentemente com a permissão das empresas de informática. Ele sugeriu trabalhar com um desses pesquisadores, Alexandr Kogan, que havia iniciado um projeto no qual oferecia aos usuários do Facebook um questionário "gratuito", que eles poderiam responder se clicassem em um botão que dava a Kogan permissão para usar seus dados e os de seus amigos, também "gratuitamente". Kogan viu esse jogo como uma ferramenta que viabilizava sua pesquisa. Isso também pode ser descrito como permuta.

Acontece que a troca não foi o único mecanismo que a empresa usou: ela também pagou, com dinheiro, por montanhas de dados obtidas de corretores de dados. No entanto, a troca foi um método eficaz usado para mais do que apenas a aquisição de dados do Facebook. Os funcionários da empresa foram a escolas, universidades, hospitais, igrejas e grupos políticos, oferecendo-se para ajudar essas entidades a criar modelos usando quaisquer dados que possuíssem para identificar tendências e, assim, obter ideias mais acuradas para seu trabalho. A Cambridge Analytica prometeu fazer isso de graça se pudesse ficar com os dados. Muitas instituições concordaram felizes da vida, pois não tinham recursos para pagar por serviços caros de análise de dados. Essas táticas eram comuns, uma vez que hordas de empreendedores estavam entrando nesse espaço e correndo para usar permuta e dinheiro para obter o máximo de dados possível. Empresas gigantescas, como a Palantir e a WPP, também se inseriam no campo da análise de dados. De fato, a atividade era tão frenética que os *insiders* a comparavam a uma nova corrida do ouro. A imagem era adequada: não só havia lucros a serem obtidos e uma concorrência acirrada, mas era um faroeste regulatório, uma vez que as legislações ainda não haviam sido atualizadas para cobrir essa nova invenção. Era difícil para o governo monitorar o que estava acontecendo porque os cientistas de dados cruzavam fronteiras, longe do alcance das leis nacionais. Entretanto, embora esse nicho estivesse saturado, Nix e Taylor achavam que tinham várias vantagens: Nix estava bem conectado com pessoas poderosas; ele tinha poderosos financiadores nos Mercers; e seus modelos de dados usavam a permuta de uma maneira aparentemente inovadora, combinando o material do Facebook com o modelo da psicologia OCEAN.

Nem todos achavam que isso funcionava — ou que tinha um valor comercial. "A metodologia OCEAN e os dados do Facebook eram pura besteira. Bobagem total!", Oakes afirmou mais tarde. No entanto, Nix achava que esses dados eram tão valiosos que estava disposto a fazer um esforço enorme para protegê-los. Em 2015, por exemplo, ele descobriu que alguns funcionários de uma outra empresa que Wylie havia criado, chamada Eunoia, estavam oferecendo serviços para a organização Trump. Nix ficou furioso: Wylie havia deixado a Cambridge Analytica em 2014 e Nix temia que Wylie tivesse levado sua propriedade intelectual com ele, a saber, os modelos e os dados do Facebook. Ele ameaçou processar Wylie — até este assinar um acordo prometendo não usar os dados ou os modelos.[17] (Wylie negou qualquer irregularidade e, posteriormente, seus advogados me disseram que ele havia assinado o documento apenas "para evitar processos judiciais prolongados e porque ele não tinha intenção de usar qualquer propriedade intelectual da CA ou trabalhar para a direita alternativa estadunidense de novo, sendo seu principal interesse prever tendências de moda".)[18] Uma vez que Wylie se apresentava como um crítico ruidoso tanto da Cambridge Analytica quanto de Trump, a proposta para o grupo Trump foi uma mudança de rumo constrangedora. No entanto, à medida que essas complexas batalhas competitivas se desenrolavam, o ponto-chave era este: as lutas amargas mostravam o quanto as atividades baseadas na permuta estavam se tornando preciosas. Os conjuntos de dados reunidos pela Cambridge Analytica não tinham um valor monetário óbvio. Os economistas não seguiam os tipos de intercâmbio que Kogan havia organizado. Ninguém poderia medir facilmente as implicações comerciais das inúmeras disputas por parcelas de mercado que surgiam nesse mundo pouco transparente. No entanto, havia um grande "valor" lá, não apenas na Cambridge Analytica, mas em várias outras empresas no Vale do Silício e em outros lugares. Isso ilustrava outro ponto ainda mais importante: embora a comunidade financeira medisse o valor das empresas, no século 20, pela observação de ativos "tangíveis", que podiam ser rastreados com unidades monetárias (como as vendas de mercadorias ou o investimento em máquinas), os chamados ativos intangíveis, que eram mais difíceis de serem medidos com dinheiro, estavam se tornando muito importantes. Tanto que, em 2018, calculou-se que os bens intangíveis representavam impressionantes 84% de todo o valor das empresas que faziam parte do s&p 500.*[19] Em 1975, essa proporção era de apenas 17%.**

Quando conheci Murtfeld e Taylor, no restaurante japonês de Nova York, em maio de 2016, a empresa estava em alta. Com o apoio dos Mercers, ela havia ganhado contratos para realizar campanhas digitais para candidatos conservadores, como John Bolton (mais tarde conselheiro de segurança nacional) e Ted Cruz (candidato à presidência), e depois fez trabalhos digitais para a campanha à presidência de Trump. Uma vez que Brad Parscale, gerente de campanha digital de Trump, morava em San Antonio, Texas, esse trabalho — cujo codinome era "Projeto Alamo" — foi baseado lá e dirigido por um cientista da computação estadunidense genial e discreto chamado Matt Oczkowski. Ele operava em um escritório alugado barato, em uma esquina pouco atraente de San Antonio, próximo a uma loja de móveis La-Z-Boy

---

* O índice s&p 500 rastreia o desempenho de quinhentas empresas grandes listadas em várias bolsas de valores dos Estados Unidos. (N.T.)

** Os dados não são o único ativo intangível; marca, propriedade intelectual, talento e acesso a recursos ambientais também podem ser considerados ativos intangíveis. Entretanto, o problema em medi-los é semelhante ao existente em torno do uso da palavra "grátis": uma vez que "intangível" é expresso em termos de um negativo (ou seja, não é tangível), é fácil ignorá-lo, e os sistemas para estudá-lo não são muito bem desenvolvidos.

e a uma rodovia de várias pistas, ao longo da qual o tráfego era sempre intenso.[20] "Ficamos longe do escrutínio", Oczkowski gostava de dizer. Ele contratou uma equipe de cientistas de dados, que começaram a analisar as tendências dos eleitores com todos os dados que puderam encontrar — e, em seguida, enviavam mensagens direcionadas a eles nas plataformas de mídia social. O Facebook enviou um "incorp" — ou funcionário incorporado — para ajudá-los a fazer isso. O grupo de informática costumava oferecer esse serviço para grandes clientes empresariais e achava que fazia sentido auxiliar os democratas e republicanos dessa maneira também. No entanto, a campanha digital dos democratas era tão vasta e burocrática que o incorp do Facebook não teve muito impacto na estratégia geral. Em San Antonio, no entanto, a operação era conduzida como uma startup empreendedora, informal e combativa, e o grupo estava ansioso para testar todas as ideias possíveis que fossem encontradas, usando toda a liberdade que seu anonimato — e sua localização esquisita — ofereciam. Como Oczkowski não gostava de Nix, sua equipe o manteve a distância. De qualquer forma, a legislação eleitoral estadunidense impedia que não nativos — como Nix — se envolvessem diretamente em campanhas presidenciais. No entanto, no escritório da Cambridge Analytica, em Washington, Wheatland e outros ficaram de olho na batalha. Eles não achavam que Trump tinha qualquer chance de ganhar a eleição. Assim, na manhã da votação, 8 de novembro, eles ligaram para o escritório do FT, em Washington, para nos dizer que Hillary Clinton triunfaria, por pouco. (Eles fizeram isso porque os executivos da Cambridge Analytica queriam manipular a perda esperada de forma que parecesse uma quase vitória para a empresa de análise de dados, uma vez que estavam orgulhosos do progresso que Trump havia feito em termos de acumular votos, embora ele tivesse começado como um concorrente com chances remotas de vitória.)

Entretanto, em 8 de novembro, Trump venceu a eleição, surpreendendo não apenas os comentaristas liberais e o Partido Democrata, mas também Nix e Wheatland. De repente, tudo mudou. Quando a notícia vazou, Nix declarou, de maneira triunfal, em uma postagem de blogue, que os resultados das eleições validavam os modelos que a Cambridge Analytica havia usado. Surgiram inúmeros trabalhos para o grupo, não apenas de uma série de clientes empresariais, mas também de outras campanhas políticas no mundo inteiro.* Na empresa, a euforia aumentou. "Pensamos que íamos aproveitar esse sucesso para lançar ações na bolsa ou talvez nos vender para a WPP", diz Wheatland. "Era o sonho clássico de uma startup de informática — ter uma ideia brilhante, construí-la, vender, ficar rico e depois ir descansar na praia."

Enquanto os rivais de Trump choravam as mágoas por sua perda inesperada, eles começaram a investigar o Projeto Alamo. Até aquele momento, havia muito pouco debate público sobre o que estava acontecendo na tecnologia de anúncios: como o setor de derivativos uma década antes, essa esfera era considerada um lugar onde os nerds trabalhavam e algo tão complexo que era fácil de ignorar. Era — mais uma vez — uma área clássica de silêncio social. No entanto, revelações sobre a campanha de 2016 começaram a surgir. Descobriu-se que os serviços de inteligência russos estiveram ativos nas mídias sociais em uma tentativa de manipular a campanha a favor de Donald Trump. Surgiram também informações de que partes do grupo Cambridge Analytica haviam usado táticas agressivas no passado para manipular eleitores em mercados emergentes, como Quênia e Trinidad e Tobago.[21] Nix foi flagrado, em vídeo, por um repórter disfarçado, se gabando de conhecer maneiras de chantagear políticos enviando "algumas garotas

---

* O *Financial Times* foi um cliente empresarial durante um breve tempo. O *The Economist* também. Quando esse detalhe veio à tona, em 2018, houve especulação sobre como o trabalho do FT havia surgido. Para fins de esclarecimento: em 2016, Murtfeld me pediu um nome de contato no departamento comercial do FT para tentar vender projetos de dados. Forneci um nome, enfatizei que o lado editorial era separado do comercial e não tive mais envolvimento ou conhecimento sobre o trabalho que foi feito. De acordo com um porta-voz do FT, um "projeto de pesquisa de mercado" piloto foi realizado, mas o contrato foi rapidamente encerrado. Detalhes sobre essa controvérsia podem ser vistos em: <https://bylinetimes.com/2020/10/23/dark-ironies-the-financial-times-and-cambridge-analytica>.

para a casa do candidato" e explicando que as moças ucranianas "são muito bonitas, acho que isso funciona muito bem". O jornal *The Guardian*, na Grã-Bretanha, publicou denúncias feitas por Wylie (então de cabelo rosa), que declarou: "Exploramos o Facebook para colher os perfis de milhões de pessoas. E construímos modelos para explorar o que sabíamos sobre elas e atacar seus demônios internos. [...] Essa foi a base sobre a qual toda a empresa foi construída".[22] Nix e Wheatland argumentaram que essas alegações eram motivadas por rancor; Wiley estava simplesmente se vingando por ter perdido a batalha pela propriedade intelectual da empresa, disseram eles. Wylie respondeu que estava lutando para proteger a democracia. De qualquer forma, um grande escândalo explodiu. No verão de 2018, a empresa faliu.

Esse não foi o fim da história. Nos dois anos seguintes, as investigações políticas e regulatórias continuaram, enquanto os políticos expressavam sua raiva com relação à aparente violação da privacidade do consumidor e a ameaça à democracia das supostas campanhas de manipulação. Reguladores de ambos os lados do Atlântico impuseram multas ao Facebook, em meio a uma avalanche de críticas.[23] Reguladores britânicos tentaram impor grandes multas semelhantes ao ex-grupo Cambridge Analytica, mas acabaram desistindo, pois era difícil provar que a empresa realmente havia violado alguma regra; precisamente porque as leis nesse faroeste digital eram muito incompletas, da mesma forma que nos primórdios dos derivativos financeiros, digamos, o comportamento que o público talvez considerasse antiético não era necessariamente ilegal.[24] Mas, longe do furor da mídia, algo surpreendente aconteceu: quase todos os funcionários encontraram empregos em outras áreas da ciência de dados. Hansom — o físico experimental com jeito sério que achava que o modelo OCEAN poderia "conhecer uma pessoa melhor do que seu próprio cônjuge" — tornou-se cientista-chefe de dados em uma empresa de bem-estar chamada Verv. Oczkowski — o homem que dirigiu o Projeto Alamo — criou uma consultoria que assessorava organizações nos setores de bens de consumo, logística e finanças. As companhias de transporte rodoviário foram um cliente importante. Outros funcionários da Cambridge Analytica se juntaram a campanhas de ciência de dados realizadas por candidatos políticos estadunidenses, como Michael Bloomberg; prestaram consultoria para famílias do Oriente Médio e da Índia; e assessoraram bancos de Wall Street. Wheatland acabou aceitando um emprego de gerente de um grupo de tecnologia financeira em Londres. Em alguns sentidos, essa tendência parecia surpreendente, dado o furor político em torno da empresa. Em outro sentido, porém, não era. Ainda assim, outra ironia do drama foi que ele havia alardeado o poder da ciência de dados a tal ponto que deixou outras empresas e campanhas políticas muito *mais* — não menos — ansiosas para aproveitar essas ferramentas. Isso deixou uma grande questão pendente: havia alguma maneira de criar um mundo que usasse essas permutas de forma mais ética? Ou uma maneira de fazer os economistas começarem a ver o que haviam ignorado?

Em novembro de 2018 — ou quando a empresa Cambridge Analytica estava fechando as portas — voei para Washington a fim de participar de uma conferência na sede do Fundo Monetário Internacional (FMI). O evento foi dirigido por Christine Lagarde, a presidente do FMI, que exibia seu famoso estilo chique: uma jaqueta em tons de bege com zigue-zagues e calças combinando. Entretanto, o público não era nada glamoroso: dezenas de economistas e estatísticos de agências governamentais, organizações multilaterais e empresas; o evento foi intitulado O Sexto Fórum Estatístico do FMI – Medindo o Bem-Estar Econômico na Era Digital: o Que e Como?[25]

Por uma curiosa reviravolta do destino, a entidade estava instalada do outro lado da rua da principal sede estadunidense da Cambridge Analytica. Quando chegou aos Estados Unidos, a empresa de dados ficava localizada em um armazém, em um subúrbio barato, porém moderno, de Washington D.C. Mas, depois de seu aparente triunfo na campanha eleitoral de 2016, a companhia atraiu tantos negócios que se mudou para um local prestigioso no centro de D.C., não muito longe da Casa Branca. "Eu conseguia ver o FMI da minha janela", Wheatland me disse mais tarde, descrevendo o último escritório luxuoso da organização em Washington.

Nenhum dos economistas e estatísticos do fórum do FMI sabia sobre essa mudança geográfica — nem teriam se importado se soubessem. No outono de 2018, o escândalo da Cambridge Analytica havia sido definido, na mídia e no debate público, como uma história sobre informática e política, não sobre economia. No entanto, enquanto eu caminhava pelo saguão do prédio do FMI para o "Sexto Fórum Estatístico", me ocorreu que a justaposição de locais era apropriada. A razão pela qual os funcionários do FMI haviam convocado o evento era que seus economistas estavam preocupados com a forma como eles mediam a economia. Desde que o FMI havia sido fundado, após a Segunda Guerra Mundial, sua equipe usava ferramentas estatísticas desenvolvidas no início do século 20, como os cálculos do produto interno bruto (PIB). Essas ferramentas mediam coisas, como quanto as empresas gastavam em equipamentos novos, quais estoques de matérias-primas possuíam, quantas pessoas empregavam, o que os consumidores estavam comprando. Isso funcionou muito bem em uma era industrial. Mas não captava facilmente o que a Cambridge Analytica havia feito, uma vez que o PIB não conseguia capturar o valor de ideias, dados amorfos ou trocas que ocorriam sem dinheiro — "de graça".

Isso era importante? Alguns economistas achavam que não. Afinal, eles observaram, os dados do PIB sempre excluíram algumas partes da economia, como o trabalho doméstico, mas ainda assim eram muito úteis.[26] No entanto, o que preocupava alguns funcionários do FMI não era apenas o tamanho e o crescimento rápido do mundo da informática, mas também uma questão distinta: os sinais em algumas estatísticas econômicas oficiais pareciam cada vez mais estranhos. A produtividade era um exemplo. Desde a Grande Crise Financeira de 2008, o Vale do Silício havia produzido inovações que pareciam aumentar a produtividade de consumidores e empresas. No entanto, os dados do PIB sugeriam que a produtividade havia caído nos Estados Unidos e na Europa. O economista da Universidade de Princeton Alan Blinder, por exemplo, calculou que, entre 1995 e 2010, a taxa de crescimento anual da produtividade nos Estados Unidos havia sido de cerca de 2,6% (e mais alta ainda antes disso). Depois de 2010, caiu para um quarto, ou menos, dessa taxa.[27] Uma possível explicação para isso era um efeito retardado (as empresas estavam adotando essas novas ferramentas digitais em um ritmo tão desigual e lento que ainda não apareciam nos dados). Contudo, outra palavra havia ficado na minha mente desde que almocei pela primeira vez com executivos da Cambridge Analytica: "grátis". As métricas econômicas do século 20 que mediam a atividade em termos monetários não tinham como monitorar as atividades que não utilizavam dinheiro.

Isso poderia ser corrigido? Os economistas estavam tentando, fazendo suposições sobre o suposto valor da economia digital. Na primavera de 2018, a plataforma de tecnologia Recode pesquisou os usuários do Facebook, e os resultados sugeriram que 41% dos consumidores estariam dispostos a pagar de US$ 1 a US$ 5 por mês para estar no Facebook, enquanto um quarto pagaria de US$ 6 a US$ 10 por mês (em comparação com os US$ 9 por mês que se estimava que o Facebook colhia de cada usuário ao usar seus dados para vender serviços de publicidade).[28] Outros economistas calcularam que o valor do Facebook para os consumidores era mais próximo de US$ 48 por mês, ou mais de US$ 500 ao ano — enquanto as somas anuais equivalentes para o YouTube e mecanismos de busca como o Google eram de US$ 1.173 e US$ 17.530, respectivamente.[29] Um artigo escrito por economistas do Sistema de Reserva Federal dos Estados Unidos afirmou que "as inovações tecnológicas aumentaram o excedente do consumidor em quase US$ 1.800 (valores de 2017) por usuário conectado ao ano, durante todo o período coberto por esse estudo (1987 a 2017), e contribuíram com mais de 0,5 ponto percentual para o crescimento real do PIB dos Estados Unidos durante os últimos dez [anos]". Eles concluíram que, "no total, estima-se (de forma conservadora) que nossa contabilidade mais completa das inovações tenha diminuído a desaceleração do crescimento do PIB pós-2007 em quase 0,3 ponto percentual ao ano".[30] Separadamente, alguns economistas tentavam analisar essas questões calculando as receitas de publicidade que as empresas de informática acumulavam com serviços que utilizavam os dados de seus usuários; esse era o ponto em que os dados não monetários começavam a ganhar um valor monetário. Mas essas eram apenas suposições. Assim, a questão realmente crucial, disse Lagarde solenemente à multidão no salão do FMI, em seu discurso encantadoramente comedido, era esta: como alguém poderia visualizar e rastrear "a economia" em um mundo digital?

"Precisamos falar sobre permuta", sugeri.[31] Fui convidada a falar no palco do FMI para oferecer uma visão de *"outsider"* (não estatística). Alguns economistas pareciam perplexos, uma vez que haviam sido formados com base na presunção de Adam Smith de que a "permuta" era um conceito irremediavelmente antiquado. Tentei contra-argumentar essa ideia. "A permuta é um pilar da economia tecnológica moderna, embora a maioria de nós nunca perceba ou pense nisso. Está no coração do ecossistema de smartphones e de muitas de nossas transações no ciberespaço."

Deixar de reconhecer esse fenômeno significava que as estatísticas oficiais de produtividade provavelmente subestimavam o volume das atividades que ocorriam de fato na economia, sugeri. Isso também pode esclarecer por que algumas empresas de informática estavam atraindo avaliações muito altas no mercado de ações, embora tivessem poucos ativos em seu balanço: as operações de permuta eram um dos itens intangíveis muito difíceis de medir com as ferramentas de finanças empresariais do século 20 (muito embora os intangíveis agora representassem 80% do valor do setor S&P 500).[32]

Havia também importantes implicações antitruste. Em 1978, Robert Bork, ex-procurador-geral dos Estados Unidos, decretou que a melhor maneira de decidir se uma empresa estava abusando ou não de uma posição de monopólio era observar o que acontecia com os preços ao consumidor: se os preços subiam, isso indicava ausência de concorrência; caso contrário, não existia nenhum problema de monopólio. Esse chamado princípio de Bork havia definido as políticas antitruste do governo desde então. "[Contudo,] embora esse princípio seja frequentemente útil, é difícil ver como ele pode (ou não) ser aplicado se estivermos lidando com a permuta — uma situação em que não há preços", eu disse ao grupo do FMI.

No outono de 2018, muitos consumidores e políticos sentiram que a situação atual em torno da coleta de dados era "injusta" — se não abusiva —, uma vez que as empresas de informática dominavam as plataformas em um grau tão surpreendente que pareciam exercer um poder excessivo. No entanto, era impossível provar que havia algum abuso, pois não havia preços ao consumidor para rastrear. Uma solução para isso talvez fosse criar preços ao consumidor, garantindo que essas trocas fossem mediadas por dinheiro. Isso era precisamente o que alguns especialistas em informática achavam que deveria acontecer. Após o colapso da Cambridge Analytica, uma de suas ex-funcionárias, Britney Kaiser, lançou uma iniciativa chamada SejaDonoDeSeusDados, cujo objetivo era construir um site em que os consumidores pudessem ter "posse" de suas informações pessoais e decidir se deveriam ou não as vender.[33] "É a única maneira de criar direitos de propriedade para os consumidores e as pessoas comuns!", disse Kaiser entusiasticamente. Ela era tão fanática pela ideia que sempre usava um colar de metal com a inscrição "#sejadonodeseusdados". Muitos outros jovens especialistas em informática concordavam. "Em sua essência, a propriedade de dados não é uma questão de privacidade, é uma questão econômica", afirmou Jennifer Zhu Scott, uma empreendedora do Vale do Silício.[34]

Na época do evento do FMI, experimentos inovadores até ofereciam maneiras de transformar as transações de permuta em transações monetárias. O Facebook havia lançado uma nova plataforma chamada

"Study", que prometia pagar aos usuários que participassem de pesquisas de mercado. Mas a pesquisa da Recode mostrou que apenas 23% dos estadunidenses estavam dispostos a pagar para ter um Facebook que não tivesse anúncios e não coletasse seus dados; 77% dos estadunidenses preferiram estar na plataforma "de graça", ou seja, eles gostavam de um arranjo que era, implicitamente, uma transação de permuta.[35] "As pessoas sempre dizem que querem privacidade, mas não está claro se querem pagar por ela", Randall Stephenson, presidente-executivo da AT&T, havia me dito alguns anos antes, observando que, quando sua gigante de telecomunicações ofereceu a seus consumidores a chance de pagar uma taxa modesta, a cada mês, para garantir que pudessem assistir a vídeos em uma plataforma que não colhesse seus dados, apenas uma pequena minoria escolheu essa opção.[36]

Por quê? Os defensores da privacidade culparam a ignorância dos consumidores e/ou a deslealdade dos grupos de informática pela preferência pela permuta. Suspeitei que algo mais explicasse o padrão também: a inovação digital havia tornado a permuta tão conveniente e fácil que os consumidores achavam essas transações mais eficientes do que aquelas mediadas pelo dinheiro. "Talvez as pessoas fiquem zangadas com o abuso do uso de dados ou com a manipulação política; ou achem que os termos da permuta são 'injustos', ou que o sistema de confiança que tende a ser criado por qualquer relação de doação tenha sido quebrado", eu disse ao FMI. "Mas elas gostam de obter serviços cibernéticos 'gratuitos' e são viciadas na personalização." Isso refletia mais uma amarga ironia que envolvia o mundo da tecnologia: "A permuta é mais eficiente na economia da Amazon do que na floresta amazônica precisamente por causa dos links digitais. A informática moderna [...] tornou mais fácil reviver uma prática aparentemente 'antiga'". Isso era uma inversão completa da estrutura evolucionária que Adam Smith usara no passado, para não mencionar seus seguidores intelectuais, os quais dominavam os corredores dos bancos, ministérios de finanças, gestoras de ativos e instituições como o FMI.

Reconhecer o papel da permuta não significava, enfatizei, que precisávamos aceitar que o *status quo* atual era "bom". Longe disso. Pensei — e acredito — que uma reforma é urgentemente necessária. É preciso haver mais escrutínio das empresas de informática. Os reguladores precisam revisar seu conceito de poder de monopólio. Os termos do comércio de permuta precisam ser melhorados para os consumidores, tornando-os mais transparentes. Os consumidores precisam ter alternativas, controlar a duração das transações de permuta e entender como os dados serão usados. Acima de tudo, os governos precisam forçar as empresas a tornar os dados portáteis e, assim, facilitar aos consumidores mudar de provedor, assim como é fácil para as pessoas que usam bancos abrir e fechar contas. O ônus deve recair sobre as empresas, não sobre os consumidores, para garantir que os usuários possam realizar uma troca com facilidade; isso, afinal, é necessário para que os serviços financeiros e outras empresas de serviços públicos preservem o princípio da concorrência de mercado. Ou, para ser mais direta, mesmo que a permuta permaneça dominante, os termos de intercâmbio em torno das transações dessa natureza precisam ser modificados.

No entanto, havia pouca esperança de que isso pudesse ser alcançado, observei, até que reguladores, políticos, consumidores e técnicos dessem um primeiro passo crucial: *reconhecer a existência da permuta para início de conversa*. Em vez de se concentrar apenas no barulho do escândalo político, nos hackers e nas ameaças à democracia, os formuladores de políticas precisavam olhar para o silêncio social. Essa era e é a única maneira de atualizar as ferramentas da economia para o século 21 e construir um setor de informática melhor.

9
O TRABALHO EM CASA
(ou: por que precisamos de um escritório?)

"A inteligência é a capacidade de se adaptar à mudança." —
Stephen Hawking

No verão de 2020, Daniel Beunza, um espanhol loquaz, cientista social e professor de administração de cientistas sociais, que lecionava na Escola de Negócios de Cass em Londres, organizou uma série de videochamadas com uma dúzia de banqueiros seniores que ele conhecia nos Estados Unidos e na Europa. Alguns desses financistas estavam sentados em elegantes segundas residências, em bairros chiques nos Estados Unidos, como Hamptons ou Aspen; outros estavam no Caribe, lugares de férias da moda na Europa continental, ou nas frondosas Cotswolds da Inglaterra. Dois deles ainda estavam em endereços elegantes em Londres ou em Manhattan. O ponto comum entre eles era que haviam se abrigado em "casa" durante o confinamento provocado pela Covid-19 e tentavam administrar seus negócios instalados nesses lugares. Beunza queria saber como eles haviam lidado com esse "trabalho em casa". Era possível administrar uma mesa de negociação de ativos trabalhando em casa? As finanças exigiam humanos de carne e osso?

Ele havia estudado as mesas de operações bancárias durante duas longas décadas — muito antes da Covid-19 — usando o mesmo tipo de técnicas de trabalho de campo antropológico que Bell havia aplicado na Intel ou briody, na General Motors. Isso o deixara fascinado por um paradoxo. Por um lado, as tecnologias digitais haviam penetrado nas finanças no final do século 20 de uma maneira que empurrou os mercados para o ciberespaço e permitiu que a maior parte do "trabalho" financeiro fosse feito fora do escritório — em teoria. "Por US$ 1.400 ao mês você pode ter uma máquina [Bloomberg] em casa. Você pode ter as melhores informações, todos os dados à sua disposição", Beunza foi informado, em 2000, pelo chefe de uma mesa de negociação de Wall Street, a quem ele batizou de "Bob". Por outro lado, a revolução digital não fez desaparecer os escritórios dos bancos e as salas de negociação financeira. "A tendência é exatamente o contrário", Bob também observou em 2000. "Os bancos estão construindo salas de negociação cada vez maiores."[1]

Por quê? Beunza havia passado anos observando financistas como Bob buscarem a resposta. Agora, durante o confinamento da Covid-19, muitos executivos de empresas — e departamentos de recursos humanos — também estavam fazendo essa pergunta. No entanto, Beunza achava que eles estavam focados no debate errado. Para as empresas que adotavam o trabalho em casa, essa discussão tendia a se concentrar em questões como: os funcionários ficaram esgotados devido ao estresse? Teriam acesso a informações? Ainda se sentiriam parte de uma equipe? Conseguiriam se comunicar com os colegas? No entanto, Beunza achava que deveriam fazer perguntas como esta também: como as pessoas agem como *grupos*? Como usam rituais e símbolos para forjar uma visão comum de mundo? Como elas compartilham ideias para navegar pelo mundo? Havia dois conceitos antropológicos importantes que poderiam ajudar os financistas, ou qualquer outro executivo, a entender isso, argumentou. Um era o de *habitus*, desenvolvido por Bourdieu, ou o pensamento de que somos todos produto de nossos padrões sociais e físicos, e esses dois elementos se reforçam. O outro era a criação de sentido, segundo o qual os funcionários de escritório (e todos os outros) tomam decisões não apenas usando modelos, manuais ou lógica sequencial racional, mas extraindo informações, como grupos, de várias fontes às quais eles reagem. É por isso que os rituais, os símbolos e o espaço ligados ao *habitus* são importantes. "Em geral, o que fazemos nos escritórios não é o que as pessoas acreditam que fazemos", Beunza riu. "Tem a ver com a maneira como navegamos no mundo."[2] A criação de sentido é absolutamente crucial, seja em Wall Street, no Vale do Silício ou em qualquer outro lugar de nossa moderna economia digital.

Os nerds que criaram a internet sempre reconheceram que os humanos de carne e osso — e seus rituais — importam, mesmo quando lidam com o ciberespaço. Na década de 1970, por exemplo, quando um grupo de engenheiros idealistas, que estava localizado (principalmente) no Vale do Silício, criou a World Wide Web, eles também criaram uma entidade conhecida como o Fórum Técnico de Engenharia da Internet (IETF, na sigla em inglês) para servir como um fórum para se reunir e projetar coletivamente a arquitetura da web. O grupo resolveu tomar suas decisões com relação ao design usando "consenso aproximado", pois acreditava que a rede deveria ser uma comunidade horizontal, em que qualquer pessoa pudesse participar em pé de igualdade, sem hierarquia ou coerção de qualquer burocrata do governo, das Nações Unidas ou de uma empresa. "Rejeitamos: reis, presidentes e votações. Acreditamos em: consenso aproximado e execução de programas" era (e é) seu mantra. "[O IETF] não deve ser dirigido por uma filosofia de 'regra da maioria'", insiste Pete Resnick, cientista da computação da empresa estadunidense Qualcomm.[3] Em vez disso, a entidade faz seu trabalho técnico "por meio do consenso, levando em consideração as diferentes visões entre os participantes do IETF e chegando a um consenso (pelo menos aproximado)".

Para cultivar o "consenso aproximado", os nerds criaram um ritual distinto: fazer zumbidos. Quando precisavam tomar uma decisão importante, o grupo pedia a todos que fizessem um barulho para indicar "sim" ou "não" — e agiam com base no que soasse mais alto. Os engenheiros consideravam isso menos desagregador do que votar. "Muitos padrões da internet, como TCP, IP, HTTP e DNS, foram desenvolvidos pelo IETF dessa maneira surpreendentemente informal [através de fazer barulho]", observa Niels ten Oever, professor de computação holandês. "Mas não se deixe enganar: as decisões tomadas influenciam significativamente a internet — e o setor multibilionário ligado a ela."[4]

Uma reunião que ocorreu em uma sala pouco atraente do Hilton Metropole, na Edgware Road, em Londres, em março de 2018, com representantes de Google, Intel, Amazon, Qualcomm e SAP, para citar apenas alguns, ilustra o significado desse ritual. Uma questão controversa nessa reunião específica do IETF foi se os cientistas da computação deveriam adotar uma inovação apelidada de protocolo "draft-rhrd-tls--tls13-visibility-01". Para qualquer um fora daquela sala, aquele protocolo soava tão ininteligível quanto os derivativos de crédito. Mas o protocolo era importante: os engenheiros estavam introduzindo medidas para dificultar o ataque de hackers a infraestruturas cruciais, como as redes de serviços públicos, os sistemas de saúde e os grupos de varejo. O protocolo de "visibilidade" proposto sinalizaria aos usuários se ferramentas anti-hackeamento haviam sido instaladas ou não. Essa era uma preocupação crescente, pois hackers, aparentemente da Rússia, haviam acabado de desligar o sistema de energia ucraniano.

"Não sei como você detectaria ameaças [de ataque cibernético] usando a porta de servidor dos Estados Unidos que acaba de ser anunciada para o setor de serviços públicos desse país", disse à sala uma estadunidense loira chamada Kathleen, que vestia uma camisa florida e calça jeans. "A menos que haja um mecanismo implementado para detecção [de ameaças cibernéticas], precisamos de algo. Caso contrário, podemos ficar sem eletricidade nos Estados Unidos."[5]

Por uma hora, os engenheiros debateram o protocolo. Alguns eram contrários a informar aos usuários que essa ferramenta havia sido instalada, pois isso talvez tornasse mais fácil para os hackers driblarem os controles; outros insistiam que era preciso informar. "Isso levanta questões de privacidade", disse um cientista da computação na reunião. "Isso tem a ver com estados-nação", argumentou outro. "Não podemos tomar essa decisão sem consenso. Então, um homem chamado Sean Turner — que parecia um gnomo de jardim, com uma longa barba branca como a neve, careca, óculos e camisa xadrez de lenhador — invocou o ritual da IETF.

"Vamos fazer barulho", declarou. "Por favor, façam barulho agora se você apoia a adoção da proposta como um item do grupo de trabalho."* Um zumbido irrompeu, semelhante a um canto tibetano, ricocheteando pelas paredes do hotel Metrópole. "Obrigado. Por favor, faça barulho agora se você é contra." Houve um zumbido coletivo muito mais alto. "Então, neste momento, não existe consenso para adotar a proposta", declarou Turner. O protocolo foi colocado de lado.

Pouca gente sabia que essa decisão, potencialmente crucial, havia sido tomada. A maioria nem sabe que o IETF existe, muito menos que os engenheiros de computação projetam a web fazendo um barulho. Provavelmente você é uma dessas pessoas. Não se trata de o IETF esconder seu trabalho. Pelo contrário, suas reuniões são abertas a qualquer um e publicadas online.[6] Mas frases como "draft-rhrd-tls-tls1.3" são tão ininteligíveis que, quando a maioria dos jornalistas e políticos se depara com essa sequência de letras e números, eles instintivamente desviam o olhar, da mesma maneira como faziam com os derivativos antes da crise financeira de 2008. E, assim como nas finanças, essa falta de escrutínio externo — e compreensão — é alarmante, sobretudo devido ao impacto acelerado de inovações como a IA. "Nossa sociedade terceirizou, de fato, a construção do software que torna nosso mundo possível para um pequeno grupo de engenheiros em um canto isolado do país", escreveu Alex Karp, CEO da empresa de dados Palantir, em uma carta enviada à SEC (a Comissão de Valores Imobiliários dos Estados Unidos) em agosto de 2020.[7] Muitos desses engenheiros são bem-intencionados. Mas eles — como os financistas — tendem a ter uma visão limitada e, muitas vezes, não conseguem ver que os outros podem não compartilhar seu modo de pensar, muito menos endossá-lo. "Em uma comunidade de produtores tecnológicos, o próprio processo de projetar, criar, fabricar e manter a tecnologia funciona como um modelo e faz da própria tecnologia a lente através da qual o mundo

---

* Alguns leitores talvez achem difícil imaginar que essa descrição do processo do IETF e dos rituais de fazer um zumbido seja realmente verdadeira. Mas, para ver uma demonstração disso, acesse <https://hackcur.io/please-hum-now/> ou, para o debate inteiro, veja <https://rb.gy/oe6g8o>.

é visto e definido" observa J. A. English-Lueck, uma antropóloga que estudou o Vale do Silício. "A tecnologia permeia as metáforas usadas pelas pessoas para descrever suas vidas... 'útil', 'eficiente' e 'bom' se fundem em um único conceito moral."[8]

Há uma segunda questão importante levantada pelo ritual de fazer barulho: o que ele revela sobre como os humanos respondem às máquinas digitais. Quando os membros do IETF recorrem a esse ritual, estão refletindo e reforçando uma visão de mundo especial — ou seja, sua esperança desesperada de que a internet permaneça igualitária e inclusiva, mesmo diante da crescente rivalidade entre os Estados Unidos e a China. Esse é o mito de criação deles. No entanto, eles também estão sinalizando, inadvertidamente, outra coisa: mesmo no mundo da computação, o contato humano e o contexto têm uma profunda importância. Os rituais de fazer barulho permitem que eles demonstrem coletivamente, para si mesmos e uns aos outros, o poder de seu mito fundador. Também os ajuda a navegar pelas correntes de mudança de opinião em sua tribo e a tomar decisões pela leitura de uma série de sinais retirados do mundo real *e* intangível. Fazer barulho não é algo que qualquer um poderia colocar em um algoritmo de computador ou em uma planilha; não combina com a maneira como imaginamos a tecnologia ou como os engenheiros se comportam. No entanto, destaca uma verdade crucial sobre como os humanos navegam no mundo do trabalho, em escritórios, online ou em qualquer outro lugar: mesmo que acreditemos que somos criaturas racionais e lógicas, tomamos decisões em grupos sociais absorvendo uma ampla gama de sinais. E a melhor maneira de enquadrar essa prática é empregar um termo desenvolvido na Xerox e desde então usado por Beunza (e outros) em Wall Street: *criar sentido*.

John Seely Brown foi um dos nerds que ajudou a desenvolver as ideias em torno da criação de sentido. Brown, ou JSB, como costuma ser chamado, não estudou antropologia. Ele se formou em computação, na década de 1960 — justamente quando a internet estava surgindo —, e depois ensinou ciência da computação avançada na Universidade da Califórnia. "Comecei como um cientista focado na computação e viciado em inteligência artificial, com uma forte inclinação para a modelagem cognitiva", explicou mais tarde.[9] Mas, após conhecer alguns sociólogos e antropólogos, ele ficou fascinado por entender como os padrões sociais influenciam o desenvolvimento das ferramentas digitais.

Ele então se candidatou a um cargo de pesquisador no Palo Alto Research Center (PARC) da Xerox, um braço de pesquisa criado pela empresa sediada em Connecticut, no Vale do Silício. Como explica um livro sobre a história da Xerox, *Fumbling the Future* [Atrapalhando o futuro, em tradução literal], os executivos gostavam de se considerar representantes destacados da ciência e da inovação de ponta. Os cientistas da Xerox ganharam a (má) fama por terem desenvolvido a fotocopiadora que fez tanto sucesso que se tornou uma marca que define toda uma categoria. O grupo também produziu inúmeras outras inovações digitais, incluindo "o primeiro computador já projetado e construído para o uso exclusivo de uma única pessoa; o primeiro monitor dedicado a gráficos; o primeiro dispositivo de entrada manual, o mouse portátil, que era simples o suficiente para poder ser usado por uma criança; o primeiro programa de processamento de texto para usuários não especialistas; a primeira rede de comunicações de área local; e a primeira impressora a laser".[10]

Durante seu processo de candidatura ao PARC, JSB se encontrou com Jack Goldman, o cientista-chefe. Os dois discutiram a pesquisa e o desenvolvimento da Xerox e seus experimentos pioneiros com a IA. Então, JSB apontou para a mesa do cientista-chefe e perguntou: "Jack, por que dois telefones?". Havia um aparelho "simples" e um modelo mais sofisticado — mais novo.

"Ah, meu Deus, quem consegue usar esse telefone?", Goldman lamentou. "Eu tenho esse na minha mesa porque todo mundo precisa ter um, mas para trabalhar de verdade tenho que usar o normal. *Isso*, declarou JSB, era o que os cientistas da Xerox também precisavam estudar: como os humanos estavam (ou não estavam) usando as inovações deslumbrantes que as empresas do Vale do Silício continuavam a criar. Tendo começado a vida mergulhado na ciência da computação "dura", ele percebeu que valia a pena ser "mole" e olhar para a ciência social;[11] ou, para empregar as palavras da moda que mais tarde foram popularizadas no Vale do Silício pelo escritor Scott Hartley, ser um especialista em informática *e* um "indefinido".[12]

JSB ingressou no PARC e colocou suas novas teorias em prática. Inicialmente, o centro havia sido dominado por cientistas, mas vários antropólogos, psicólogos e sociólogos também haviam se juntado a eles (esse grupo diversificado foi um antecessor da equipe de pesquisa da Intel). Um veterano do Exército chamado Julian Orr foi um desses recrutas. Ele havia trabalhado no Exército dos Estados Unidos como técnico, consertando equipamentos de comunicação, e ingressou no PARC no Laboratório de Ciência da Computação, trabalhando principalmente como técnico nos protótipos de impressoras que estavam sendo desenvolvidos lá. Mas ele acabou ficando fascinado pela antropologia. Pensou em fazer trabalho de campo no Afeganistão, mas esse desejo não pôde ser realizado por causa da invasão soviética àquele país. Então, ele decidiu pesquisar a "tribo" das equipes de reparo técnico da Xerox. Não era tão glamoroso quanto as montanhas afegãs. No entanto, da mesma forma que briody percebeu que os trabalhadores sindicalizados da GM representavam uma nova fronteira de pesquisa, Orr percebeu que os técnicos da Xerox eram uma "tribo" não estudada, porém importante. No final do século 20, as fotocopiadoras eram um artefato onipresente nos escritórios. O trabalho podia parar completamente quando uma delas entrasse em pane. Assim, a Xerox empregava muitas pessoas cujo único trabalho era visitar escritórios, fazer manutenção e consertar máquinas. Contudo, esses trabalhadores eram rotineiramente ignorados, em parte porque os gerentes da Xerox presumiam que sabiam o que os técnicos faziam. Orr e JSB suspeitavam que isso fosse um grande erro por parte dos gerentes da Xerox, pois parecia que os técnicos nem sempre pensavam ou se comportavam como seus chefes achavam que eles deveriam.

Logo no início de seu tempo na Xerox, JSB percebeu a situação quando conheceu um técnico conhecido como "Senhor Solucionador de Problemas", que "lançou um desafio" ao cientista de elite: "Bem, Sr. PhD, suponha que esta fotocopiadora aqui tem uma falha intermitente na qualidade da imagem, como você resolveria o problema?".[13]

JSB sabia que havia uma resposta "oficial" no manual do escritório: os técnicos deveriam "imprimir mil cópias, classificar o resultado, separar algumas ruins e compará-las com o diagnóstico". Parecia lógico — para um engenheiro. "Aqui está o que eu faço", disse o "mestre" a JSB com uma cara de "desprezo". "Vou até a lata de lixo que está aqui ao lado da fotocopiadora, despejo seu conteúdo no chão e examino todas as cópias que foram descartadas. A lata de lixo é um filtro entre as cópias boas e as ruins — as pessoas guardam as cópias boas e jogam as ruins fora. Então, é só olhar na lixeira... e depois examinar todas as ruins, interpretar o que elas têm em comum.

O que os engenheiros estavam fazendo, em outras palavras, era ignorar o protocolo do escritório e usar uma solução que funcionava, mas era "invisível... e fora da lente de modelagem cognitiva" das pessoas que administravam a empresa Xerox, concluiu JSB com tristeza. Isso refletia o que briody tinha visto na General Motors quando os trabalhadores escondiam peças em seus armários.

Mas esse padrão subversivo era onipresente? Orr partiu para descobrir, empregando a observação participante. Ele começou por se matricular na escola de treinamento técnico. Depois, foi acompanhar as equipes de reparo. "Observar os técnicos envolvia ir com eles aos clientes em chamadas de serviço ou de cortesia, ir ao departamento de peças para pegar sobressalentes, almoçar e frequentar lanchonetes com outros técnicos quando havia pouco trabalho a fazer e, ocasionalmente, ir à filial, ou ao escritório distrital, para fazer reuniões, pegar documentação ou consultar os especialistas", explicou mais tarde.[14] "Todas as minhas observações foram feitas no trabalho ou entre os atendimentos; não fiz entrevistas estruturadas... Gravei nossas conversas; também fiz abundantes notas de campo." O fato de ele próprio ter trabalhado como técnico ajudou em alguns aspectos: as equipes de reparos o acolheram. Entretanto, isso também criou uma armadilha: às vezes ele tinha os mesmos pontos cegos das pessoas que estudava. "Eu tinha a tendência de considerar certos fenômenos como banais, que não são realmente assim para *outsiders*", lembra ele. Ele teve que realizar uma ginástica mental para fazer o "familiar" parecer "estranho". Assim, como muitos outros antropólogos antes dele, ele tentou ter essa percepção de distância ao observar os rituais de grupo, símbolos e padrões espaciais que os técnicos usavam no dia a dia.

Orr percebeu rapidamente que muitas das interações mais importantes aconteciam nas lanchonetes. Esses restaurantes baratos não eram algo em que os gerentes seniores pensassem quando consideravam o trabalho das equipes de reparo (na medida em que se preocupavam em refletir sobre esse assunto). Em geral, os gerentes da Xerox presumiam que a equipe de reparos fazia seu trabalho consertando as máquinas *dentro* dos escritórios dos clientes ou de volta à sua base, no escritório da Xerox. O tempo gasto em lanchonetes, entre as visitas aos escritórios, parecia tempo "morto" ou perdido; isso era definido em termos negativos (ou seja, não trabalhar) e, portanto, parecia tão desinteressante quanto palavras como "vazio" e "grátis". Mas não era. "Eu atravesso o vale para encontrar os membros da ESC [Equipe de Suporte ao Cliente] para o café da manhã em uma lanchonete em uma pequena cidade na zona leste", Orr escreveu em uma seção de suas notas de campo.[15] Mais tarde, ele observa: "Alice tem um problema: sua máquina relata um erro de autoteste, mas ela não acredita muito nisso. Nessa máquina específica, tantas partes do sistema de controle falharam que ela suspeita que existe algum outro problema que está causando a falha... [então] vamos almoçar em uma lanchonete onde muitos dos colegas [de Alice] comem para tentar convencer Fred, o [técnico] mais experiente, a ir ver a máquina com ela".[16]

As notas continuam: "Existem muitos restaurantes baratos espalhados pelo Vale do Silício; este foi adotado pelos técnicos como um lugar para passar o tempo. Fred diz a ela que há outro componente que ela precisa trocar de acordo com a interpretação dele dos registros". Em outras palavras, o que as equipes de reparo estavam fazendo nas lanchonetes era resolver problemas coletivos enquanto tomavam café, usando um rico corpo de narrativas compartilhadas sobre as máquinas Xerox e quase todas as outras partes de suas vidas. As "fofocas" das equipes estavam tecendo uma ampla tapeçaria de conhecimento coletivo e explorando as visões coletivas do grupo — como o fazer barulho do IETF.

Esse conhecimento era importante. Os protocolos da empresa supunham que "o trabalho dos técnicos era o reparo mecânico de máquinas idênticas em pane", como observou Lucy Suchman, outra antropóloga do PARC, que orientou o doutorado de Orr.[17] Mas isso era uma falácia: mesmo que as máquinas parecessem idênticas quando saíam da fábrica da Xerox, na época em que os técnicos as encontravam, elas tinham histórias — moldadas por humanos. "Frank e eu estamos indo para o primeiro chamado do dia, mas ele está tendo problemas para encontrar o prédio", continuam as anotações de Orr. "Os usuários relataram problemas com o ADR [um dispositivo de entrada que posiciona automaticamente uma pilha de originais, um a um, no vidro, para serem copiados]... o que não o surpreende. Ninguém trabalha na máquina há um mês e meio e ela tende a ficar cheia de poeira."[18] O que os engenheiros compartilharam na lanchonete foi essa história e o contexto. "O diagnóstico é um processo narrativo", explicou Orr. Os gerentes não se importavam com a poeira. Os técnicos, sim.

O mesmo ponto sobre a dinâmica de grupo se aplicava também *dentro* das empresas. Enquanto Orr estudava os técnicos, seu colega Suchman observava como os funcionários de escritório reagiam às fotocopiadoras, ou como os humanos e as máquinas se comunicavam (ou, o mais importante, não se comunicavam).[19] Os gerentes da Xerox haviam recebido informações que sugeriam que muitos clientes consideravam algumas das fotocopiadoras complicadas demais de usar. Uma máquina chamada fotocopiadora 8200 provocava uma angústia especial. Isso parecia estranho, uma vez que o dispositivo 8200 havia sido (supostamente) projetado para ser fácil de usar. "A máquina era uma fotocopiadora relativamente grande e rica em recursos que acabara de ser 'lançada', principalmente para estabelecer a presença da empresa em um determinado nicho de mercado", explicou Suchman mais tarde. "Os anúncios da máquina mostravam uma figura vestida com o jaleco branco de engenheiro [...] tranquilizando o usuário de que tudo o que era necessário para ativar os numerosos recursos da máquina era 'apertar o botão verde [iniciar]'." Os engenheiros estavam muito orgulhosos desse botão verde; eles achavam que isso tornava a máquina infalível.

Pesquisadores do PARC, formados em ciências cognitivas e da computação, começaram a estudar o que havia dado errado, e Suchman decidiu injetar algumas análises culturais. Ela realizou um estudo etnográfico, observando como a fotocopiadora 8200 era utilizada nos escritórios dos clientes. Em seguida, uma máquina 8200 foi trazida para o laboratório do PARC, combinada com um sistema de "interface interativa inteligente" como protótipo, e Suchman incentivou seus colegas a usá-la, filmando o resultado. Não foi o que os cientistas da computação esperavam. Quando a máquina foi ligada, ela emitiu instruções como "O usuário talvez queira alterar a descrição do trabalho", "Fazer cópias frente e verso a partir de um documento encadernado" e "Instruções para copiar um documento encadernado".[20] Os humanos deveriam segui-las sequencialmente. Mas o que realmente acontecia eram conversas como esta:

A: Bom, fizemos o que deveríamos. Agora vamos virar esta [alça] para baixo. Vamos ver se faz diferença... Algo aconteceu.
B: Putz!
A: Ah, ainda está dizendo que precisamos fazer um documento encadernado. E não precisamos porque já fizemos isso. Talvez devêssemos voltar ao início e tirar aquilo de documento encadernado.

B: Está bem, boa ideia.
A: Está aparecendo: "Está encadernado?". Basta colocar não.
B: Não mais.[21]

Isso revelou vários pontos importantes. Primeiro, mesmo que os usuários quisessem seguir as instruções corretamente — e sequencialmente —, eles se deparavam com ambiguidades quando precisavam fazer julgamentos usando raciocínios que não estavam no manual de instruções. Em segundo lugar, os usuários nem sempre pensavam — ou agiam — de maneira sistemática e sequencial, embora essa abordagem fosse um pressuposto do manual e dos programas de computador. Terceiro, os usuários que tentavam interpretar as máquinas não eram seres homogêneos e isolados, mas tinham sua própria dinâmica social. Como outra pesquisadora do PARC, Jeanette Blomberg (que mais tarde trabalhou na IBM), apontou, quando grupos de funcionários de escritório respondem a uma máquina desconhecida, alguém tende a emergir como um instrutor, ou líder de fato, e influencia o grupo. A dinâmica social é relevante. Os cientistas da computação tendiam a ignorar essa dinâmica. Suchman, no entanto, achava que a interação humano-computador funcionaria melhor se o projeto das máquinas levasse em conta esses fatores sociais.

Para ajudar a explicar isso, Suchman invocou uma técnica clássica da antropologia: a comparação intercultural. Nesse caso, seu exemplo foi tirado do povo truquese, do arquipélago da Micronésia no Pacífico Sul. Essas ilhas haviam sido estudadas com insights brilhantes por outro antropólogo, Edwin Hutchins, que anteriormente havia trabalhado na Marinha dos Estados Unidos e era especialista em navegação naval. Essa formação permitiu a Hutchins ver que, embora os truquese fossem marinheiros excelentes, capazes de percorrer grandes distâncias, eles não fazem isso usando as ferramentas científicas modernas nas quais os navegadores ocidentais (e a Marinha dos Estados Unidos) confiam, como bússolas, GPS e sextantes. Nem seguem um rumo predefinido.[22]

Em vez disso, os truquese navegam respondendo, como um grupo, às condições que surgem: lendo os ventos, ondas, marés, correntes, fauna, estrelas e nuvens, ouvindo o som da água no barco e cheirando o ar. "Embora o objetivo do navegador truquese esteja claro desde o início, seu rumo real depende de circunstâncias únicas que ele não pode prever desde o início", explicou Suchman em um memorando publicado pelo PARC.[23] "A cultura europeia favorece o pensamento abstrato, analítico, sendo o ideal raciocinar, partindo de princípios gerais até casos específicos. Os truquese, em contraste, não tendo tais compromissos ideológicos, aprendem uma gama cumulativa de respostas concretas incorporadas, guiadas pela sabedoria da memória e da experiência." Isso significava, explicou Hutchins, que "a cognição humana não é apenas influenciada pela cultura e pela sociedade, mas é, em um sentido muito fundamental, um processo cultural e social".[24]

Na época em que o PARC se deparou com a fotocopiadora 8200, as ideias de Hutchins sobre o assunto estavam começando a ser adotadas na esfera da administração.[25] No entanto, Suchman achava que elas poderiam e deveriam ser aplicadas também à engenharia e à ciência da computação. "A perspectiva de ação, exemplificada pelo navegador europeu, está agora sendo materializada no projeto de máquinas inteligentes", alertou Suchman. "[No entanto] ignoramos o navegador truquese por nossa conta e risco." Para projetar sistemas de IA eficazes, os engenheiros precisavam reconhecer o papel da criação de sentido.

Os cientistas da Xerox acabaram ouvindo os antropólogos — até certo ponto. A propaganda da máquina com o "sistema interativo inteligente" foi alterada, e o condescendente cientista de jaleco branco não dizia mais aos usuários que eles podiam entender tudo apertando um botão verde. Depois que Orr divulgou seu relatório sobre os técnicos, a empresa introduziu sistemas para tornar mais fácil para o pessoal técnico conversar uns com os outros no campo e compartilhar conhecimentos — mesmo longe dos clientes. "Julian percebeu que o que era necessário era uma tecnologia social — um rádio bidirecional (como os primeiros telefones Motorola com o botão "interfone") para que cada técnico de manutenção em uma região pudesse explorar com facilidade a perícia coletiva de outros em sua comunidade", disse JSB.[26] Mais tarde, a Xerox complementou esses rádios com uma plataforma de mensagens rudimentar na internet, conhecida como Eureka, pela qual os técnicos podiam compartilhar dicas. JSB viu isso como "um modelo precoce de uma rede social".

À medida que a equipe do PARC fazia experiências, outros empreendedores do Vale do Silício ficavam cada vez mais fascinados pelo que ela estava fazendo e procuravam imitar suas ideias. Steve Jobs, o fundador da Apple, por exemplo, visitou o PARC em 1979, viu os esforços do grupo para construir um computador pessoal e depois desenvolveu algo semelhante na Apple, contratando um dos principais pesquisadores do PARC. Outras ideias que surgiram no PARC foram refletidas na Apple e em outras empresas do Vale do Silício. No entanto, uma ironia da história do PARC é que a própria Xerox foi notavelmente incapaz de transformar algumas dessas ideias brilhantes em aparelhos lucrativos e, nas décadas seguintes, a situação da empresa se deteriorou.[27] Isso ocorreu, em parte, porque a cultura da empresa era conservadora e lenta, mas também porque o PARC estava sediado na Costa Oeste, enquanto a sede da Xerox ficava em Connecticut — e as principais unidades de engenharia e manufatura estavam em Rochester, Nova York. Muitas vezes, boas ideias caíam no esquecimento, frustrando o pessoal do PARC.

No entanto, a equipe do PARC poderia se consolar com outra coisa: com o passar dos anos, suas ideias tiveram um grande impacto nas ciências sociais e no Vale do Silício. Seu trabalho ajudou a gerar o desenvolvimento do movimento da "experiência do usuário" (UX) e estimulou empresas como a Microsoft e a Intel a criar equipes semelhantes. Suas ideias sobre a "criação de sentido" se espalharam pelo mundo dos bens de consumo, adotadas pelos etnógrafos daquele setor.[28] Em seguida, o conceito de "criação de sentido" entrou em outra esfera improvável — Wall Street.

A cientista social Patricia Ensworth foi uma das primeiras a usar a criação de sentido nas finanças. Em 2005, ela recebeu uma mensagem urgente de um diretor administrativo de uma instituição que Ensworth descreveu como "Megabling" (pseudônimo que ela escolheu para descrever "um dos cinco maiores bancos de investimento do mundo").[29] "Precisamos de um consultor para nos ajudar a reformular alguns projetos!", disse o gerente de TI. Ensworth estava acostumada a tais apelos: a essa altura, ela havia passado mais de uma década adotando silenciosamente as técnicas de Orr, Suchman e Seely Brown, pioneiros no estudo sobre como finanças e informática interagiam com humanos.

Como muitos outros no ramo, ela se mudou para esse território inexplorado de uma forma não planejada. Começou sua carreira na década de 1980, como assistente administrativa, trabalhando no chamado sistema de computadores em rede Wang, porque precisava de um salário para financiar seus estudos de pós-graduação em antropologia. Uma vez que as mulheres eram tradicionalmente associadas à habilidade de digitar, "as pessoas que tinham sido assistentes administrativos logo colocaram as mãos em programas de processamento de texto, planilhas e software de gerenciamento de documentos e foram os primeiros consultores de automação de escritório", lembra ela.[30] Então, depois de obter seu diploma, ela conseguiu um emprego como analista de automação de escritório e operadora de central de atendimento da Merrill Lynch em 1985, enquanto pensava em como usar suas credenciais de ciências sociais. Por fim, ela percebeu que o melhor material de pesquisa estava bem embaixo de seu nariz: os computadores pessoais autônomos estavam surgindo no mundo empresarial ocidental e os codificadores de MS-DOS estavam desafiando as hierarquias de processamento de dados que haviam sido governadas pelos mandarins dos *mainframes* (computadores de grande porte). Uma comunidade inteira estava em fluxo. Ela decidiu usar a ciência social para ajudar a explicar por que os problemas de TI tendiam a gerar tanta angústia nas finanças.

Sua pesquisa rapidamente mostrou que as questões eram sociais e culturais, tanto quanto técnicas. Em um de seus primeiros projetos, por exemplo, ela descobriu que os codificadores de software estadunidenses estavam totalmente perplexos porque seus programas, desenvolvidos internamente, viviam funcionando mal — até ela explicar que os costumes de trabalho de escritório em outros locais eram diferentes. No início da década de 1990, Ensworth ingressou no Moody's Investors Service, onde acabou se tornando diretora de controle de qualidade para os sistemas de TI. Parecia um trabalho técnico. No entanto, seu papel principal era reunir tribos diferentes — codificadores de software, técnicos de infraestrutura de TI, analistas, vendedores e clientes externos. Então, ela formou uma consultoria para aconselhar sobre "gestão de projetos, análise de risco, controle de qualidade e outras questões ligadas aos negócios", combinando consciência cultural com engenharia.

O projeto "Megabling" foi emblemático. Como a maioria de seus concorrentes, esse banco de investimento estava correndo para disponibilizar suas operações online. Mas, em 2005, sua equipe de mercado de capitais enfrentou uma crise. Antes de 2000, os negociantes da Megabling haviam terceirizado grande parte da plataforma de TI para fornecedores na Índia, pois eram mais baratos do que os especialistas em TI dos Estados Unidos. Contudo, embora os codificadores e os testadores dos fornecedores fossem habilidosos ao lidar com produtos de investimento tradicionais, como ações, títulos e opções, as equipes indianas tinham dificuldades para lidar com um novo negócio de derivativos que a Megabling estava construindo, uma vez que os codificadores indianos usavam métodos de engenharia formais e burocráticos. Então, a Megabling passou a usar outros fornecedores, em Kiev, na Ucrânia, e em Toronto, no Canadá, que tinham um estilo mais flexível e estavam acostumados a colaborar com matemáticos criativos. Mas isso piorou ainda mais os problemas: prazos foram perdidos, defeitos surgiram e custosas disputas floresceram.

"No escritório da Megabling, em Nova York, as tensões eram grandes entre os representantes locais dos fornecedores de funções terceirizadas concorrentes", escreveu Ensworth mais tarde. "Tudo mudou quando estourou uma briga: um testador canadense insultou uma testadora indiana com palavrões e ela jogou café quente na cara dele. Como isso constituía, legalmente, uma agressão no local de trabalho, a testadora foi imediatamente demitida e deportada. Debates sobre a justiça punitivista dividiram o escritório... [e] ao mesmo tempo, os auditores de gestão de risco descobriram algumas graves violações operacionais e de segurança nas infraestruturas e nos processos de TI terceirizados."[31]

Muitos funcionários da Megabling atribuíram os problemas a confrontos interétnicos. Mas Ensworth suspeitava de outro mais sutil. Quase todos os codificadores da Megabling, estivessem eles na Índia, em Manhattan, em Kiev ou em Toronto, haviam sido treinados para pensar de uma forma unidirecional, conduzida por uma lógica sequencial, sem muita visão lateral. Nesse sentido, eles eram semelhantes aos engenheiros da Xerox que haviam criado programas de IA para fotocopiadoras. A natureza binária do software que eles desenvolveram, a qual traduz fundamentalmente toda a experiência em interruptores eletrônicos liga-desliga, hexadecimais 0-1, também significava que eles tendiam a usar uma mentalidade de "estou certo, você está errado". Isso também moldava a forma como eles criavam seus sistemas de TI: embora os codificadores fossem capazes de produzir algoritmos que resolvessem problemas *específicos*, eles encontravam dificuldade para enxergar o quadro mais amplo ou colaborar para adaptar a estrutura à medida que as condições mudavam. O problema era semelhante ao que perseguia as fotocopiadoras da Xerox: assim como a poeira poderia fazer com que máquinas idênticas funcionassem de maneiras diferentes, quando os banqueiros usavam sistemas de TI e colocavam produtos novos neles, isso mudava a forma como o programa funcionava. "Os [codificadores] documentam suas pesquisas na forma de casos de uso, fluxogramas e projetos de arquitetura de sistema", observou Ensworth. "Esses documentos funcionam bem para a versão 1.0 porque o modelo do ciberespaço corresponde à experiência vivida pela comunidade de usuários. Mas, com o tempo, o modelo e a realidade divergem cada vez mais.

Muitas vezes, os codificadores pareciam não perceber a distância entre seu plano inicial e a realidade subsequente, ou o ocultavam por constrangimento.

Isso poderia ser corrigido? Ensworth tentou abordar a questão procurando incutir uma sensação de visão lateral nos codificadores. Ela convenceu os fornecedores na Índia a distribuírem material de treinamento para sua equipe sobre as regras e os costumes dos escritórios estadunidenses e tentou ensinar aos fornecedores na Ucrânia e no Canadá sobre os perigos de adotar uma abordagem excessivamente informal de TI. Ela mostrou vídeos para codificadores que demonstravam as condições barulhentas e caóticas nas salas de negociação dos bancos; isso foi um choque, uma vez que os codificadores de TI normalmente trabalhavam em silêncio e com calma, como em uma biblioteca. Ela explicou aos gerentes da Megabling que os codificadores ficavam com raiva por não terem acesso a bancos de dados importantes e a ferramentas de propriedade exclusiva do banco. Ela também assegurou aos codificadores com inclinação burocrática que eles eram apreciados pela empresa — mesmo que os próprios banqueiros parecessem zangados.[32] O objetivo era ensinar todos os "lados" a adotar o preceito mais básico da antropologia: ver o mundo a partir de outro ponto de vista.

Em 2008, quando a crise financeira eclodiu, o projeto foi encerrado e Ensworth passou a trabalhar para outros bancos, geralmente focados nas ameaças à segurança cibernética que aumentavam rapidamente. Isso interrompeu o experimento. Mas Ensworth esperava que algumas das lições de antropologia tivessem sido assimiladas. "Os cronogramas de entrega e as taxas de erro causavam problemas ocasionais, mas não eram mais uma preocupação constante e generalizada", ela escreveu mais tarde.³³ Melhor ainda, os funcionários de TI pararam de jogar café nos banqueiros.

Em outra esquina de Wall Street, Beunza também estava usando o conceito de criar sentido — mas entre os operadores financeiros. Em 1999, ele entrou na mesa de negociação de ações de uma empresa, que ele apelidou de "International Securities", a qual estava sediada em "um imponente arranha-céu corporativo em Lower Manhattan". "Bob", o chefe de negociação de ações, concordou em deixar Beunza acompanhar os negociantes enquanto trabalhavam, na esperança de obter dele algumas informações e ideias de gestão gratuitas. Mas o estudo não saiu como planejado. Beunza queria estudar como a gritaria dos negociantes afetava os mercados. "Eu assisti a *Wall Street* de Oliver Stone e fiquei comovido com o drama das aquisições de empresas. Eu havia lido *A fogueira das vaidades*, de Tom Wolfe, e imaginava que as salas de negociação de Wall Street estavam superlotadas e dominadas pela emoção e, como Wolfe escreveu, cheias de 'jovens [...] suando de manhã cedo e gritando'"³⁴, ele explicou mais tarde.

Mas quando, por fim, ele chegou à International Securities, teve um choque: a sala de negociação era silenciosa. Beunza ficou consternado. "Por que seus negociantes não agem como nos filmes?", ele perguntou. A resposta foi simples: grande parte da negociação de ações passara a ser feita online e não era mais executada por telefone ou pessoalmente, em um *pit* (ponto de negociação de uma ação específica) na bolsa de valores. O drama acontecia na tela de um computador.

Beunza ficou ainda mais perplexo: se tudo podia ser feito online, por que os bancos se preocupavam em usar mesas de negociação? "Para entender um ao outro", respondeu Bob. "Quando tenho algo complicado para explicar a outra pessoa, detesto fazê-lo por telefone, porque preciso saber se o outro está entendendo o que digo. A mesa de negociação [...] é um lugar social. Você pode ouvir a conversa das outras pessoas. Às vezes, o mercado fica parado. Você fica entediado.

É gostoso ter contato com os outros caras." Na verdade, Bob considerava essa interação social tão importante que passava muito tempo refletindo sobre a questão, aparentemente antiquada, de onde sentar os negociantes. "Eu troco as pessoas de lugar o máximo que posso. Elas resistem. Minha regra geral é que elas só falam com outros ao seu redor... [então] podem reclamar de mim e se conhecerem enquanto fazem isso. [...] A artimanha é juntar as pessoas que não se conhecem apenas o suficiente para elas se conhecerem, mas não tanto tempo a ponto de elas se atracarem.

A razão, acrescentou Bob, era que "quando dois negociantes estão sentados lado a lado, mesmo que um não goste do outro, eles cooperarão entre si. Como colegas de quarto". Assim, ele trocava cada negociante de posição a cada seis meses. Ele também insistia em manter "os PCs em uma altura baixa para que eles pudessem ver o resto da sala" e sentava-se na mesa com o resto dos financistas para assisti-los.

Bob apresentou essa estratégia como senso comum. (E, mais tarde, Beunza concluiu que Bob era um dos melhores gerentes que ele já vira em Wall Street.) Mas Beunza continuava perplexo. Os financistas deveriam tomar decisões de investimento com o benefício de modelos financeiros baseados na ciência e na matemática complexa, sobretudo porque estavam usando estratégias financeiras "quantitativas". Então, por que importava onde eles se sentavam? A resposta, ele concluiu, era mais bem colocada em termos de "criação de sentido". Os negociantes que "navegavam" nos mercados estavam, essencialmente, utilizando dois modos de pensamento. Às vezes, eles usavam modelos para traçar e seguir um rumo predefinido, da mesma maneira que um marinheiro do século 21 usa o GPS. No entanto, eles também "navegavam", nos mercados, absorvendo uma vasta gama de outros sinais e informações. A criação de sentido ocorria quando os negociantes se juntavam na frente de um quadro branco ou se reuniam em bares. No entanto, ela também ocorria quando os negociantes ouviam as conversas uns dos outros ou apenas brincavam com quem estava sentado a seu lado.

Assim como Orr havia percebido que o "diagnóstico é um processo narrativo" para os técnicos da Xerox, Beunza decidiu que a "fofoca" na mesa de negociação de um banco criava "um sistema social que equipava os negociantes para enfrentar melhor a incerteza inerente ao uso de modelos financeiros". Essa "fofoca" dos banqueiros era o equivalente às conversas dos técnicos sobre poeira.

Isso importava porque os modelos — assim como aquelas máquinas Xerox — não se comportavam de maneira uniforme quando os humanos interagiam com eles. Os financistas costumam falar sobre modelos como se fossem uma "máquina fotográfica" produzindo imagens dos mercados, captando o que está acontecendo e, em seguida, usando esse instantâneo, supostamente neutro, para prever o futuro. No entanto, isso é ilusório. Como observou o sociólogo financeiro Donald MacKenzie, os modelos não são uma "máquina fotográfica", mas o "motor" dos mercados, uma vez que as pessoas negociam com base neles, e, portanto, eles movimentam os preços.[35] Os modelos mudam exatamente aquilo que deveriam monitorar. Além disso, eles não são usados da mesma forma por todos, pois sua aplicação é influenciada por fatores "materiais" locais.[36] Quando MacKenzie observou banqueiros em Londres e Nova York, descobriu que diferentes mesas usavam o mesmo modelo para produzir valores diferentes para títulos. Era por isso que as narrativas importavam, tanto para o diagnóstico de eventos passados *quanto* para as previsões do futuro. O mesmo se aplica aos formuladores de políticas. Quando outro antropólogo, Douglas Holmes, estudou os banqueiros centrais em instituições como o Banco da Inglaterra, o Riksbank e o Banco da Nova Zelândia, ele percebeu que as intervenções verbais deles — e suas próprias reações às histórias que ouviam sobre a economia — desempenhavam um papel crucial em como a política monetária "funcionava".[37] Financiadores e formuladores de políticas podiam tentar descrever seu ofício em termos de ciência, criando modelos para monitorar o preço do dinheiro, mas a física newtoniana não funcionava no mundo do dinheiro porque os protagonistas reagiam constantemente uns aos outros — com palavras. A psicologia individual e coletiva importava.[38] Daí a relevância daquilo que o economista Robert Shiller chama de "economia narrativa", ou aquilo que os antropólogos podem chamar de criação de sentido.[39]

Essas narrativas e interações também significavam que a configuração das mesas de negociação era muito importante, por razões boas *e* ruins. Gerentes como Bob acreditavam que, quando os negociantes certos se sentavam um ao lado do outro, era mais provável que tivessem um desempenho superior, mesmo quando negociavam em telas eletrônicas. No entanto, a configuração de uma mesa de negociação também pode criar tribalismo e visão em túnel, uma vez que equipes excessivamente unidas podem não se comunicar com outras. Padrões físicos e sociais tendem a refletir e reforçar uns aos outros, criando um *habitus*, para usar o termo de Bourdieu. Isso poderia fomentar o pensamento de grupo dentro das equipes. Havia também uma grande divisão entre os escritórios da "frente", do "meio" e da "retaguarda", ou seja, as equipes que concebiam as transações e aquelas que as executavam no sentido logístico. "As fronteiras entre os escritórios da frente, do meio e da retaguarda descrevem hierarquias sociais", observou Ho. "Os funcionários dos escritórios da frente e da retaguarda não se socializam nem mesmo durante o horário de trabalho (o fato de os elevadores só pararem em determinados andares torna essa socialização bastante difícil).[40] "Essa divisão parecia tão normal para os financistas que eles raramente a questionavam, uma vez que a geografia física e a social estavam entrelaçadas. Mas isso criava todo tipo de risco: os negociantes que não tinham uma visão holística de uma transação poderiam se tornar mais arrogantes em relação a questões de infraestrutura ou quanto às consequências das transações que faziam. Isso gerava aquilo que Beunza descreveu como "desengajamento moral baseado em modelos": após os negociantes executarem uma transação com seus modelos, eles não sentiam a necessidade de considerar a logística do mundo real, de como essa transação seria executada ou o impacto que ela causaria na economia "real" (e em pessoas "reais", como observei no Capítulo 4).

Gerentes inteligentes, como Bob, reconheciam instintivamente esses riscos. Era por isso que ele tentava trocar os negociantes de lugar toda hora, gastando grandes somas de dinheiro no processo. Bob também tentava promover a interação entre equipes, para criar o que os sociólogos chamam de "troca de informações incidentais", ou o tipo de fluxo de ideias que pode ocorrer quando as pessoas se encontram. Isso ajudava a quebrar a tendência constante de os operadores repetirem o que ouviam de seus pares, ou exibirem o comportamento de manada em determinadas classes de ativos. Não havia como medir o valor tangível disso em termos monetários. Bob nunca poderia provar que valia a pena gastar grandes somas, regularmente, para trocar a fiação da mesa de negociação sempre que os integrantes de suas equipes mudavam de lugar. No entanto, Beunza entendia por que Bob fazia aquilo: mesmo em um mercado financeiro digital, os humanos precisavam interagir para obter essa visão lateral e criar sentido.

Essa situação, é claro, levantava uma questão: o que aconteceria se os humanos fossem, de repente, *impedidos* de trabalhar presencialmente? Enquanto pairava, como uma mosca na parede das mesas de negociação em Wall Street e no centro financeiro de Londres nos primeiros anos do século 21, Beunza costumava se fazer essa mesma pergunta. Ele achava que era impossível saber. No entanto, na primavera de 2020, ele foi, inesperadamente, apresentado a um experimento natural: à medida que a Covid-19 se espalhou, as instituições financeiras, de repente, fizeram o que Bob disse que nunca fariam ou poderiam fazer: enviaram os operadores para casa com seus terminais Bloomberg. Então, durante o verão, Beunza procurou seus antigos contatos de Wall Street para fazer uma pergunta-chave: o que havia acontecido?

Não foi fácil fazer a pesquisa. A antropologia havia emergido como uma disciplina que valorizava as observações presenciais. A realização de pesquisas pelo Zoom parecia ir contra isso. "Como etnógrafa e pesquisadora de usuários na indústria, grande parte do meu trabalho depende de falar com as pessoas cara a cara, entender como elas vivem suas vidas em seus próprios termos e em seus próprios espaços", explicou Chloe Evans, antropóloga do Spotify, em um debate da EPIC em 2020 para discutir o desafio. "Estar no mesmo espaço é vital para entendermos como as pessoas usam produtos e serviços das empresas para as quais trabalhamos."[41] No entanto, os etnógrafos perceberam que o novo mundo também trazia benefícios: eles alcançam as pessoas no mundo inteiro em pé de igualdade e — às vezes — com mais intimidade. "Vemos pessoas em contextos que não estão disponíveis para nós em ambientes de laboratório", observou um etnógrafo chamado Stuart Henshall, que estava pesquisando comunidades pobres na Índia. Antes do confinamento da Covid-19, a maioria dos índios que ele entrevistava tinha tanta vergonha de seus espaços domésticos que preferia ir a um escritório de pesquisa, explicou. Mas, após o confinamento, seus entrevistados começaram a falar com ele por meio de videochamadas, em suas casas e em riquixás motorizados, o que lhe permitiu obter informações sobre um aspecto totalmente *novo* de suas vidas. "Os participantes estão simplesmente mais confortáveis em casa, em seu ambiente. Eles se sentem mais no controle", observou ele. Era um novo tipo de etnografia.[42]

Quando Beunza entrevistava banqueiros por meio de um link no computador, ele encontrava ecos desse padrão de riquixá: os entrevistados estavam mais dispostos a se envolver com ele em casa do que no escritório, e a experiência parecia mais íntima. Os financistas lhe diziam que acharam relativamente simples transferir algumas funções para o ciberespaço, pelo menos no curto prazo. O trabalho em casa era fácil se você estivesse criando um programa de computador ou digitalizando documentos legais. Equipes que já trabalhavam juntas há muito tempo também puderam interagir bem por meio de vídeo. O grande problema, porém, era a troca de informações incidentais. "A parte que é muito difícil de replicar é a informação que você não sabia que precisava", observou Charles Bristow, negociante sênior do JP Morgan.[43] "[É] quando você ouve algum barulho de uma mesa a um corredor de distância, ou ouve uma palavra que desencadeia uma linha de pensamento. Se você está trabalhando em casa, não sabe que precisa daquela informação." O trabalho em casa também tornou difícil ensinar aos banqueiros mais jovens a pensar e a se comportar; as experiências físicas eram cruciais para transmitir os hábitos — e o *habitus* — das finanças para um aprendiz. "A melhor maneira de estabelecer o tom da conduta nos serviços financeiros é por meio da observação e da definição da mensagem pela liderança sênior", acrescentou Bristow. "Em uma configuração distribuída, isso torna-se muito mais difícil."

Por tudo isso, Beunza não ficou surpreso ao saber que os financistas estavam ansiosos para levar os negociantes de volta ao escritório o mais rápido possível e também não se surpreendeu ao saber que muitos chefes mantiveram, discretamente, algumas equipes trabalhando no escritório durante o confinamento. Tampouco ficou surpreso com o fato de que, quando bancos como o JP Morgan começaram a trazer algumas equipes de volta — no início, com 50% da capacidade —, eles dedicaram muito tempo criando sistemas para "fazer um rodízio" de pessoal; a solução, em lugares como o JP Morgan, parecia não ser trazer equipes inteiras, mas pessoas de grupos *diferentes*. Essa era a maneira mais eficaz de obter a importante troca de informações incidentais que gerentes, como Bristow, valorizavam quando o escritório estava com sua capacidade pela metade. Mas um dos detalhes mais reveladores das entrevistas de confinamento de Beunza foi em torno da questão do desempenho. Quando ele perguntou aos financistas dos principais bancos de Wall Street e da Europa como eles haviam se saído durante a crise de turbulência de mercado que eclodiu na primavera de 2020, "os banqueiros disseram que as equipes de negociação que ficaram no escritório se saíram muito, muito melhor do que aquelas que ficaram em casa", disse-me Beunza no outono de 2020. "Os bancos de Wall Street mantiveram mais equipes no escritório, então parecem ter se saído muito melhor do que os da Europa." Isso talvez tenha ocorrido devido a falhas nas plataformas de tecnologia domésticas. Mas Beunza atribuiu o fenômeno a outro fator: as equipes presenciais tinham mais trocas de informações incidentais e criavam mais sentidos, e, em momentos de estresse, essa criação de sentido parecia duas vezes mais importante.

Os banqueiros que Beunza observou não foram os únicos a perceber o valor do físico. O mesmo estava ocorrendo com os nerds da internet no IETF, embora esses fossem os profissionais que, sem dúvida, melhor conheciam o ciberespaço. Quando a Covid-19 chegou, no início de 2020, os organizadores do IETF decidiram substituir suas convenções presenciais normais por cúpulas virtuais. Alguns meses depois, eles realizaram uma pesquisa entre quase seiscentos membros do IETF para ver como eles se sentiam sobre essa mudança para o digital.[44] Mais da metade dos engenheiros disseram que consideravam as reuniões online *menos* produtivas do que suas versões presenciais, e apenas 7% deles preferiram reuniões no ciberespaço. Esse desprezo por reuniões virtuais não era porque eles achavam difícil fazer atividades técnicas, como escrever programas, online. O problema principal era que os engenheiros perdiam a visão periférica e a troca de informações incidentais que aconteciam nas reuniões presenciais. "[Online] não funciona. Os encontros presenciais NÃO se limitam às sessões formais de reunião — envolvem conhecer pessoas fora das reuniões, em eventos sociais", reclamou um membro do IETF. "A falta de reuniões e bate-papos fortuitos no corredor faz uma grande diferença", disse outro. Ou como um terceiro entrevistado explicou: "Precisamos nos encontrar pessoalmente para realizar um trabalho relevante".

Eles também sentiam falta de seus rituais de fazer barulho. À medida que as reuniões mudaram para o ciberespaço, dois terços dos entrevistados disseram que queriam explorar maneiras de criar um consenso aproximado no ciberespaço. "Precisamos descobrir como 'fazer barulho' online", declarou um membro. Assim, os organizadores do IETF experimentaram realizar pesquisas online. Mas os membros do IETF reclamaram que as pesquisas virtuais eram muito restritas e unidimensionais; eles ansiavam por uma maneira mais sutil e tridimensional de avaliar o humor de sua tribo. "A coisa mais importante para mim sobre fazer barulho é uma ideia de quantas pessoas zumbiam, ou quão alto. Os números exatos não importam, a proporcionalidade sim", disse um. Ou como outro reclamou: "Não é possível substituir o barulho presencial". Um veterano do Vale do Silício poderia ter descrito esse fato como um caso de especialistas em informática que anseiam por algumas conexões *indefinidas*, para usar a metáfora de Hartley.[45] Os antropólogos descreveriam isso como uma busca pela criação de sentido. De qualquer forma, o ponto-chave foi (e é) este: a pandemia forçou os trabalhadores a ir para o ciberespaço e os tornou mais competentes digitalmente; mas também expôs um silêncio social, ou seja, o papel das interações e dos rituais humanos. Esquecemos isso por nossa conta e risco, com ou sem pandemia.

10
DINHEIRO MORAL
(ou: o que realmente impulsiona a sustentabilidade?)

"Os mercados possuem ineficiências inerentes bem conhecidas, [tal como] quem está tomando as decisões não presta atenção àquilo que é conhecido como externalidades, o efeito sobre os outros." — Noam Chomsky[1]

No verão de 2020, conheci Bernard Looney, o CEO da BP. A palavra "conheci", no entanto, foi um eufemismo. Como estávamos no meio do confinamento da Covid-19, eu estava sentada no meu quarto de hóspedes desarrumado em Nova York; ele falava, em um link cibernético, de um *home office* estiloso no oeste de Londres, com estantes elegantes ao fundo. Isso criou uma estranha ilusão de intimidade. Em vez de olhar para Looney do outro lado de uma mesa, em uma sala de conferências, eu via seu rosto bem delineado, pixel por pixel. Com sotaque irlandês, ele esbanjava um charme autodepreciativo.

Looney também tinha uma boa história para contar. Alguns meses antes, ele havia se tornado presidente-executivo da BP e surpreendido os investidores ao anunciar uma mudança de rumo radical. A empresa era uma gigante dos combustíveis fósseis havia décadas. Até 1998, seu nome era "British Petroleum". Mas Looney parecia determinado a se afastar desse passado "petróleo" e prometido que a empresa se tornaria "neutra em carbono" até 2050, ou antes, o que implicava que ela reduziria seu investimento em poços de petróleo e gás e focaria em energia renovável, como a solar.[2] Isso não satisfez ativistas ambientais como Greta Thunberg, que queria que as empresas de petróleo e gás parassem de perfurar imediatamente. A BP não estava disposta a fazê-lo, até porque insistia que precisava das receitas derivadas dos combustíveis fósseis para financiar a transição para a energia limpa. Entretanto, para a BP, a mudança de rumo foi surpreendente e diferente da postura adotada por outros grupos, como a Exxon. Extremamente notável foi a maneira como Looney apresentou a situação. Conforme gostava de contar a história, ele havia sido influenciado por um evento um ano antes, quando compareceu à Assembleia Geral Anual (AGA) da BP em Aberdeen e encontrou alguém de uma tribo social radicalmente diferente: uma ativista ambiental.

Como outros de sua laia, os executivos da BP estavam acostumados com a presença de manifestantes nesses rituais anuais, os quais buscavam atrair o máximo de atenção possível. Esta assembleia geral não foi diferente. Ao mesmo tempo que ela começava, em Aberdeen, um grupo escalava a sede da BP em Londres. Em Aberdeen, ativistas climáticos, do lado de fora do prédio, empunhavam cartazes que mostravam o logotipo-padrão com o sol amarelo e verde da BP como uma esfera que sangrava e ardia em chamas. Alguns entraram clandestinamente na reunião para protestar (antes de serem arrastados para fora pelos seguranças). Outros fizeram perguntas à diretoria da BP durante a AGA; como eles eram proprietários de ações, tinham o direito de falar e sempre tentavam exercê-lo. Em geral, os executivos da BP tentaram responder a essas perguntas, mas não entraram em detalhes. Para os executivos que haviam passado anos enredados no dinâmico mundo da geração de energia, os ativistas pareciam uma tribo completamente estranha.

No entanto, naquele dia, enquanto ouvia os protestos e perguntas na Assembleia Geral, Looney ficou impressionado com quão articulada era uma das manifestantes. Ele pediu para conhecê-la, pois queria descobrir o que havia motivado suas críticas e ver o mundo através de seus olhos, ainda que fosse por um momento. "Minha mãe sempre me disse que nós temos uma boca e duas orelhas e precisamos usá-las nessa proporção. Eu queria ouvir o que os manifestantes tinham a dizer", ele me disse. "Então nos encontramos discretamente, durante o almoço, e pedi que ela explicasse por que nos odiava. Eu apenas escutei. Não gritamos um com o outro. Ela expôs sua linha de pensamento.

Não concordei com a maior parte do que ela disse, mas ela falou coisas sobre as quais eu não tinha pensado antes. Aprendi muito."[3]

"Que tipo de coisas?", perguntei.

"Muito do ela que disse foram críticas a nós. Eu já tinha ouvido isso antes. Mas aí ela me perguntou: 'Por que você não coloca fotos de plataformas de petróleo e gás em seus anúncios? Por que você só coloca fotos de energias renováveis? Você tem vergonha do petróleo e do gás? Se isso é verdade, por quê?'. Isso me fez pensar." Ele se recusou terminantemente a me dizer o nome da manifestante: "Porque, se eu dissesse, isso tornaria mais difícil para ela fazer seu trabalho. Eu não quero isso". Mas, depois, ele se encontrou com ela, cerca de meia dúzia de vezes, para tentar ouvi-la. "Não concordo com tudo ou com a maior parte do que ela diz. Mas quero ouvi-la, ver o mundo através de seus olhos. Ela definitivamente mudou alguns dos meus pontos de vista."

Eu fiquei surpresa. Ao longo de minha carreira como jornalista, entrevistei muitos executivos de negócios, muitos dos quais haviam sido objeto de críticas. A maioria reagiu às críticas adotando uma postura defensiva. Quase nenhum se esforçou para ouvir as pessoas que os odeiam. Quando trabalhei na coluna Lex em 2004, conversei com empresas de energia que chamavam os manifestantes de hippies. Em 2009, ouvi os homens (e eram quase exclusivamente homens) que administravam os bancos de Londres e de Wall Street desprezarem movimentos de protesto como o Ocupe Wall Street.* Em 2016, ouvi titãs do Vale do Silício protestarem contra o *techlash*, a forte reação contra as grandes empresas de tecnologia. (Quando Mark Zuckerberg, o líder do Facebook, anunciou, em 2017, que queria embarcar em uma "turnê de escuta" entre CEO pessoas comuns, sua decisão chamou a atenção porque o gesto parecia muito raro; de qualquer forma, não estava nada claro se Zuckerberg estava disposto a ouvir críticas.)[4]

---

* O Ocupe Wall Street é um movimento de protesto contra a desigualdade econômica e social iniciado no centro financeiro de Nova York em setembro de 2011. (N.T.)

Dinheiro moral

Looney, no entanto, afirmava que ele genuinamente queria ouvir. Parecia que tinha acabado de engolir um livro de antropologia social: estava tentando penetrar na mente do estranho "outro" para obter outro ponto de vista.

"Você já estudou algo de antropologia?", perguntei. Ele negou com a cabeça, na tela do meu computador, e explicou que havia estudado engenharia em Dublin. Atribuiu seu desejo de ouvir à sua mãe e ao fato de ter sido um aluno medíocre na universidade e, portanto, a nunca se sentir confiante o suficiente para ignorar a opinião dos outros. Ele também parecia ter sido influenciado pelo fato de ter feito terapia e, ao contrário da maioria dos CEOs, estava disposto a admitir isso para acabar com o estigma que, às vezes, lhe imputavam na esfera corporativa. "Eu sempre acreditei que você precisa ouvir. Isso é apenas uma questão de boa gestão."

Eu não poderia dizer se ele realmente acreditava naquilo. Como qualquer CEO recém-empossado, Looney tinha um forte incentivo para fazer uma campanha de promoção pessoal. Seu antecessor na BP, Bob Dudley, havia sido criticado pelos investidores por parecer indiferente, e a diretoria da BP havia escolhido Looney para o cargo em parte porque desejava mudar a imagem da empresa. Looney ainda precisava transformar essa retórica ousada em planos de ação tangíveis. Esses planos funcionariam se ele realizasse ações concretas?* Eu não sabia dizer. Mas o simples fato de ele estar usando essa linguagem era impressionante. Por um lado, mostrou-se que era possível para um CEO adotar um pouco da mentalidade e do processo de pensamento

---

* Essa história não tem o objetivo de fornecer um relato completo sobre a bp estar ou não fazendo o suficiente para combater as mudanças climáticas. Os defensores da bp observam que as medidas prometidas por ela são potencialmente mais radicais do que a maioria das de seus concorrentes, o que pode refletir o fato de que a empresa tem uma cultura mais afeita ao risco do que as outras. Os críticos apontam que há elementos de suas reformas planejadas que não parecem particularmente "verdes" (ela está vendendo seus ativos sujos para produtores de energia menos escrupulosos, por exemplo). Na verdade, levará tempo para que a avaliação sobre as reformas da bp fique clara.

de um antropólogo — embora sem nunca ter realmente usado essa palavra ou de tê-la pegado emprestado da própria disciplina. Looney classificou suas ações simplesmente como boa "gestão". No entanto, era surpreendente que tão poucos líderes corporativos parecessem adotá-la ativamente em um mundo volátil.

O segundo ponto marcante em sua atitude foi Looney estar sendo influenciado pelo entorno mais amplo. Ele queria dizer a mim — e ao mundo todo — que estava se envolvendo com ativistas ambientais porque o *zeitgeist* estava mudando mais rápido do que quase todos esperavam. Empresas como a BP estavam sendo atacadas não apenas por pessoas como Thunberg, mas também por investidores mais tradicionais. No ano anterior ao nosso encontro, o preço das ações da BP havia caído quase pela metade, da mesma forma que outras empresas de energia. As dores econômicas causadas pela extensão do confinamento da Covid-19 foram responsáveis por parte dessa queda. No entanto, os investidores estavam evitando as ações de petróleo e gás fóssil porque temiam que o setor não seria tão lucrativo no futuro quanto fora no passado, uma vez que os governos estavam reprimindo o uso de combustível fóssil e os consumidores fazendo manifestações por causa da crise climática. Isso estava criando uma ansiedade crescente com relação aos "ativos encalhados", uma forma abreviada de se referir à ideia de que as reservas de petróleo e de gás das empresas de combustíveis fósseis poderiam acabar sendo inúteis, tornando essas empresas menos valiosas do que os investidores supunham. Ou, em outras palavras, questões como o meio ambiente pareciam ter sido excluídas dos modelos dos investidores e dos economistas. Elas eram chamadas de "externalidades" e, muitas vezes, ignoradas. Agora, as externalidades ameaçavam se tornar tão importantes que estavam derrubando os modelos. A ideia de mantê-las "externas" aos modelos parecia cada vez mais ridícula — como qualquer antropólogo sabia que era.

A maneira como a maioria dos investidores via essa mudança drástica de atitude era em termos da ascensão do movimento de "sustentabilidade" ou "finanças verdes" — ou com referência à sigla "ESG", uma abreviação de princípios "ambientais, sociais e de governança" (em inglês). Outra forma também usada de olhar para essa questão era o *stakeholderism*, ou a ideia de que as pessoas que administram as empresas não devem simplesmente visar gerar retornos para os acionistas — da forma que homens como Milton Friedman, economista da Universidade de Chicago, defenderam no passado —, mas proteger os interesses de todas as partes envolvidas: funcionários, sociedade em geral, fornecedores e assim por diante. Entretanto, enquanto eu ouvia Looney falar, ocorreu-me que havia outra maneira — mais simples — de definir o que estava e está acontecendo: os líderes empresariais e financeiros estavam se afastando da visão em túnel para adotar a visão lateral. A visão das empresas que Friedman havia postulado na década de 1970 era focada, limitada e simplificada: esperava-se que os CEOs perseguissem apenas um alvo (o retorno para os acionistas) e ignorassem quase todo o resto; ou, mais precisamente, deixassem os governos e os grupos filantrópicos se preocuparem com as "externalidades". Os críticos argumentaram que essa postura era míope e egoísta. "Se você está em um sistema em que precisa do lucro para sobreviver, é compelido a ignorar as externalidades negativas", como reclamou Noam Chomsky.[5] Mas a maioria dos líderes empresariais e dos economistas que defendiam o livre mercado retrucava que o foco nos lucros dos acionistas fazia com que as empresas fossem fortes e, assim, impulsionassem o crescimento.

No entanto, enquanto Looney olhava para mim na tela, ele enfrentava um mundo onde os investidores exigiam mais do que retornos; de repente, eles estavam se concentrando no contexto das empresas e nas consequências do que elas faziam. Em outras palavras, não era apenas Looney que estava agindo como se, de alguma forma, tivesse devorado um curso de antropologia para iniciantes; os investidores também atuavam dessa mesma forma. O que levanta uma questão intrigante: por que tantos investidores haviam começado a adotar uma visão mais lateral — antropológica — naquele exato momento da história?

A ligação entre o movimento ESG e a antropologia nem sempre foi visível para mim. Tropecei nela — como tantas vezes em minha carreira — tanto por acaso quanto por intenção. Essa história começou no verão de 2017. Naquela época, eu dirigia as operações editoriais do *Financial Times* nos Estados Unidos, uma função que exigia que eu monitorasse finanças, negócios e política. Eu era constantemente bombardeada com e-mails das equipes de relações públicas de grandes empresas e instituições, que estavam ansiosas para nos apresentar histórias. Um dia, enquanto eu percorria o poço sem fundo da minha caixa de e-mail, ocorreu-me que as palavras "sustentabilidade", "verde", "socialmente responsável" e "ESG" apareciam constantemente nos cabeçalhos dos e-mails. Em geral, eu os ignorava ou apagava. Do ponto de vista pessoal, simpatizava com as iniciativas que abordavam a crise climática ou a desigualdade. Mas minha formação como jornalista me fazia desconfiar instintivamente de qualquer um que trabalhasse em relações públicas e estivesse divulgando uma história que retratava as empresas de forma lisonjeira. Eu havia me tornado bastante cínica por ter lido estudos de antropólogos (e outros) que descreviam como o conceito de "caridade", às vezes, pode se tornar uma cortina de fumaça para atividades e padrões sociais que podem não ser benéficos. (Um estudo magistral da Fundação Hershey, na Pensilvânia, para citar apenas um exemplo, ilustrou as contradições que podem surgir em torno da "caridade" empresarial.)[6]

ESG deveria realmente querer dizer "engodo, sarcasmo e grunhidos", pensei de brincadeira. De qualquer forma, no início de 2017, outro assunto chamou a minha atenção: Donald Trump e seus tuítes incessantes e animados enviados da Casa Branca. Mas um dia, quando apertei o botão de apagar no meu computador, de repente pensei: *estou repetindo o mesmo erro?* Muitos anos antes, quando entrei para o FT, o preconceito inicialmente me levou a fugir da economia porque parecia um tema chato. Agi assim também quando encontrei, pela primeira vez, os derivativos e outros instrumentos financeiros complexos. Minha tradução jocosa da sigla ESG era apenas mais um ponto cego? Comecei a fazer um experimento não muito diferente do que havia realizado doze anos antes com os CDOs: por várias semanas tentei ouvir, sem sarcasmo, o que as pessoas diziam sobre o ESG. Li os e-mails que continuava a receber. Perguntei a executivos e financistas por que eles continuavam falando sobre sustentabilidade; participei de algumas conferências — e escutei. Lentamente, vários pontos começaram a se cristalizar em minha mente. O primeiro foi que essa mudança no *zeitgeist* estava ocorrendo não em um lugar, mas em três. Um deles era o *C-suite*, ou a esfera dos executivos de empresas mais graduados, onde os líderes empresariais estavam começando a falar sobre "propósito" e "sustentabilidade", em vez de apenas lucros. O segundo era o setor financeiro, onde os investidores e as empresas financeiras que os serviam estavam examinando a forma como eles auferiam o lucro. O terceiro lugar — menos visível — situava-se na interseção dos mundos da formulação de políticas e da filantropia: os governos estavam ficando sem dinheiro dos contribuintes para cumprir suas metas políticas e precisavam recorrer aos recursos do setor privado, juntamente com os dos terceiro setor.

Esses três focos de mudança reforçavam-se mutuamente: as empresas buscavam um propósito mais amplo; os investidores queriam financiar isso; e governos e filantropos queriam coordenar o poder de fogo. "Estamos repensando o que a filantropia significa hoje em dia", disse-me Darren Walker, presidente da poderosa Fundação Ford. "Não são apenas os 5% do seu dinheiro que você distribui em forma de doações que importam. O que você faz com os outros 95% é quase mais importante."[7]

Isso afetava a forma como as empresas abordavam as questões ambientais. Mas também estava provocando uma nova conversa sobre reformas sociais (como o combate à desigualdade de renda ou às exclusões de gênero) e a governança das empresas. Enquanto o "E" — o meio ambiente — tendia a atrair mais atenção, devido às campanhas empolgantes de ativistas como Thunberg, todos os três estavam inter-relacionados. "Você não pode facilmente tirar o 'E' ou o 'S' do ESG — e tudo gira em torno do 'G'", disse-me Axel Weber, presidente do poderoso banco UBS; seu banco estava ansioso para se apresentar como um líder desse movimento incipiente.

Mas pessoas como Weber realmente acreditam nessas coisas?, pensei. Minha curiosidade estava lutando contra o cinismo. Bancos como o UBS eram entidades com fins lucrativos que desempenharam um papel central na mania que ocorreu durante o período que antecedeu a bolha de crédito de 2008. Os executivos mais graduados continuavam a pagar para si mesmos salários que pareciam extraordinariamente altos para os meros mortais e a financiar atividades que estavam longe de ser "verdes". A ideia de que os bancos estavam vendendo produtos ESG parecia um pouco com aqueles padres da Igreja católica medieval que vendiam "indulgências", ou certidões que deveriam compensar pecados, para si e para outros. Minha brincadeira com "engodo, sarcasmo e grunhidos" continuava surgindo em minha mente. No entanto, ao me forçar a continuar ouvindo, percebi que estava sendo confrontada com outra versão do "problema do icebergue" que havia visto com os derivativos; mais uma vez, o ruído no sistema escondia uma arena mais importante de silêncio.

A questão central girava em torno da gestão de riscos. Se você ouvisse o barulho em torno do ESG, parecia que o movimento tinha tudo a ver com ativismo: figuras públicas clamavam por mudanças sociais e ambientais, e empresas e grupos financeiros bradavam o que estavam fazendo para apoiar esse movimento (e enviavam todos aqueles e-mails que eu havia apagado). Mas se você olhasse para o ESG mais de perto, com as lentes de um antropólogo, ficava claro que havia um segundo fator em jogo que era discutido mais discretamente: o interesse próprio. Um número crescente de líderes empresariais e financeiros estava usando o ESG como uma ferramenta para *se* proteger. Os ativistas que haviam lançado o movimento ESG, uma ou duas décadas antes, em geral não queriam admitir isso. Eles haviam defendido questões de sustentabilidade porque tinham um desejo genuíno, barulhento — e louvável — de melhorar o mundo por meio das finanças; eles, com frequência, apresentavam suas ideias em termos do "investimento de impacto", ou seja, o investimento para promover mudanças sociais, e da exclusão de ações "pecaminosas" das carteiras de investimento. "São as freiras, os fundos de pensão dinamarqueses e os jovens herdeiros de fundos fiduciários estadunidenses!", eu brincava, às vezes, com meus colegas (um grupo de freiras havia se tornado acionista ativista e pressionava as empresas a agir de uma maneira mais ética, enquanto alguns herdeiros e herdeiras estadunidenses ricos, como Liesel Pritzker Simmons, defendiam fervorosamente o "investimento de impacto").

Entretanto, embora ativistas que queriam *mudar* o mundo proativamente tivessem iniciado o movimento ESG, em 2017, parecia que muitos investidores tinham o objetivo menos ambicioso de simplesmente evitar causar *danos* ao mundo em geral. "Essa é a turma da sustentabilidade", eu dizia aos meus colegas. Depois, houve um grupo maior — e ainda menos ambicioso — que estava interessado no ESG, sobretudo porque queria *evitar prejudicar a si mesmos*. Essa categoria incluía gestores de ativos que não gostariam de perder dinheiro com ativos encalhados de combustíveis fósseis ou investir em empresas que enfrentavam riscos à sua reputação, seja em relação aos abusos sexuais dentro do escritório (do tipo que deu início ao movimento #metoo), seja por causa de abusos de direitos humanos nas cadeias de suprimento, ou relacionados às questões raciais (do tipo exposto pelos protestos Black Lives Matter [Vidas Negras Importam]). Da mesma forma, as diretorias das empresas não queriam ter surpresas desagradáveis; ou ver os acionistas fugirem; ou ver surgir escândalos que pudessem fazer com que os executivos perdessem seus empregos. Tampouco queriam ver seus funcionários (e clientes) saírem porta afora zangados por causa dessas questões. Por outro lado, os investidores não queriam perder as novas oportunidades que a mudança do *zeitgeist* poderia criar, como a transformação em direção às tecnologias "verdes". As empresas também não.

Esse cenário tornava todo esse empreendimento hipócrita? Muitos jornalistas achavam que sim. No entanto, eu via isso como uma espécie de vitória para os fundadores originais do movimento. A história mostra que, quando uma revolução ocorre, ela tende a ter sucesso *não* quando uma pequena minoria de ativistas comprometidos abraça uma causa, mas quando uma maioria silenciosa decide que é inútil ou perigoso demais resistir à mudança. O movimento ESG estava se aproximando desse ponto de inflexão, uma vez que a grande maioria do mundo dos investimentos e dos negócios começava a ser puxada pela maré, mesmo que eles não se definissem como ativistas.

Essa situação levantava outra questão: por que isso havia ocorrido em 2017, em vez de, digamos, em 2007, 1997 ou 1987? Poucos ativistas ESG pareciam saber. No entanto, suspeitei que esse fato ocorrera por causa de uma crescente sensação de incerteza e instabilidade entre os líderes empresariais. As reuniões anuais do Fórum Econômico Mundial, em Davos, eram um bom termômetro disso. No início de 2007, quando participei de minha primeira reunião em Davos — e fui criticada por escrever artigos negativos sobre os derivativos de crédito —, fiquei impressionada com o clima de otimismo despreocupado que pairava entre a elite global. A queda do Muro de Berlim e a implosão da União Soviética haviam deixado as elites de Davos abraçadas com "uma santíssima trindade de ideias", escrevi mais tarde no FT. Havia uma reverência pela inovação e uma fé de que o capitalismo era bom, uma presunção de que a globalização era benéfica e imparável, e uma confiança de que o século 21 seria "uma era em que o capitalismo, a inovação e a globalização seriam dominantes — e se desenvolveriam em uma linha reta".[8]

No entanto, em 2017, a elite de Davos percebeu que o progresso também poderia reverter; ou, mais precisamente, que as tendências históricas se movem em oscilações pendulares. A Grande Crise Financeira de 2008 destruiu a ideia de que a "inovação" era sempre uma coisa boa, pelo menos nas finanças. Ela também havia minado o argumento de que o capitalismo de livre mercado poderia resolver todos os problemas; os governos estavam se intrometendo no sistema financeiro e em outras partes da economia também. A globalização havia recuado em muitas áreas. A democracia parecia estar sob ataque. O status e a credibilidade dos governos ocidentais desmoronavam em muitas outras partes do mundo, sobretudo na Ásia. A China havia se tornado mais assertiva — e menos disposta a abraçar as ideias ocidentais. Os terremotos políticos também sacudiram os países ocidentais com a votação do Brexit, em 2016, e o resultado surpreendente da eleição estadunidense. O protecionismo, o populismo e os protestos pareciam estar em toda parte. O resultado líquido foi um mundo assolado pela intensificação de "VUCA", ou volatilidade, incerteza, complexidade e ambiguidade, para usar o termo tão popular entre os militares dos EUA.[9]

Essa instabilidade e volatilidade abalavam sutilmente as premissas das elites. Ambas também as faziam temer os riscos potenciais que poderiam ser criados se ignorassem questões sociais, a desigualdade de renda, a vulnerabilidade em suas cadeias de suprimentos, o impacto futuro das mudanças climáticas e assim por diante. Isso, por sua vez, estava fazendo com que algumas das ideias de Friedman — ou seja, que as empresas deveriam se concentrar apenas nos acionistas, excluindo todo o resto — parecessem menos atraentes. Talvez isso não fosse surpresa. Afinal, Friedman também era um produto de sua própria época: quando desenvolveu suas teorias sobre o valor dos acionistas, em meados do século 20, ele operava em uma época em que a fé na eficácia do governo, na inovação, no progresso científico e nos mercados livres estava, em geral, em alta no mundo anglo-saxão. Ele também estava reagindo ao fato de que as gerações anteriores de líderes empresariais haviam agido, muitas vezes, de maneira irresponsável. Como sempre, o *contexto* das ideias de Friedman precisava ser entendido — até porque, em 2017, esse contexto havia mudado radicalmente. Em um mundo VUCA, nem os executivos das empresas (nem os eleitores) estavam muito confiantes de que os governos do mundo anglo-saxão poderiam resolver problemas, como a crise climática ou a desigualdade. Pelo contrário, pesquisas conduzidas pela empresa de relações públicas Edelman sugeriam que a fé no governo havia despencado na maioria dos países ocidentais após a crise financeira de 2008. A confiança nas empresas também caiu nos anos após a crise, com um declínio bastante acentuado (mas não surpreendente) registrado no setor bancário. O que foi perceptível, no entanto, é que as tendências deixaram os governos com uma imagem pouquíssimo melhor do que as empresas, e o padrão não mudou significativamente nos anos seguintes. De fato, em 2020, as pesquisas indicavam que o público confiava mais nos líderes empresariais do que nos governamentais, em termos da capacidade de resolução de problemas, em 18 dos 27 países pesquisados pela Edelman. Surpreendentemente, as empresas também eram consideradas mais confiáveis do que as instituições não governamentais. (Estas últimas eram consideradas um pouco mais éticas do que as empresas, mas menos competentes, enquanto os governos eram vistos como antiéticos e incompetentes.)[10]

Essas tendências haviam criado uma razão positiva para os líderes de empresas adotarem o ESG, argumentou Richard Edelman, presidente da empresa que leva seu nome. No entanto, também havia um incentivo mais negativo e menos discutido: o medo de estocadas metafóricas. À medida que os protestos aumentavam, os líderes de empresas percebiam que precisavam fazer algo para reformar o capitalismo e torná-lo mais aceitável, ou enfrentariam o risco crescente de que a reação pública os destronasse. Ativismo, interesse próprio e autopreservação estavam se misturando, embora de uma maneira que poucos executivos desejavam discutir abertamente.

Em 2018, sugeri aos meus colegas do FT que deveríamos lançar uma seção do site voltada especificamente para acompanhar o movimento

ESG. Achei que poderia haver uma lacuna no mercado, uma vez que o interesse estava claramente aumentando, mas havia pouca cobertura na grande mídia, com relatos encontrados apenas nos sites de notícias especializados. Essa situação refletia os padrões de fluxo de informações que eu havia visto em torno da securitização e dos derivativos de crédito uma década antes. Mais uma vez, os jornalistas enfrentavam uma história que se desenvolvia lenta e elipticamente e que não se encaixava facilmente nas definições culturais de uma "história" boa. Mais uma vez, era difícil "vender" essa pauta por causa das siglas complicadas e do jargão técnico que alienavam os *outsiders*. O movimento ESG também era opaco e fragmentado, pois era administrado como se fosse uma indústria caseira: inovadores diferentes continuavam apresentando ideias de produtos diferentes, cada um com seu próprio rótulo e padrões. Era difícil obter uma imagem abrangente do que estava acontecendo. A cobertura nos meios de comunicação refletia isso: no início de 2019, pesquisadores do FT tentaram medir quantas histórias o site do jornal estava publicando sobre questões ESG e descobriram que era difícil monitorar aquilo, pois o sistema de marcação interno usava mais de uma dúzia de "rótulos" linguísticos diferentes para esse conteúdo e, assim, colocava as notícias em diferentes grupos de tópicos. O movimento ESG estava em todo lugar, e em lugar nenhum. Isso criava uma lacuna de informação. "O estado do movimento ESG agora é muito semelhante ao que era a indústria de capital de risco quando comecei, quatro décadas atrás", disse-me Ronald Cohen, apelidado de "pai do capital de risco" na Europa. Ele começou sua carreira como capitalista clássico, sendo cofundador do grupo de capital de risco Apax. No século 21, ele se tornou um fanático por ESG, trabalhando com a Escola de Negócios de Harvard para desenvolver formas contábeis de medir o "impacto".[11] Ou, como Marisa Drew, financista sênior (e mais tarde diretora de sustentabilidade) do Credit Suisse, observou: "Comecei minha carreira fazendo empréstimos alavancados e outros financiamentos estruturados na década de 1990 e nos primeiros anos do século 21, e o que vejo com o movimento ESG é muito semelhante. É o que acontece com qualquer setor em um estágio inicial de inovação antes de ele amadurecer".

Então, no verão de 2019, o FT lançou um boletim informativo chamado "Dinheiro Moral".[12] Sugeri esse nome *não* para insinuar qualquer ligação religiosa, mas simplesmente porque estávamos à procura de algo cativante e livre de siglas. Eu estava bem ciente de como havia sido difícil gerar interesse em torno dos CDOs, CDSs, e assim por diante, antes da crise financeira de 2008, por causa de todas as siglas e os jargões. O nome "Dinheiro Moral" parecia fácil de lembrar. Melhor ainda, invocava as ideias de Adam Smith, o intelectual do século 18. Ele foi, com frequência, considerado um dos fundadores do capitalismo de livre mercado porque seu livro de 1776, *A riqueza das nações*, celebra a concorrência como fonte de inovação e crescimento. No entanto, em um segundo livro que Smith escreveu em 1759, *Teoria dos sentimentos morais*, ele argumenta que o comércio e os mercados só poderiam funcionar com uma base moral e social compartilhada. O movimento ESG parecia reunir esses dois livros: sentimentos "morais" estavam sendo introduzidos para tornar os mercados e o capitalismo mais longevos e eficazes.

A data do lançamento foi fortuita. Em agosto de 2019, dois meses após o início de "Dinheiro Moral", a Business Roundtable (BRT) — um agrupamento de elite dos diretores executivos de duzentas das maiores empresas dos Estados Unidos — emitiu uma declaração formal que afirmava que a entidade estava adotando uma visão de capitalismo das "partes interessadas". Em décadas anteriores, a BRT havia defendido o mantra de Friedman, ou seja, o foco no retorno para os acionistas. Mas a BRT agora estava se comprometendo a cuidar dos interesses dos funcionários, da sociedade em geral, do meio ambiente e dos fornecedores. Quase todos os duzentos e poucos membros da BRT assinaram a declaração.[13]

"O que isso significa em termos concretos?", meus colegas do FT perguntaram. O cinismo imperava. Isso não era surpreendente: em um nível micro, não estava claro quanto impacto prático a declaração do BRT poderia ter. Quando a equipe do "Dinheiro moral" entrou em contato com os CEOs, alguns insistiram que sua empresa sempre havia respeitado as partes interessadas; muitos foram vagos quanto à forma como planejavam (ou não) fazer mudanças para aderir a esse novo mantra. Então, Lucian Bebchuk, um professor de Harvard que se declarava cético em relação ao movimento ESG, conduziu, juntamente com um colega, uma pesquisa sobre os signatários da BRT. Ele descobriu que quase nenhum dos CEOs envolvidos havia contatado sua diretoria antes de assinar, o que levou Bebchuk e seu copesquisador Roberto Tallarita a concluir que a declaração do BRT era apenas um exercício de relações públicas sem qualquer sentido prático. "A explicação mais plausível para a falta de aprovação por parte das diretorias é que os CEOs não consideravam a declaração como um compromisso para fazer grandes mudanças na forma como suas empresas tratavam as partes interessadas", eles sugeriram.[14] Aquele fator "engodo, sarcasmo e grunhidos" não havia desaparecido.

No entanto, da perspectiva de um antropólogo, o simbolismo da declaração da BRT ainda parecia impressionante. Anos antes, no Tajiquistão, aprendi que os rituais são importantes, mesmo que a mensagem que transmitam pareça estar em desacordo com a vida "real". No caso da BRT, a declaração mostrava que os limites do que era considerado normal estavam mudando. Como o antropólogo Bourdieu poderia ter argumentado, a "doxa" — as fronteiras do debate e da ortodoxia — havia mudado.[15] "A perspectiva das empresas, das diretorias e dos investidores está mudando. Agora, tudo gira em torno das partes interessadas", observou James Manyika, executivo sênior da McKinsey, a consultoria estadunidense. Os fluxos de dinheiro também estavam mudando. No fim de 2019, estimava-se que US$ 32 trilhões já estavam sendo investidos de acordo com uma definição ampla das normas ESG, o dobro do nível de uma década atrás. Outros estimavam um valor ainda mais alto. "Os mercados globais viram um crescimento exponencial nos fluxos de entrada de investimentos responsáveis e uma grande variedade de lançamentos de fundos novos este ano, apesar da pandemia da Covid-19", afirmou um relatório do BNY Mellon, o banco estadunidense, em setembro de 2020. "De acordo com o especialista em classificação Morningstar, o dinheiro que flui para os fundos globais ESG aumentou 72% apenas no primeiro trimestre de 2020 e, em 30 de junho, os ativos alocados aos fundos ESG totalizaram US$ 106 trilhões."[16] No início de 2021, Anne Finucane, vice-presidente do Bank of America, estimou que 40% de todos os ativos globais passíveis de serem investidos estavam sendo administrados de acordo com alguma forma de critério ESG.[17]

Financistas como Larry Fink, CEO da BlackRock, a maior gestora de ativos do setor privado do mundo, previram que essa tendência perduraria. No início de 2020, Fink emitiu uma mensagem para seus investidores e para as empresas nas quais a BlackRock investia — por meio de uma correspondência anual que ele enviava aos investidores, conhecida como a "Carta de Larry" — que declarava que a BlackRock incorporaria ativamente a análise da crise climática em todas as áreas de suas estratégias de investimento (em contraste com as estratégias passivas, que simplesmente acompanhavam um índice pré-selecionado, no piloto automático). "A crise climática é um risco de investimento e, uma vez que os mercados entendem que existe um risco, mesmo que seja no futuro, eles valorizam isso", ele me relatou naquele outono.[18] "O que estamos vendo é uma revolução. Acho que daqui a dez anos a sustentabilidade será a lente através da qual veremos tudo." De fato, Fink sugeria que a escala da mudança de *zeitgeist* era tão impressionante — e seu impacto potencial nos mercados financeiros tão grande — que algo comparável, em termos de escala, só tinha acontecido uma vez antes em sua carreira: quando ele havia começado como operador de títulos, cinco décadas antes, e percebeu como a securitização poderia transformar os mercados de hipoteca e de dívida corporativa. Os sistemas de contabilidade ESG estavam surgindo com um novo conjunto de acrônimos, como o Força-Tarefa para

Transparência Financeira com relação ao Clima (TCFD, na sigla em inglês), ou a Agência de Padrões de Contabilidade para a Sustentabilidade (SASB, na sigla em inglês). Serviços de classificação para produtos ESG também surgiram. As empresas estavam criando uma nova função de "diretor de sustentabilidade" e realizando auditorias internas para acompanhar o desempenho dele. "É difícil encontrar uma única empresa agora que não queira falar sobre ESG", disse-me Barry O'Byrne, chefe global do setor de banco comercial do HSBC, no meio de 2020, quando o banco divulgou uma pesquisa global com nove mil de seus clientes corporativos. Ela mostrou que 85% disseram que a sustentabilidade era uma ação prioritária, 65% queriam aumentar ou manter seu foco nela após a pandemia da Covid-19 — e 91% disseram que queriam que suas operações fossem mais bem estruturadas do ponto de vista ambiental.[19] "As pessoas estão analisando as cadeias de suprimento, sua pegada ambiental, suas relações com a comunidade local, suas relações com os funcionários — tudo." Surpreendentemente, dois terços dessas empresas disseram que estavam fazendo aquilo *não* por causa da regulamentação governamental, mas devido à pressão de seus clientes e dos próprios funcionários ou investidores.

O Walmart era um tipo de *zeitgeist* inconstante. Quando o empresário Sam Walton criou a rede varejista estadunidense em Bentonville, Arkansas, na década de 1950, ela resumia tanto o espírito da cidade pequena estadunidense *quanto* o tipo de sonho capitalista que sustentava grande parte da retórica pública dos Estados Unidos. "O Walmart se apresenta como uma encarnação orgulhosa do patriotismo estadunidense, da democracia, dos valores familiares cristãos, da escolha do consumidor e dos princípios de livre mercado", observaram Nicholas Copeland e Christine Labuski, dois antropólogos que estudaram a empresa, usando a observação participante, nos primeiros anos do século 21. "Com a possível exceção do McDonald's, nenhum outro negócio representa os Estados Unidos como o Walmart", acrescentaram, citando uma pesquisa realizada pela *Vanity Fair* em 2009, na qual cerca de 48% dos entrevistados, aparentemente, citaram a companhia como a que "melhor simboliza os Estados Unidos hoje".[20]

No entanto, como Copeland e Labuski também observaram, no início do século 21, essa imagem emblemática dos Estados Unidos estava cercada de contradições. Os símbolos e rituais que o Walmart usava em sua assembleia geral anual projetavam a imagem folclórica associada à história — ou ao mito — de criação da empresa, ligada a Sam Walton. No entanto, a razão pela qual a varejista podia oferecer preços baixos aos consumidores era que a companhia também simbolizava o culto igualmente estadunidense do século 20 à eficiência empresarial implacável e aos retornos dos acionistas. A varejista adquiria uma quantidade crescente de seus produtos de fábricas chinesas a baixo custo. Mantinha os custos trabalhistas baixos, em parte porque bania os sindicatos e simplificava as cadeias de suprimento. Isso permitiu que o Walmart expandisse, mas os críticos reclamavam que essa estratégia havia esmagado muitos outros pequenos varejistas, contribuindo para o esvaziamento de cidades pequenas tradicionais. Os ativistas ambientais também criticavam a empresa por usar cadeias de suprimento associadas a presumidos danos ambientais e, supostamente, a más condições de trabalho. O Walmart negava tudo isso. No entanto, Copeland e Labuski argumentaram que "o sucesso do Walmart está diretamente relacionado à sua capacidade de adaptação a um regime regulatório que privilegia a eficiência e a maximização do lucro acima de tudo" e observaram que o varejista "demonstrou uma notável capacidade de disfarçar suas externalidades; manter os sindicatos distantes; evitar grandes ações judiciais e regulamentação indesejada; e expandir para novas cidades e países".[21]

Em 2005, a empresa mudou de rumo: passou a trabalhar com grupos, como o Fundo de Defesa Ambiental, para encontrar formas de reduzir os danos ambientais dentro da organização. Alguns críticos insinuaram, com desprezo, que isso era mais um golpe de relações públicas, uma vez que a mudança estratégica, no início, parecia muito limitada em sua escala. No entanto, posteriormente, o Walmart criou uma unidade dedicada à sustentabilidade, nomeou um diretor de sustentabilidade e as reformas se aceleraram. Em 2018, a empresa criou o "Projeto Gigaton". Este não visava apenas reduzir as emissões de carbono *dentro* do Walmart, mas também acabar, até 2030, com uma gigatonelada inteira de emissões de carbono da cadeia de suprimento mais ampla do Walmart. Alguns varejistas europeus, como a rede Tesco,* se engajaram em movimentos semelhantes. Pelos padrões estadunidense, porém, os movimentos do Walmart a tornaram pioneira; ou, pelo menos, um símbolo de uma mudança de tendência mais ampla. Não por coincidência, o CEO do Walmart, Doug McMillon, também era presidente da Business Roundtable, aquele órgão que emitiu a declaração surpreendente que repudiava o foco restrito no "acionista", definido por Friedman.

"Embarcamos no Projeto Gigaton para reduzir as emissões naquilo que as pessoas chamam de 'escopo três' [operações fora da empresa principal]", disse Kathleen McLaughlin, diretora de sustentabilidade do Walmart, ao *Moral Money* do FT.[22] "Tínhamos um compromisso com metas, baseadas na ciência, para nossas próprias operações, ou aquilo que as pessoas chamam de 'escopo um e escopo dois': iniciativas práticas em energia renovável, eficiência energética e, em especial, nossa frota de caminhões de longo curso, equipamentos de refrigeração... até o ar-condicionado em nossas instalações. Mas, como qualquer outro varejista, 90% a 95% das emissões estão em nossa cadeia de suprimento. O novo escrutínio de questões verdes na cadeia de suprimento poderia, em breve, se espalhar também para as questões sociais, ela afirmou. "Estamos começando a ver novas oportunidades com relação às questões sociais [...] [como] o recrutamento responsável quando se trata de trabalho forçado e tráfico de pessoas."

---

* Rede de supermercados da Inglaterra. (N.T.)

Os ativistas esperavam que esse tipo de mudança fosse bom para comunidades carentes e para o meio ambiente. Os investidores, no entanto, também pareciam ver um novo benefício: ao examinar as cadeias de suprimento dessa maneira, as empresas também coletavam o tipo de informação de que precisavam para resistir a choques, como a Covid-19, e se tornarem mais resilientes. "O exame das cadeias de suprimento com relação aos riscos ESG é uma questão de boa gestão", afirmou O'Byrne, do HSBC. "Isso é o que os investidores agora esperam e recompensam."

Assim, esse escrutínio mais profundo estava criando um efeito de bola de neve. As pessoas que buscavam uma agenda de sustentabilidade não estavam apenas fazendo isso em suas próprias operações, mas forçando outros a adotá-la também. Um fundo de pensão administrado pela divisão Norges Bank Investment Management (NBIM), do banco central norueguês, mostra como tudo isso estava acontecendo em termos práticos. Em 2020, Douglas Holmes, que já havia estudado bancos centrais, juntou forças com um colega antropólogo da Noruega, chamado Knut Myrhe, para fazer um estudo empírico do NBIM.[23] Os gestores de fundos se orgulhavam de terem sido os pioneiros em um mantra voltado para as partes interessadas e que defendia os valores ESG: sempre que tinham reuniões com as empresas que compunham sua carteira de investimentos, continuavam reafirmando o mantra das partes interessadas, como um texto religioso. Contudo, Holmes e Myrhe perceberam que os gestores de ativos não esperavam perseguir esses objetivos sozinhos; eles esperavam que as empresas de sua carteira também defendessem o mantra e influenciassem outras empresas. Myrhe descreveu isso como um processo de "incompletude produtiva",[24] no sentido de que os gerentes do NBIM estavam cooptando outros para preencher aquelas lacunas em sua missão que eles mesmos não conseguiam. Holmes preferiu descrever essa situação como mais um caso de economia "narrativa". As palavras em torno de ESG estavam mudando os fluxos de dinheiro — assim como as palavras ligadas à política monetária haviam mudado os mercados em torno da esfera do banco central que ele havia observado anteriormente.

Essa tendência era duradoura? Eu suspeitava que sim, pelo menos no futuro previsível. A pandemia da Covid-19 mostrou ao mundo corporativo e empresarial os riscos da visão em túnel, ou por que era perigoso olhar para o futuro através de uma estreita lente financeira ou econômica corporativa. A percepção dessas ameaças estava despertando um desejo por visão lateral. A pandemia também lembrou a todos que é perigoso ignorar a ciência — ou as notícias do outro lado do mundo, em lugares aparentemente estranhos. O desafio da crise climática estava ligado a esses dois pontos: enfrentá-lo exigia visão lateral, não em túnel, e um sentimento de conectividade global. Enquanto isso, os problemas de volatilidade, incerteza, complexidade e ambiguidade permaneciam — e permanecem — tão reais quanto sempre foram. Na medida em que a sigla ESG era uma reação ao VUCA, parecia provável que persistiria junto com a mudança para uma perspectiva que, às vezes, refletia a da antropologia. "Uma conversa etnográfica é a ponte para a moral", argumentou Holmes, enquanto continuava sua pesquisa sobre a sustentabilidade norueguesa.

"Ouvir é decisivo."

CONCLUSÃO – DA AMAZÔNIA PARA A AMAZON
(ou: e se todos nós pensássemos como antropólogos?)

"O sábio não dá as respostas certas, ele faz as perguntas certas."
— *Claude Lévi-Strauss*

Em 2018, uma professora da Universidade de Nova York chamada Kate Crawford, que dirige um centro dedicado ao estudo da inteligência artificial e da sociedade, publicou um gráfico descrevendo a "caixa-preta" de um aparelho chamado Amazon Echo.[1] Esse dispositivo, atado a um sistema de inteligência artificial conhecido como "Alexa", pode ser encontrado em inúmeros lares ocidentais. No entanto, poucos usuários sabem como funciona a mágica da plataforma de IA da "assistente virtual" da Alexa. Crawford achava que deveriam.

O diagrama que ela e um colega, Vladan Joler, mais tarde desenharam era tão incrivelmente complexo e intrincado que só podia ser distribuído por várias telas de computador — ou impresso em uma folha de papel imensa. Ele tem uma beleza arrebatadora. Tanto que o Museu de Arte Moderna de Nova York (MoMA) acabou comprando o gráfico para seu acervo[2] — uma decisão que pode parecer estranha até que você se lembre de uma questão levantada pelo escritor russo Viktor Shklovsky, de que um dos objetivos da arte é tornar o "invisível" devidamente "visível" e promover a "desfamiliarização", para vermos aquilo que normalmente deixamos de ver.[3]

No entanto, há uma peculiaridade. Um observador casual dessa peça de "arte" do MoMA pode supor que o gráfico mostra os mistérios do que está *dentro* do sistema de alto-falante inteligente Alexa. O tema da inteligência artificial, afinal, é uma questão candente de nossa época, pois inspira fascínio e admiração em igual medida. Poucas pessoas sabem realmente o que está dentro de um dispositivo inteligente.

Mas, na verdade, o gráfico de Crawford mostrava outro mistério que, em geral, ignoramos: o *contexto* em torno da Alexa, no que se refere a todos os processos necessários para fazer um dispositivo Echo funcionar. Esse contexto inclui o trabalho executado pelos que os antropólogos da Microsoft chamam de "trabalhadores fantasmas",[4] ou humanos mal pagos e invisíveis, que desempenham funções vitais para apoiar a IA; os processos complexos em torno da extração mineral; a energia que gera eletricidade para os centros de dados; as complicadas cadeias de finanças e comércio. "No momento fugaz de interação [de um consumidor] [com a Alexa], uma vasta matriz de capacidades é invocada: cadeias entrelaçadas de extração de recursos, trabalho humano e processamento algorítmico em redes de mineração, logística, distribuição, previsão e otimização", aponta Crawford. "Como podemos começar a vê-la, a compreender sua imensidão e complexidade como uma forma conectada?" Como fazer isso de verdade?

Crawford não é antropóloga. Ela se formou em direito, fez doutorado em estudos de mídia e depois pesquisou o impacto social da inteligência artificial, absorvendo lições da antropologia ao longo do caminho. Mas o gráfico ilustra a mensagem central deste livro: encontramos dificuldades em ver o que, de fato, está acontecendo no mundo ao nosso redor hoje e precisamos mudar nossa visão. O século 20 nos legou ferramentas analíticas poderosas: modelos econômicos, ciência médica, previsões financeiras, sistemas de *big data* e plataformas de IA, como aquela dentro da Alexa. Isso deve ser comemorado. Mas essas ferramentas são ineficazes se ignorarmos o contexto e a cultura, sobretudo quando esse contexto está mudando. Precisamos ver o que ignoramos. Precisamos apreciar como as teias de significado e a cultura moldam a forma como percebemos o mundo. O *big data* nos diz o *que* está acontecendo. Não pode nos dizer *por que*, uma vez que correlação não é causa. Nem uma plataforma de IA — como a Alexa — pode nos explicar as camadas de significados contraditórios que herdamos de nosso entorno: como os códigos semióticos mudam, as ideias se movem e as práticas se misturam.

Para isso, precisamos adotar outra forma de "IA": a "inteligência antropológica". Ou, para usar outras metáforas, precisamos urgentemente colocar nossas sociedades no divã, como faria um psicólogo, ou usar o equivalente analítico de uma máquina de raio x, para enxergar todos os preconceitos culturais semiocultos que nos influenciam para o bem e para o mal. Em geral, a visão antropológica não produz apresentações em PowerPoint claras, conclusões científicas definitivas ou provas incontestáveis; em geral, ela é uma disciplina interpretativa, não empírica. Contudo, quando bem empregada, ela combina análises qualitativas e quantitativas para revelar o que nos torna humanos.

E, às vezes, o ato de ampliar a lente dessa maneira pode até tornar o mundo melhor. Depois que Crawford e Joler publicaram seu gráfico surpreendente, o qual tornou o invisível (um pouco) mais visível, a Amazon anunciou que não criaria mais "gaiolas" metálicas para os "trabalhadores fantasmas" em seus depósitos.[5] Esse foi um sinal de progresso pequeno (e muito necessário) para os trabalhadores fantasmas. Também foi um passo à frente para alguns executivos da Amazon: eles estavam adquirindo uma visão mais ampla. A "desfamiliarização" pode conduzir à mudança.

Então, como obtemos a visão antropológica? Este livro expôs pelo menos cinco ideias. Primeiro, precisamos reconhecer que somos todos produto de nosso próprio ambiente, em um sentido ecológico, social *e* cultural. Em segundo lugar, devemos aceitar que não existe uma única estrutura cultural "natural"; a existência humana é uma história de diversidade. Terceiro, devemos buscar maneiras de imergir — repetidamente, mesmo que apenas por intervalos curtos — nas mentes e vidas de outras pessoas que são diferentes de nós para ganharmos empatia pelos outros. Quarto, devemos olhar para nosso próprio mundo com as lentes de um *outsider*, para nos vermos claramente. Quinto, devemos usar essa perspectiva para ouvir ativamente o silêncio social, refletir sobre os rituais e símbolos que moldam nossas rotinas e considerar nossas práticas através das lentes das ideias da antropologia, como o *habitus*, a criação de sentido, a liminaridade, o intercâmbio de informações incidentais, a poluição, a reciprocidade e as trocas.

Ou, se você precisar de outra ferramenta para obter alguma visão antropológica, dê uma olhada no gráfico da Alexa e tente imaginar como seria se *você* estivesse no centro dele; que fluxos, links, padrões e dependências ocultos você veria se pintasse uma imagem do sistema ao seu redor? Como disse Shklovsky, a arte pode iniciar um processo de "desfamiliarização" que pode ajudá-lo a ser um *insider-outsider*. Viajar pode provocar o mesmo efeito. Assim como a etimologia, ou o estudo da origem das palavras, as quais atiramos para todos os lados, sem pensar. No Capítulo 8, descrevi as raízes contraintuitivas da palavra "dados". Outras palavras também têm raízes estranhas, porém reveladoras. Considere "companhia", por exemplo. Ela vem de *con panio*, ou "com pão" em italiano antigo, porque, quando os comerciantes medievais começaram a criar "companhias", eles comiam juntos. Não é assim que investidores e executivos costumam definir as "companhias" de hoje, uma vez que se concentram em balanços. Mas a raiz deve nos lembrar de que as companhias começaram a vida como instituições sociais — e os trabalhadores comuns, provavelmente, prefeririam que as companhias continuassem sendo assim.

A etimologia de "banco" e "finanças" também é impressionante: essas palavras derivam, respectivamente, do italiano antigo para *banca*, ou os bancos sobre os quais os financistas se sentavam para encontrar os clientes; e do francês antigo *finer*, que significa "terminar", porque as finanças surgiram, em primeiro lugar, para liquidar obrigações ou dívidas de sangue. Não é assim que os banqueiros veem as "finanças" agora, pois tendem a tratá-las como um fim em si mesmo, ou seja, um fluxo incessante de liquidez desencarnada. Mas a maioria dos não financistas prefere ver as finanças como um meio para atingir um fim (ou seja, uma profissão que serve a pessoas reais), e essa lacuna ajuda a explicar o sentimento de indignação moral que muitos não financistas sentem em relação aos banqueiros. O mesmo acontece com "economia": a palavra vem de *oikonomia*, grego para "administração doméstica" ou "supervisão". Isso também está, com frequência, em desacordo com o significado moderno de economia, ou seja, modelos matemáticos complexos. Porém, o significado grego é mais atraente para a maioria dos não economistas. Toda vez que pronunciamos palavras como "dados", "companhia", "finanças" ou "economia", lembramos por que vale a pena ver a vida a partir de muitas dimensões e ouvir o silêncio social.

Então, o que poderia acontecer se mais pessoas adotassem a visão antropológica em alguma medida? As implicações poderiam ser radicais. Os economistas ampliariam suas lentes para além do dinheiro e dos mercados a fim de considerar uma gama mais ampla de trocas e prestar mais atenção a questões antes rotuladas como "externalidades", como o meio ambiente. Os economistas veriam como os padrões tribais, em sua própria disciplina, encorajaram a visão em túnel.[6] (Alguns economistas estão tentando fazer isso, e eu os saúdo; mas são poucos.)[7] Da mesma forma, se os executivos de empresas adotassem a visão antropológica, eles prestariam mais atenção à dinâmica social *dentro* das empresas e reconheceriam que as interações sociais, os símbolos e os rituais importam, mesmo que não sejam *con panio*. Eles perceberiam que é um erro os departamentos de recursos humanos contratarem apenas candidatos "bem ajustados do ponto de vista cultural" (ou seja, iguais a todos os outros que já estão lá) e perceberiam que promover uma diversidade de mentalidades cria dinamismo. Executivos corporativos com visão antropológica também prestariam mais atenção à pegada social e ambiental da empresa no mundo e pensariam nas *consequências* do que as empresas fazem, para o bem e para o mal.

Assim também nas finanças. Se as pessoas que administram bancos e grupos de gestão de ativos empregassem a visão antropológica, elas veriam como seu tribalismo interno e estruturas de pagamento exacerbam o apetite pelo risco (como vimos na crise financeira de 2008) e como a "criação de sentido" molda suas interações com os mercados (e vice-versa).[8] Elas reconheceriam como seu próprio ambiente social e profissional fomenta uma obsessão por "liquidez" e "eficiência" que (em geral) não é compartilhada por terceiros, e como sua dependência de modelos abstratos pode torná-las cegas para as consequências, no mundo real, de suas inovações.[9]

O mesmo ponto se aplica aos especialistas em informática. Como descrevi neste livro, muitas empresas de informática contrataram antropólogos para estudar seus clientes nas últimas décadas. Isso é louvável. No entanto, agora, existe uma necessidade urgente de que os especialistas em informática mudem a direção das lentes e estudem a *si mesmos* para ver como eles (da mesma forma que os banqueiros) se embrenharam em uma estrutura mental que pode parecer amoral para os outros, com sua reverência pela eficiência, inovação e competição darwiniana, e uma tendência a usar a linguagem e as imagens da computação para falar sobre pessoas (digamos, usando frases como "o gráfico social" ou "nódulos sociais").[10] A visão antropológica também forçaria os codificadores a reconhecer como os programas de computação podem incorporar preconceitos, como o racismo, em sistemas, de uma maneira que pode ser agravada pela IA; ou como as tecnologias digitais podem exacerbar as desigualdades sociais e econômicas (por exemplo, quando as populações não têm acesso igual à educação ou à infraestrutura, como a internet rápida).[11] Se os executivos das empresas de informática tivessem adotado a visão antropológica no passado, em outras palavras, talvez hoje não estariam enfrentando o *techlash*. Se esperam combatê-los no futuro, eles precisam, com urgência, de uma lente social mais ampla. Da mesma forma, se os formuladores de políticas esperam criar regras sensatas sobre privacidade de dados e IA, será crucial que adotem a visão antropológica em alguma medida.

Os médicos também se beneficiariam da visão antropológica: como vimos na pandemia de Covid-19 (e de ebola), combater uma doença requer mais do que ciência médica. Assim como os advogados, uma vez que contratos sempre embutem premissas culturais que são, muitas vezes, ignoradas.[12] Se os pesquisadores políticos ouvissem o silêncio social, suas análises também poderiam ser mais precisas. Minha própria profissão — a mídia — também sairia ganhando se aprendesse lições de antropologia. O melhor jornalismo é feito quando os repórteres têm espaço, tempo, formação e incentivos para lançar perguntas como: "O que *não* estou vendo nessas manchetes?"; "Do que ninguém está falando?"; "O que está por trás desse jargão assustador que evitamos?"; "De quem é a voz que eu não estou ouvindo?". Em geral, os jornalistas querem fazer isso. Mas já é bastante difícil para nós quando os recursos são abundantes. E é muito mais quando há poucos recursos disponíveis para financiar a curiosidade dos jornalistas e quando o setor está tão fragmentado e lotado que há uma luta constante por atenção. É ainda mais difícil quando a política é polarizada, as informações são personalizadas e o "público", em geral, só consome notícias que confirmam seus preconceitos preexistentes. A conta do Twitter de Donald Trump em 2016 era um sintoma — não a causa — de um problema maior. A mídia precisa reconhecer isso e abordar a questão do tribalismo e dos silêncios sociais — nos outros *e* em nós mesmos.* Essa missão é mais importante agora do que nunca. A visão antropológica pode ajudar.

O que me leva ao meu último ponto: se os formuladores de políticas e os políticos adotassem as lições da antropologia, eles estariam mais bem equipados para "reconstruir melhor", para usar o bordão popularizado por Joe Biden. A visão antropológica leva as pessoas a pensar

---

* Como os jornalistas podem romper seus próprios silos? Esse tópico merece um livro à parte, sobretudo devido ao diminuto grau de confiança na mídia. Mas uma tática que defendo é o que pode ser chamado de estratégia "dominó", *não* no sentido de peças caindo em uma reação em cadeia, e sim no princípio de semelhança e diferença exibido no jogo de dominó real. Pense nisso: no jogo, os jogadores combinam o número de uma metade de um dominó com a peça de outra pessoa; no entanto, o número na segunda metade é diferente. As coincidências são feitas, porém as diferenças também são mantidas. Essa metáfora pode funcionar para a reportagem: uma boa história chama a atenção do público oferecendo algo familiar, no entanto uma história *melhor* também abre os olhos para algo estranho, que não era esperado, como a segunda metade de um dominó. Isso ajuda a romper as bolhas mentais e sociais.

sobre a crise climática, a desigualdade, a coesão social, o racismo e as trocas no sentido mais amplo possível (incluindo a permuta). Ela encoraja os formuladores de políticas a refletir sobre os rituais, símbolos e padrões espaciais que moldam a vida pública. Permite que burocratas e políticos pensem em como seus próprios preconceitos e padrões culturais podem prejudicá-los ao criarem políticas ruins. Promove uma abertura para aprender lições de outros lugares (começando com os alunos do sistema educacional). Reconhece que abraçar a diversidade não é apenas a coisa moralmente certa a fazer, mas a chave para o dinamismo, a criatividade e a resiliência. Ou, como observou o antropólogo Thomas Hylland Eriksen: "O insight humano mais importante a ser obtido dessa maneira [antropológica] de comparar sociedades é talvez a percepção de que tudo poderia ter sido diferente em nossa própria sociedade — que a maneira como vivemos é apenas uma entre inúmeras formas de vida que os humanos adotaram".[13] Em tempos estressantes, é fácil esquecer a necessidade de ampliar nossas lentes. Um confinamento e uma pandemia nos forçam — literalmente — a recuar para a segurança de nosso próprio grupo e olhar para dentro. Assim como uma recessão econômica. Mas esse é precisamente o momento, durante e após uma pandemia, em que precisamos ampliar, não estreitar, as lentes, por mais contraintuitivo que isso possa parecer.

Essa adoção da visão lateral, ou visão antropológica, pode acontecer? Talvez. Afinal vivemos em um momento de grande fluxo, para o bem *e* para o mal. Quando fui ao Tajiquistão em 1990, como filha britânica da Guerra Fria, senti como se estivesse indo para um lugar distante, remoto e estranho. Ao terminar este livro, no início de 2021, o mundo tornou-se tão interconectado que "familiar" e "estranho" colidem de novas maneiras. Uma neta da família com quem eu morei em Duxambé, chamada Malika, está agora fazendo doutorado em história na Universidade de Cambridge. Seu irmão é um empresário de informática em Hong Kong. Outro parente, Farangis, compõe músicas que estão sendo premiadas no Canadá. Sua avó Munira criou uma fundação que destaca o papel do Tajiquistão como uma encruzilhada cultural, ou ponte entre o Oriente e o Ocidente, ao longo da antiga Rota da Seda.[14] Três décadas antes, essas conexões distantes pareciam quase impossíveis de imaginar, mesmo para famílias de elite como essa. Entretanto, quando a União Soviética desmoronou, em 1991, as fronteiras se abriram, os voos começaram, as bolsas de estudo apareceram e a internet, de repente, ligou culturas e comunidades de maneiras surpreendentes. Em outras palavras, quando voei para a Ásia Central em 1990, a região era mais conhecida como a localização de uma histórica Rota da Seda física, onde ideias e mercadorias eram trocadas em caravanas empoeiradas ou nos mercados de cidades antigas, como Samarcanda. Hoje, existem novas rotas da seda ao nosso redor, no ciberespaço e nos aviões, que criam um contágio infindável para o bem e para o mal.

O mundo também deu uma guinada surpreendente em termos de ideias antropológicas, tanto que, quando olho para minha própria vida, nas últimas três décadas, parece que os diferentes fios estão quase fechando o círculo. Quando estudei antropologia, na Universidade de Cambridge, na década de 1980, os alunos que se preocupavam com "cultura", justiça social — ou o estado da floresta amazônica — eram uma tribo social diferente daqueles que queriam se tornar contadores, advogados, executivos de negócios, financistas, consultores de gestão ou daqueles que desejavam criar empresas como a Amazon; os fãs do ethos do livre mercado de Margaret Thatcher e Ronald Reagan não costumavam adotar as ideias desenvolvidas por Malinowksi, Geertz ou Radcliffe-Brown. Hoje, o mundo dos negócios e das finanças está imbuído de um novo movimento de sustentabilidade que vem provocando conversas não apenas sobre o meio ambiente, mas também sobre desigualdade, direitos de gênero, preconceito e diversidade. A ideia que Boas defendeu sobre a necessidade de valorizar *todos os* seres humanos está sendo discutida nas diretorias de empresas e nos comitês de investimento, juntamente com debates sobre "trabalhadores fantasmas", danos ecológicos e questões de direitos humanos nas cadeias de suprimento das empresas.

Isso ocorreu, em parte, por causa de um sentimento genuíno de alarme sobre os perigos que perseguem nosso planeta, sobretudo entre a geração millennial. No entanto, também reflete a autopreservação e a gestão de riscos em um mundo assolado por VUCA. Ou, para usar uma metáfora vinda da canoagem, apropriadamente invocada por John Seely Brown, ex-cientista do PARC, o ESG é uma resposta ao nosso mundo de "água branca",[15] no qual está se tornando mais difícil traçar um rumo pela vida, como se estivéssemos em uma canoa, descendo um rio calmo e com contornos predefinidos. Enfrentamos corredeiras borbulhando com correntes invisíveis e confusas que vão interagindo, com constância, umas com as outras de maneiras dinâmicas, e a IA em rede pode piorar os ciclos de realimentação. Os modelos bem estruturados — bem delimitados — são guias de navegação ruins neste mundo; precisamos de visão lateral, não em túnel.

Então, quando penso naquela noite assustadora no Tajiquistão há três décadas — quando Marcus me perguntou "qual é mesmo o objetivo" da antropologia —, minha resposta hoje é esta: precisamos da visão antropológica para sobreviver aos riscos semiocultos que nos cercam; também precisamos dela para prosperar e aproveitar as oportunidades excitantes criadas pelas rotas da seda cibernética e pela inovação. Em um momento em que a IA está tomando conta de nossas vidas, precisamos celebrar o que nos torna humanos. Em uma época em que a polarização política e social está aumentando, precisamos de empatia. Após um período em que uma pandemia nos obrigou a ficar online, precisamos reconhecer nossa existência física e "incorporada". Quando os confinamentos nos fizeram olhar para dentro, precisamos ampliar a lente. E, uma vez que problemas, como a crise climática, riscos cibernéticos e pandemias, nos ameaçarão por anos, precisamos abraçar nossa humanidade compartilhada. Além disso, acho que a ascensão do movimento de sustentabilidade significa que mais pessoas reconhecem, instintivamente, esses pontos, mesmo que nunca invoquem a palavra "antropologia".

Aí está um motivo para termos esperança.

POSFÁCIO
Carta aos antropólogos

"A diversidade é o nosso negócio." — *Ulf Hannerz*[1]

Este livro não foi escrito principalmente para antropólogos. Ao contrário, meu objetivo principal era contar a *não* antropólogos sobre algumas das ideias valiosas que emanam da disciplina pouco conhecida com a qual esbarrei há três décadas e que ainda amo. Como resultado, alguns acadêmicos podem achar simplista minha descrição de seus conceituados conceitos e metodologia. Se esse for o caso, peço desculpas, mas fiz isso por um motivo: eu adoraria ver as ideias que emanam da antropologia inseridas de forma mais destacada no debate público — e lamento que isso não tenha acontecido com a mesma intensidade que aconteceu com a economia, a psicologia e a história.

Por que será que não aconteceu? Parte do problema é a questão da comunicação: a disciplina ensina seus adeptos a verem a vida em tons sutis de cinza, o que é admirável, mas significa que eles, às vezes, encontram dificuldades para explicar seu trabalho a terceiros em termos fáceis de serem entendidos. Outra questão é a personalidade e o método: os antropólogos aprendem a se esconder em arbustos metafóricos para observar os outros e, portanto, muitas vezes, relutam em se colocar sob as luzes da ribalta. As pessoas que se tornam antropólogos, muitas vezes, têm uma visão antissistema (talvez porque, uma vez que você tenha estudado como o poder funciona na economia política, fica difícil não se sentir isento e/ou ficar zangado). Tudo isso torna mais complexo para os antropólogos se inserirem nas redes de influência.

Outra questão é que, quando os antropólogos deixaram de estudar sociedades supostamente "simples" ou "primitivas" e passaram a analisar a cultura em contextos ocidentais industrializados, entraram em um território ocupado por outras disciplinas e pareciam inseguros sobre onde se encaixar: deveriam colaborar com outros campos? Importar outras ferramentas observacionais e analíticas? Permitir que seus métodos se infiltrassem em outras disciplinas, como a pesquisa de experiência do usuário, mesmo que a palavra "antropologia" se perdesse no processo? Ou os antropólogos deveriam ficar distantes e enfatizar sua natureza distinta? Como, em suma, eles encontram uma "missão"? Na era colonial do século 19, como observa Keith Hart, o objetivo era claro: as elites ocidentais usavam a antropologia como uma ferramenta intelectual para justificar o império e afirmar que os não brancos eram inferiores; no início e em meados do século 20, havia uma missão oposta: os antropólogos estavam ansiosos para desfazer os horrores do imperialismo e do racismo do século 19. Mas e hoje? A antropologia é mais valiosa do que nunca para definir nossa humanidade comum e celebrar a diversidade. Ela pode transmitir lições do mundo inteiro para governos, empresas e eleitores. Pode nos ajudar a ver nosso próprio mundo de uma maneira nova. Porém, como funciona a observação participante entre as elites poderosas? Na internet? Ou quando as pessoas estão ao mesmo tempo ligadas e separadas no ciberespaço? Os antropólogos estão debatendo acaloradamente essas ideias, contudo nem sempre têm respostas claras.[2]

Eu sugeriria — humildemente — que isso significa que os antropólogos precisam se tornar mais colaborativos, ambiciosos, flexíveis e imaginativos. As revoluções no *big data* e no ciberespaço dão aos cientistas sociais e aos da computação novas ferramentas poderosas para observar as pessoas. No entanto, elas também mostram por que o *big data* por si só não conseguem explicar o mundo. Há uma necessidade desesperada de combinar a ciência social com a de dados, e há uma terrível escassez de pessoas capazes disso. Essa situação cria oportunidades que os antropólogos deveriam aproveitar. Em um mundo globalizado, onde os códigos semióticos continuam mudando, devemos valorizar as pessoas que podem navegar em diferentes culturas no mundo real e no ciberespaço. E, à medida que os riscos de contágio surgem, os formuladores de políticas, empresas e grupos não governamentais precisam de pessoas que tenham imaginação para ver as ameaças de uma forma holística, seja em relação a pandemias, a ameaças nucleares, ao meio ambiente ou a algo semelhante. Em suma, o mundo se beneficiaria se houvesse mais antropólogos que pudessem misturar suas perspectivas com as de outras disciplinas, como computação, medicina, finanças, direito e muito mais, ou injetar sua visão na formulação de políticas.

Essas misturas nem sempre se encaixam facilmente nos departamentos universitários, que, às vezes, têm uma cultura burocrática e fronteiras quase tão artificiais (e inúteis) quanto as que os imperialistas traçaram em suas colônias. Como Farmer lamentou durante a crise do ebola, por vezes a antropologia também sofre de uma mentalidade "sindical" (em termos de suspeitar daqueles que trabalham em outras disciplinas).[3] Às vezes os acadêmicos desprezam os não acadêmicos, e vice-versa. Os departamentos de recursos humanos das empresas do setor privado, dos grupos sem fins lucrativos ou das agências governamentais nem sempre sabem como usar profissionais com formação antropológica. Mas, como este livro mostrou, algumas pessoas conseguiram trazer ideias antropológicas para as arenas práticas de maneiras improváveis e poderosas, seja o grupo Data and Society em Nova York (que usa a antropologia para estudar o ciberespaço), seja a equipe da PIH (que defende a medicina social), a unidade de pesquisa da Microsoft (que expõe a situação dos "trabalhadores fantasmas"), o instituto administrado por Bell na Universidade Nacional da Austrália (que estuda IA) ou o Instituto Santa Fé (que pesquisa a complexidade), para citar apenas alguns. Saúdo todos eles e espero, fervorosamente, que esses números proliferem e obtenham amplo apoio, e que aproximem acadêmicos e não acadêmicos. Também espero que antropólogos não ocidentais e não brancos desempenhem um papel muito maior em campo. A disciplina começou como um empreendimento intelectual europeu e norte-americano e continua sendo dominada por vozes ocidentais. Ela precisa de mais diversidade, mas construí-la exigirá comprometimento e dinheiro.

Por último, mas não menos importante, espero que os antropólogos aumentem sua capacidade de levar suas ideias para o centro do pensamento convencional. Alguns estão tentando: a reunião de 2020 da Associação Americana de Antropologia foi intitulada "Elevando nossa voz" para mostrar essa intenção. "O objetivo é tornar a antropologia mais inclusiva e acessível", explicou Mayanthi Fernando, coordenadora do programa.[4] Podcasts de antropologia, como *This Anthro Life*, vêm surgindo, juntamente com publicações online não acadêmicas como a *Sapiens*. Antropólogos estão contribuindo para plataformas como The Conversation. Alguns cientistas sociais com formação em etnografia, se não em antropologia, também estão entrando para o serviço público. Quando este livro estava sendo escrito, no início de 2021, o novo governo do presidente dos EUA, Joe Biden, nomeou Alondra Nelson, socióloga e etnógrafa, para ser vice-chefe do Escritório da Casa Branca para Políticas Científicas e Tecnológicas. Nas últimas décadas, (quase) nenhum cientista social ocupou esse papel, e o que torna essa indicação extremamente notável é que a recente pesquisa acadêmica de Nelson se concentrou nos aspectos sociais da tecnologia. (Ela coliderou uma iniciativa, por exemplo, que tentou dar aos cientistas sociais acesso aos conjuntos de dados do Facebook para estudar questões como a manipulação política e a desinformação.)* Em outras palavras, seu trabalho demonstra como a ciência social pode lidar com questões políticas modernas; espero que sua nomeação sinalize que os

---

* A iniciativa, conhecida como Social Science One, que foi posteriormente executada em Harvard, não atingiu seus objetivos iniciais. No entanto, marca um novo empreendimento impressionante e uma forma de colaboração entre o Conselho de Pesquisa em Ciências Sociais, então liderado por Nelson, e um grupo de informática. Detalhes completos sobre essa iniciativa podem ser vistos em: <https://socialscience.one/blog/unprecedented-facebook-urls-dataset-now-available-research-through-social-science-one>.

formuladores de políticas estão se preparando para colocar em prática essas habilidades.

Entretanto, muito mais poderia e deveria ser feito para trazer os conhecimentos da antropologia, da etnografia, da sociologia e de outras ciências sociais para o centro do pensamento convencional e combinar análises qualitativas e quantitativas. Uma mensagem-chave deste livro é que, se alguma vez houve uma época em que a perspectiva da disciplina era necessária, essa época é agora. Talvez nem sempre o mundo esteja pronto para ouvir o que os antropólogos têm a dizer; muitas vezes, suas mensagens e seu modo de ver o mundo deixam as pessoas desconfortáveis. Entretanto, é precisamente por isso que as mensagens da antropologia precisam ser ouvidas, agora. Espero que este livro ajude.

AGRADECIMENTOS

Este livro é uma tapeçaria intelectual tecida de fios coletados de inúmeras conversas com pessoas ao longo de três décadas. Sou grata a todos que, consciente e inconscientemente, contribuíram para esses tópicos.

Preciso começar agradecendo ao povo de Obi-Safed, que foi tão gentil com a estranha que desembarcou em meados de 1990 e lá ficou por um ano, e foi tão acolhedor, apesar de meus inúmeros erros desajeitados, perguntas e falta de ginga. Obrigada também a Aziza Karimova, da Universidade de Duxambé, e a todos os membros da família Shahidi e Nurulla-Khodjaev(a), sobretudo a indomável Aya-Jon, que me ensinou tanto sobre resiliência, fusão cultural e a poesia de Rumi, as quais tornam este canto da Rota da Seda tão vibrante.

Sou muito grata a todos os professores da Universidade de Cambridge que despertaram meu amor pela antropologia, em especial, Ernest Gellner (*in memorian*), Caroline Humphrey, Keith Hart e Alan Macfarlane. Humphrey e James Laidlaw, de Cambridge, leram partes deste livro e contribuíram com comentários. Keith Hart gentilmente forneceu um rico fluxo de ideias e desafios. Mais recentemente, eu me beneficiei enormemente de conversas com antropólogos ligados ao EPIC, Data and Society, Encontro de Antropologia Empresarial, Social Science Foo e Associação Americana de Antropologia; neste sentido, agradeço especialmente a Ed Liebow, Elizabeth Briody, Patricia Ensworth, Grant McCracken, Robert Malefyte, Gitti Jordan (*in memorian*), Caitlin Zaloom, Simon Roberts, Melissa Fisher, Robert Morais, Greg Urban e danah boyd. Muitos fizeram comentários interessantes sobre o manuscrito. Danny Goroff e Christian Madsbjerg também foram ótimas fontes de inspiração. Meus colegas do FT têm sido amigos fantásticos e companheiros intelectuais ao longo dos anos; sou especialmente grata a Andrew Edgecliffe-Johnson, Emiliya Mychasuk, Ed Luce, Gwen

Robinson, Alec Russell, Robert Shrimsley e (mais recentemente) à equipe do *Moral Money* de Billy Nauman, Patrick Temple-West, Kristen Talman e Tamami Shimizuishi. Também sou muito grata à liderança da Nikkei, sobretudo por seu apoio ao *Moral Money*, Lionel Barber (ex-editor do FT) e Roula Khalaf (sua sucessora) e Patrick Jenkins (seu vice) pelo apoio, assim como Martin Wolf, o "rabino" intelectual do FT.

Além dos citados acima, Jim Swartz, Emily Kasriel, Jon Seely Brown, Kay Allaire e Christian Madsbjerg também leram o livro e fizeram comentários relevantes. Assim como contribuíram Phil Surles, Dorotea Szekely e meus colegas do FT Rana Faroohar, Andrew Edgecliffe-Johnson, Emiliya Mychasuk, Richard Waters, Jamil Anderlini e Anjli Raval. Elodie Marran fez uma verificação de fatos oportuna. Meu irmão, Richard, tem sido um apoio importante. Agradeço a meu pai, Peter, e a sua esposa, Lorna, e sou profundamente grata à família Swartz. Também recebi grande apoio e risadas (necessárias) de amigos, incluindo Rana, Merryn, Vicky, Charlotte, Stephen, Aline, Carey, Tim, Gary, Richard, Jon, Holly, Zach, Ursie, Lucy, Amanda, Rolf, Afsun, Simon, Julie, Sophie, Kevin, Christiana, Paul e Josh, para citar apenas alguns. Minha agente, Amanda Urban, apoiou o projeto, mesmo quando tive (muitas) dificuldades para explicar por que queria escrever sobre o estranho mundo da antropologia. Ben Loehnen é um editor maravilhoso e paciente, e fez melhorias consideráveis ao livro. Rowan Borchers também ofereceu sugestões valiosas. Se esqueci de agradecer a alguém, peço desculpas; culpe a pressão de escrever durante a Covid-19 e os transtornos políticos. Quaisquer erros são meus.

Quero reconhecer duas mulheres incríveis que moldaram meus primeiros anos de vida: Ruth Tett, minha tia-avó, e Joy Carley Read, minha avó, as primeiras a me inspirar para buscar a aventura. Se tivessem nascido cinquenta anos mais tarde, com as oportunidades que tive a sorte de ter, também poderiam ter sido antropólogas. Por último, mas não menos importante, devo agradecer às minhas filhas incríveis, Analiese e Helen. Nem sempre é fácil crescer com uma mãe que é antropóloga e jornalista, e a infância delas teve algumas reviravoltas inesperadas. Mas elas vêm crescendo com notável humor, resiliência e uma visão antropológica em expansão. Espero que elas possam usar isso para ajudar sua geração a construir um mundo com mais empatia, mente aberta e curiosa, autorreflexão e sabedoria. Nós precisamos disso.

BIBLIOGRAFIA

A bibliografia a seguir não pretende ser uma lista abrangente de minhas fontes; as notas cumprem esse papel. Em vez disso, ela visa responder a uma pergunta que não acadêmicos me fazem com frequência: o que posso ler para aprender mais sobre antropologia? Costumo direcionar as pessoas para o site do *Sapiens* ou para o podcast *This Anthro Life* para começarem e evito citar trabalhos acadêmicos, pois eles tendem a ser densos. Outra breve mas brilhante introdução é o ensaio de Wade Davis "Why Anthropology Matters", publicado na *Scientific American* de fevereiro de 2021. (Disponível em: <www.scientificamerican.com/article/why-anthropology-matters>). A lista exclui algumas fontes que antropólogos acadêmicos valorizam, mas o leigo que procura livros sobre o tema pode considerar estes a seguir – que são apenas um começo.

Sobre antropologia cultural/social para leigos:
Matthew Engelke. *Think Like an Anthropologist*. Londres: Pelican, 2017.
Charles King. *Gods of the Upper Air: How a Circle of Renegade Anthropologists Reinvented Race, Sex and Gender in the Twentieth Century*. Nova York: Doubleday, 2019.
Thomas Hylland Eriksen. *Small Places, Large Issues: An Introduction to Social and Cultural Anthropology*. 4. ed. Londres: Pluto Press, 2015.
Jeremy MacClancy, ed. *Exotic No More: Anthropology for the Contemporary World*. 2. ed. Chicago: University of Chicago Press, 2019.
Ulf Hannerz. *Anthropology's World. Life in a Twenty-First Century Discipline*. Londres: Pluto Press, 2010.

Sobre antropologia física:
Joseph Henrich. *The Weirdest People in the World: How the West Became Psychologically Peculiar and Particularly Prosperous*. Londres: Allen Lane, 2020.
Robin Dunbar. *Human Evolution*. Londres: Pelican, 2014.
Jared Diamond. *Armas, germes e aço: os destinos das sociedades humanas*. Rio de Janeiro: Record, 2017.

Jared Diamond. *Colapso: Como as sociedades escolhem o fracasso ou o sucesso*. Rio de Janeiro: Record, 2005.

Yuval Noah Harari. *Sapiens: uma breve história da humanidade*. Tradutora: Janaína Machado. Porto Alegre: L&PM, 2015.

Sobre antropologia empresarial:

Simon Roberts. *The Power of Not Thinking: How Our Bodies Learn and Why We Should Trust Them*. Londres: 535 Press, 2020.

Christian Madsbjerg. *Sensemaking: o poder da análise humana na era dos algoritmos*. São Paulo: Nobel, 2018.

Christian Madsbjerg e Mikkel Rasmussen. *The Moment of Clarity: Using the Human Sciences to Solve Your Toughest Business Problems*. Boston: Harvard Business Review Press, 2014.

Gary P. Ferraro e Elizabeth K. Briody. *The Cultural Dimension of Global Business*. Abingdon, Reino Unido: Routledge, 2012.

Mario Moussa, Derek Newberry, e Gregory Urban. *The Culture Puzzle: Harnessing the Forces That Drive Your Organization's Success*. Oakland: Berrett-Koehle, 2021.

Rita Denny e Patricia Sunderland, ed. *Handbook of Anthropology in Business*. Abingdon: Left Coast Press, 2014.

Sobre antropologia e finanças:

Daniel Beunza. *Taking The Floor. Models, Morals and Management in a Wall Street Trading Room*. Princeton: Princeton University Press, 2019.

Karen Ho. *Liquidated: An Ethnography of Wall Street*. Durham: Duke University Press, 2009.

Annelise Riles. *Collateral Knowledge: Legal Reasoning in the Global Financial Markets*. Chicago: University of Chicago Press, 2011.

Daniel Scott Souleles. *Songs of Profit, Songs of Loss: Private Equity, Wealth and Inequality*. Lincoln: Nebraska University Press, 2019.

Viviana A. Rotman Zelizer. *Morals and Markets: The Development of Life Insurance in the United States*. Nova York: Columbia University Press, 1979.

Caitlin Zaloom. *Out of the Pits: Traders and Technology from Chicago to London*. Chicago: University of Chicago Press, 2006.

David Tuckett. *Minding the Markets: An Emotional Finance View of Financial Instability*. Nova York: Palgrave MacMillan, 2011.

Melissa Fisher. *Wall Street Women*. Durham: Duke University Press, 2012.

Vincent Antonin Lepinay. *Codes of Finance: Engineering Derivatives in a Global Bank*. Princeton: Princeton University Press, 2011.

Sobre antropologia e economia:
Felix Martin. *Money: The Unauthorized Biography.* Londres: Bodley Head, 2013.
Chris Hann e Keith Hart. *Economic Anthropology: History, Ethnography, Critique.* Cambridge: Polity, 2011.
Douglas R. Holmes. *Economy of Words: Communicative Imperatives in Central Banks.* Chicago: University of Chicago Press, 2014.
Michael Chibnik. *Anthropology, Economics, and Choice.* Austin: University of Texas Press, 2011.
David Graeber. *Debt: The First 5,000 Years.* Brooklyn: Melville House, 2011.
Stephen Gudeman. *Anthropology and Economy.* Cambridge: Cambridge University Press, 2016.
Nigel Dodd. *The Social Life of Money.* Princeton: Princeton University Press, 2014.
Caitlin Zaloom. *Indebted: How Families Make College Work at Any Cost.* Princeton: Princeton University Press, 2019.

Sobre antropologia e cultura do consumidor:
Patricia Sunderland e Rita Denny, ed. *Doing Anthropology in Consumer Research.* Abingdon: Left Coast Press, 2007.
Timothy de Waal Malefyt e Robert J. Morais. *Advertising and Anthropology: Ethnographic Practice and Cultural Perspectives.* Abingdon: Berg, 2012.
Timothy de Waal Malefyt e Maryann McCabe, ed. *Women, Consumption and Paradox.* Abingdon: Routledge, 2020.
David Howes, ed. *Cross-Cultural Consumption: Global Markets, Local Realities.* Abingdon: Routledge, 1996.
Clifford Geertz. *A interpretação das culturas.* Rio de Janeiro: Zahar Editores, 1978.
Grant McCracken. *Culture and Consumption.* 2. ed. Bloomington: Indiana University Press, 2005.
Grant McCracken. *Culturematic: How Reality TV, John Cheever, a Pie Lab, Julia Child, Fantasy Football, Burning Man, the Ford Fiesta Movement, Rube Goldberg, NFL Films, Wordle, Two and a Half Men, a 10,000-Year Symphony, and ROFLCon Memes Will Help You Create and Execute Breakthrough Ideas.* Boston: Harvard Business Review Press, 2012.

Sobre Covid-19, Ebola e antropologia médica:
Paul Farmer. *Fevers, Feuds, and Diamonds: Ebola and the Ravages of History.* Nova York: Farrar Straus and Giroux, 2020.
Paul Richards. *Ebola: How a People's Science Helped End an Epidemic.* Londres: Zed Books, 2016.
Susan Shepler e Catherine Bolten. "Producing Ebola: Creating Knowledge In and About an Epidemic". *Anthropological Quarterly 90*, n. 2, fev. 2017, p. 355-74.

(Projeto: edição especial de *Anthropological Quarterly on Production of Knowledge About Ebola*.)

Mary Douglas e Aaron Wildavsky. *Risk and Culture: An Essay on the Selection of Technological and Environmental Dangers*. Oakland: University of California Press, 1983.

Mary Douglas. *Purity and Danger: An Analysis of the Concepts of Pollution and Taboo*. Abingdon: Routledge, 1984.

Sobre antropologia e tecnologia:

Mary L. Gray e Siddharth Suri. *Ghost Work: How to Stop Silicon Valley from Building a Global Underclass*. Nova York: Houghton Mifflin Harcourt, 2019.

danah boyd. *It's Complicated: The Social Lives of Networked Teens*. New Haven: Yale University Press, 2015.

Virginia Eubanks. *Automating Inequality: How High-Tech Tools Profile, Police, and Punish the Poor*. Londres: Picador, 2019.

Sareeta Amrute. *Encoding Race, Encoding Class: Indian IT Workers in Berlin*. Durham: Duke University Press, 2016.

J.A. English-Lueck. *Cultures@SiliconValley*. 2. ed. Oakland: Stanford University Press, 2017.

Julian Orr. *Talking About Machines: An Ethnography of a Modern Job*. Ithaca: ILR Press, 1996.

Lucy Suchman. *Human-Machine Reconfigurations: Plans and Situated Actions*. Ed. rev. Nova York: Cambridge University Press, 2007.

Edwin Hutchins. *Cognition in the Wild*. Cambridge: Bradford Books, 1996.

SOBRE A AUTORA

GILLIAN TETT preside o conselho editorial, nos Estados Unidos, do *Financial Times* e escreve colunas para o principal jornal do mundo especializado em finanças, negócios e economia política. Foi nomeada Jornalista Britânica do Ano, Colunista do Ano e Jornalista de Negócios do Ano no Reino Unido e ganhou dois prêmios da Society for Advancing Business Editing and Writing nos Estados Unidos. Ela dá palestras ao redor do mundo sobre finanças e mercados globais e tem doutorado em antropologia social pela Universidade de Cambridge. Tett é autora de *Saving the Sun: How Wall Street Mavericks Shook Up Japan's Financial World and Made Billions*; *Fool's Gold: The Inside Story of JP Morgan and How Wall St. Greed Corrupted Its Bold Dream and Created a Financial Catastrophe*; e *The Silo Effect: The Peril of Expertise and the Promise of Breaking Down Barriers*.

NOTAS DE FIM

1. Zora Neale Hurston. *Dust Tracks on a Road*. Filadélfia: J. B. Lippincott, 1942, p. 143.

Prefácio: A outra "AI" (ou: inteligência antropológica)
1. Ralph Linton. *O Homem: uma introdução à antropologia*. Tradução: Lavínia Vilela. São Paulo: Martins Fontes, 1981.
2. Gillian Tett. *Ambiguous Alliances: Marriage, Islam and Identity in a Soviet Tajik Village*, tese de doutorado, Universidade de Cambridge, 1995.
3. Nassim Nicholas Taleb. *A lógica do Cisne Negro: o impacto do altamente improvável*. Tradução: Renato Marques de Oliveira. Rio de Janeiro: Editora Objetiva, 2021. John Kay e Mervyn King. *Radical Uncertainty: Decision-Making Beyond the Numbers*. Nova York: Norton, 2020. Margaret Heffernan. *Uncharted: How to Map the Future Together*. Londres: Simon & Schuster, 2020.
4. Para um tratado poderoso sobre por que a palavra "exótico" pode ser tão enganosa (uma vez que somos todos exóticos para alguma outra pessoa), veja Jeremy MacClancy, ed., *Exotic No More: Anthropology for the Contemporary World*. 2. ed. Chicago: University of Chicago Press, 2019.
5. H. M. Miner. "Body Ritual Among the Nacirema", *American Anthropologist* 58, n. 3, jun. 1956, p. 503-7, doi:10.1525/aa.1956.58.3.02a00080.
6. "The Relation of Habitual Thought and Behavior to Language", escrito em 1939 e originalmente publicado em *Language, Culture and Personality: Essays in Memory of Edward Sapir*, editado por Leslie Spier (1941), e depois republicado em John B. Carroll, ed., *Language, Thought and Reality: Selected Writings of Benjamin Lee Whorf*, 1956, p. 134-59. Para outra ilustração excelente desses temas, veja Edmund T. Hall, *The Silent Language*. Nova York: Anchor Books, 1973, originalmente publicado em 1959.
7. Esse relato foi retirado de Matthew Engelke, *Think Like an Anthropologist*. Londres: Pelican, 2018.
8. Essa citação costuma ser atribuída a Paul Broca e reflete o cerne de seus argumentos intelectuais e de sua abordagem acadêmica. Porém, a fonte precisa parece obscura.
9. Para uma explicação fascinante sobre como as atitudes relacionadas ao tempo variam entre profissionais ocidentais, veja Frank A. Dubinskas, ed., *Making Time: Ethnographies of High-Technology Organizations*. Filadélfia: Temple University Press, 1988.
10. Victor Turner. *O processo ritual: Estrutura e antiestrutura*. Petrópolis: Vozes, 2013 (publicado pela primeira vez em 1966). Veja também Victor Turner. *Forest of Symbols: Aspects of Ndembu Ritual*. Ithaca: Cornell Paperbacks, 1970.
11. Veja mais em: <www.bbc.com/news/blogs-trending-38156985>.
12. Uma observação semelhante é feita pela socióloga Arlie Russell Hochschild, em seu excelente livro *Strangers in Their Own Land: Anger and Mourning on the American Right*. Nova York: The New Press, 2018.
13. Rebekah Park, David Zax, e Beth Goldberg. "Fighting Conspiracy Theories Online at Scale", estudo de caso, EPIC, 2020. Veja também Gillian Tett. "How Can Big Tech Best

Tackle Conspiracy Theories?", *Financial Times*, 4 nov. 2020. Disponível em: <www.ft.com/content/2ab6a100-3fb4-4fec-8130-292cab48eb83>.
14. Para os paralelos entre teorias da conspiração modernas ligadas a grupos como o movimento Qanon e o folclore tradicional em termos de moldar a comunidade, veja James Deutch e Levi Bochantin. "The Folkloric Roots of the QAnon Conspiracy", *Folklife*, 7 dez. 2020. Disponível em: <https://folklife.si.edu/magazine/folkloric-roots-of-qanon-conspiracy>.
15. O conceito seminal de "descrição densa", que moldou grande parte da antropologia moderna, é apresentado em um capítulo que leva esse nome em Clifford Geertz. *A interpretação das culturas*. Rio de Janeiro: Zahar, 1978 (publicado pela primeira vez em 1973), p. 3-33.
16. Veja Ben Smith. "How Zeynep Tujecki Keeps Getting The Big Things Right", *New York Times*, 23 ago. 2020. Disponível em: <www.nytimes.com/2020/08/23/business/media/how-zeynep-tufekci-keeps-getting-the-big-things-right.html>, e "Jack Dorsey On Twitter's Mistakes", The Daily, *The New York Times*, 7 ago. 2020.

1. Choque Cultural (ou: o que, afinal, é antropologia?)

1. Margaret Mead. *Sex and Temperament in Three Primitive Societies*. London & Henley: Routledge & Kegan Paul, 1977 (publicado pela primeira vez em 1935), p. ix.
2. Um relato maravilhoso sobre o desafio de tentar conciliar abordagens empíricas e interpretativas e sobre as suspeitas, por parte de cientistas formados, com relação à capacidade da etnografia de focar a estatística pode ser encontrado em T. M. Luhrmann. "On Finding Findings", *Journal of the Royal Anthropological Institute* 26, 2020, p. 428-42.
3. Para uma história da antropologia, boa e concisa, veja Matthew Engelke. *How to Think Like an Anthropologist*. Londres: Pelican, 2018. Ou Eriksen Thomas Hyland e Finn Sivert Nielsen. *História da antropologia*. Tradução Euclides Luiz Calloni. Rio de Janeiro: Vozes, 2018. Veja também Adam Kuper, *Anthropology and Anthropologists: The British School in the Twentieth Century*. Nova York: Routledge, 2015; originalmente publicado em 1973.
4. Keith Hart. *Self in the World: Connecting Life's Extremes*. Nova York: Berghahn, 2021.
5. Marc Flandreau, *Anthropologists in the Stock Exchange: A Financial History of Victorian Science*. Chicago: Chicago University Press, 2016, p. 19.
6. Anthony Trollope, *The Way We Live Now*, 1875.
7. Flandreau. *Anthropologists in the Stock Exchange*, p. 9.
8. Ibid., p. 49.
9. Para um relato completo de como a corrente intelectual em torno da antropologia se desenvolveu no final do século 19 e início do século 20, veja o excelente trabalho de Charles King. *Gods of the Upper Air: How a Circle of Renegade Anthropologists Reinvented Race, Sex and Gender in the Twentieth Century*. Nova York: Doubleday, 2019.
10. Ibid., p. 29-31.
11. Franz Boas. *A mente do ser primitivo*. Tradução José Carlos Pereira. Rio de Janeiro: Vozes, 2010 (publicado pela primeira vez em 1911), p. 103.
12. Para um relato completo sobre isso, veja Isabel Wilkerson. *Caste: The Origins of Our Discontents*. Nova York: Random House, 2020.
13. Bronisław Malinowski. *Argonautas do Pacífico Ocidental*. São Paulo: Abril Cultural, 1976 (publicado pela primeira vez em 1922), p. 25.

14. Veja "Nazis Burn Books Today; Anthropologist 'Not Interested'", *Columbia Spectator*, 10 maio 1933. Disponível em: <http://spectatorarchive.library.columbia.edu/?a=d&d=cs19330510-01.2.6&>.
15. Em meados do século 20, uma onda de críticas raivosas irrompeu dentro da disciplina depois que alguns antropólogos reclamaram que toda a disciplina era enraizada no privilégio branco e em um "encontro de poder desigual". Veja Talal Asad, *Anthropology and the Colonial Encounter*. Londres: Humanities Press, 1995. Ou, mais recentemente, Lee Baker, *Anthropology and Racial Culture*. Durham: Duke University Press, 2010. Ou um artigo de Leniqueca A. Welcome que reflete sobre as críticas de alguns antropólogos hoje, "After the Ash and Rubble Are Cleared: An Anthropological Work for the Future", *Journal of the American Anthropological Association*, 2020. Disponível em: <www.americananthropologist.org>.
16. Veja Adam Kuper. *Anthropology and Anthropologists: The British School in the Twentieth Century*, 4. ed. Abingdon, Reino Unido: Routledge, 2015.
17. Caroline Humphrey. *Karl Marx Collective: Economy, Society and Religion in a Siberian Collective Farm*. Cambridge: Cambridge University Press, 1983. Veja também *Magical Drawings in the Religion of the Buryat*, tese de doutorado, Universidade de Cambridge, 1971.
18. Peter Hopkirk. *The Great Game: The Struggle for Empire in Central Asia*. Nova York: Kodansha International, 1992.
19. A expressão "*soft underbelly*" [ventre mole, traduzida aqui como "calcanhar de Aquiles"] foi usada pela primeira vez para descrever a Ásia Central em um artigo do *New York Times* de 12 de dezembro de 1959 intitulado "Along the Soft Underbelly of the USSR", de C. L. Sulzberger. O conceito surgiu, repetidamente, em debates de política externa na Guerra Fria e continua a ser usado hoje. Veja, por exemplo, Gavin Helf, *Looking for Trouble: Sources of Violent Conflict in Central Asia*, United States Institute of Peace, nov. 2020. Disponível em: <www.usip.org/sites/default/files/2020-11/sr_489_looking_for_trouble_sources_of_violent_conflict_in_central_asia-sr.pdf>.
20. Nancy Tapper. *Bartered Brides: Politics, Marriage and Gender in an Afghan Tribal Society*. Cambridge, Reino Unido: Cambridge University Press, 1991, p. xv.
21. Gregory J. Massell. *The Surrogate Proletariat: Moslem Women and Revolutionary Strategies in Soviet Central Asia 1919-1929*. Princeton: Princeton University Press, 2016 (publicado pela primeira vez em 1974).
22. Simon Roberts. *The Power of Not Thinking: How Our Bodies Learn and Why We Should Trust Them*. Londres: 535, 2020.
23. Gillian Tett. *Ambiguous Alliances: Marriage and Identity in a Muslim Village in Soviet Tajikistan*, tese de doutorado não publicada, Universidade de Cambridge, 1995, p. 109.
24. Ibid., p. 170.
25. Ibid., p. 142.
26. Joseph Henrich. *The Weirdest People in the World: How the West Became Psychologically Peculiar and Particularly Prosperous*. Londres: Allen Lane, 2020, p. 56.
27. Ibid., p. 193.
28. Pierre Bourdieu. *Esboço de uma teoria da prática*. Lisboa: Celta, 2002 (versão original em francês 1972; tradução original em inglês 1977).
29. Grant McCracken. *The New Honor Code: A Simple Plan for Raising Our Standards and Restoring Our Good Names*. Nova York: Tiller Press, 2020.

2. **Cultos de carga (ou: por que a globalização surpreendeu a Intel e a Nestlé?)**
1. Fonte: <www.imdb.com/title/tt8482920>.
2. Amy Bennett, "Anthropologist Goes from Iguanas to Intel", *Computerworld*, 15 set. 2005. Disponível em: <https://www.computerworld.com/article/2808513/anthropologist-goes-from-iguanas-to-intel.html>.
3. Fonte: <www.engadget.com/2016-08-16-the-next-wave-of-ai-is-rooted-in-human-culture-and-history.html>.
4. Fonte: <www.nehrlich.com/blog/2012/09/19/the-anthropology-of-innovation-panel>.
5. Ulf Hannerz. *Cultural Complexity: Studies in the Social Organization of Meaning.* Nova York: Columbia University Press, 1992.
6. David Howes, ed., *Cross-Cultural Consumption: Global Markets, Local Realities.* Abingdon: Routledge, 1996, p. 1-15.
7. Para uma descrição completa dos cultos de carga, veja: <www.anthroencyclopedia.com/entry/cargo-cults>.
8. Clifford Geertz. *A interpretação das culturas.*
9. Há uma grande quantidade de literatura em antropologia em torno da ideia de que a globalização promove as diferenças culturais, bem como as semelhanças; para um exemplo lúcido, veja David Held e Henrietta L. Moore, eds. *Cultural Politics in a Global Age: Uncertainty, Solidarity and Innovation* Londres: Oneworld, 2008.
10. Christian Madsbjerg. *Sensemaking: o poder da análise humana na era dos algoritmos.* São Paulo: Nobel, 2018, p. 118.
11. Para um relato sobre esse assunto, leia Tat Chan e Gordon Redding. *Bull Run: Merrill Lynch in Japan.* Paris: INSEAD, 2003. Veja também Peter Espig, "The Bull and the Bear Market: Merrill Lynch's Entry into the Japanese Retail Securities Industry", *Chazen Web Journal of International Business* 2003. Disponível em: <www0.gsb.columbia.edu/mygsb/faculty/research/pubfiles/187/Merrill_Yamaichi.pdf>.
12. David Howes, ed. *Cross-Cultural Consumption: Global Markets, Local Realities*, p. 1.
13. Essa história foi inteiramente retirada dos arquivos e de literatura interna de marketing da Nestlé.
14. Este relato é retirado de uma análise magistral realizada por Philip Sugai no Japão, complementada com entrevistas da autora com executivos atuais e antigos da Nestlé. Veja Philip Sugai, "Nestlé KITKAT in Japan: Sparking a Cultural Revolution", estudos de caso A-D, *Harvard Business Review Store*, 2017.
15. Ibid.
16. Fonte: <https://soranews24.com/2017/08/22/now-you-can-buy-cough-drop-flavoured-kit-kats-in-japan/>.
17. https://business360.fortefoundation.org/globetrotting-anthropologist-genevieve-bell-telling-stories-that-matter>.
18. Fonte: <www.bizjournals.com/sanjose/stories/2004/08/16/story5.html>.
19. Fonte: <www.engadget.com/2004-08-24-intel-embraces-cultural-difference.html>.
20. John Fortt. "What Margaret Mead Could Teach Techs", *CNN Money*, 25 fev. 2009. Disponível em: <https://money.cnn.com/2009/02/25/technology/tech_anthropologists.fortune/index.htm>.
21. Janet Rae-Dupree, "Anthropologist Helps Intel See the World Through Customers' Eyes", *Silicon Valley Business Journal*, 15 ago. 2004. Disponível em: <www.bizjournals.com/sanjose/stories/2004/08/16/story5.html>.

22. Michael Fitzgerald. "Intel's Hiring Spree", MIT *Technological Review*, 14 fev. 2006. Disponível em: <www.technologyreview.com/2006/02/14/229681/intels-hiring-spree-2>.
23. Natasha Singer. "Intel's Sharp-Eyed Social Scientist", *The New York Times*, 15 fev. 2014. Disponível em: <www.nytimes.com/2014/02/16/technology/intels-sharp-eyed-social-scientist.html>.
24. Genevieve Bell. "Viewpoint: Anthropology Meets Technology", BBC *News*, 1 jun. 2011. Disponível em: <www.bbc.com/news/business-13611845>.
25. Singer. "Intel's Sharp-Eyed Social Scientist".
26. Bell. "Viewpoint".
27. Fonte: <www.epicpeople.org/ai-among-us-agency-cameras-recognition-systems>.
28. Fonte: <www.epicpeople.org/ai-among-us-agency-cameras-recognition-systems>.
29. Fonte: <www.rhizome.com.cn/?lang=en>.
30. Fonte: <www.ww01.net/en/archives/65671>.
31. Kathi Kitner. "The Good Anthropologist: Questioning Ethics in the Workplace", In: Rita Denny e Patricia Sunderland, eds. *Handbook of Anthropology in Business*. Abingdon: Routledge, 2017, p. 309.
32. Shaheen Amirebrahimi. *The Rise of the User and the Fall of People: Ethnographic Cooptation and a New Language of Globalization*, EPIC, 2016. Disponível em: <https://anthrosource.onlinelibrary.wiley.com/doi/epdf/10.1111/1559-8918.2016.01077>.
33. Veja, por exemplo, Ortenca Aliaz e Richard Waters. "Third Point Tells Intel to Consider Shedding Chip Manufacturing", *Financial Times*, 29 set. 2020; Richard Waters. "Intel Looks to New Chief's Technical Skills to Plot Rebound". *Financial Times*, 14 jan. 2021.
34. Fonte: <https://3ainstitute.org/about>.

3. Contágio (ou: por que os remédios não conseguem deter as pandemias?)

1. Rene Dubos. *Celebrations of Life*. Nova York: McGrawHill, 1981.
2. Entrevista com a autora.
3. Fonte: <www.youtube.com/watch?v=NshGFgPv3As>.
4. Engelke. *Think Like an Anthropologist*, p. 318. Para ler o debate em torno do comentário de Tebbit sobre antropologia, acesse: <www.jstor.org/stable/3033203?seq=1>.
5. Paul Richards. *Ebola: How a People's Science Helped End an Epidemic*. Londres: ZED Books, 2016, p. 17.
6. Fonte: <www.thegazette.co.uk/awards-and-accreditation/content/103467>.
7. Fonte: <www.hopkinsmedicine.org/ebola/about-the-ebola-virus.html>.
8. Esse argumento é apresentado de forma poderosa no texto clássico Mary Douglas. *Purity and Danger*. Nova York: Routledge 2002, p. 80 (publicado pela primeira vez em 1966).
9. Mary Douglas e Aaron Wildavsky. *Risk and Culture: An Essay on the Selection of Technological and Environmental Dangers*. University of California Press, 1983, p. 6-15.
10. Entrevista com a autora.
11. Susan Erikson. "Faking Global Health", *Critical Public Health* 29, n. 4, 2019, p. 508-516. Disponível em: <www.tandfonline.com/doi/full/10.1080/09581596.2019.1601159>.
12. Michael Scherer. "Meet the Bots That Knew Ebola Was Coming", *Time*, 6 ago. 2014. Disponível em: <https://time.com/3086550/ebola-outbreak-africa-world-health-organization>.
13. John Paul Titlow. "How This Algorithm Detected the Ebola Outbreak Before Humans Could", *Fast Company*, 13 ago. 2014. Disponível em: <www.fastcompany.com/3034346/how-this-algorithm-detected-the-ebola-outbreak-before-humans-could>.

14. Timothy Maher. "Caroline Buckee: How Cell Phones Can Become a Weapon Against Disease", "Innovators Under 35", In: MIT *Technological Review*. Disponível em: <www.technologyreview.com/innovator/caroline-buckee>.
15. Disponível em: <www.ncbi.nlm.nih.gov/pmc/articles/PMC6175342>.
16. Ibid.
17. Adam Goguen e Catherine Bolten. "Ebola Through a Glass, Darkly: Ways of Knowing the State and Each Other", *Anthropological Quarterly* 90, n. 2, 2017, p. 429-56.
18. Richards, *Ebola*, p. 17.
19. Paul Farmer. *Fevers, Feuds, and Diamonds: Ebola and the Ravages of History*. Nova York: Farrar, Straus and Giroux, 2020, p. 21.
20. Ibid., p. 32.
21. Catherine Bolten e Susan Shepler. "Producing Ebola: Creating Knowledge In and About an Epidemic", *Anthropological Quarterly* 88, n. 3, p. 350-66.
22. Goguen e Belton. "Ebola Through a Glass Darkly".
23. Essa falha de política é apresentada em detalhes arrepiantes em Farmer. *Fevers, Feuds and Diamonds*.
24. Para uma discussão sobre se os antropólogos lidaram bem com os desafios do ebola, veja Adia Benton. "Ebola at a Distance: A Pathographic Account of Anthropology's Relevance", *Anthropology Quarterly* 90, n. 2, 2017, p. 495-524. Ou Bolten and Shepler. "Producing Ebola". Veja também Farmer, *Fevers, Feuds and Diamonds*, p. 511.
25. Entrevista com a autora.
26. Fonte: <www.ebola-anthropology.net/wp-content/uploads/2014/11/DFID-Brief-14oct14-burial-and-high-risk-cultural-practices-2.pdf>.
27. Richards, *Ebola*, p. 133.
28. Julienne Ngoungdoung Anoko e Doug Henry, "Removing a Community Curse Resulting from the Burial of a Pregnant Woman with a Fetus in her Womb: An Anthropological Approach Conducted during the Ebola Virus Pandemic in Guinea", In: David A. Schwartz, Julienne Ngoundoung Anoko e Sharon A. Abramowitz, eds. *Pregnant in the Time of Ebola: Women and their Children in the 2013-2015 West African Epidemic*. Nova York: Springer, 2020, p. 263-77.
29. Farmer. *Fevers, Feuds and Diamonds*, p. 521.
30. Christopher J. M. Whitty et al. "Infectious Disease: Tough Choice to Reduce Ebola Transmission", *Nature*, 6 nov. 2014.
31. Gillian Tett. "We Need More Than Big Data to Track the Virus", *Financial Times*, 20 maio 2020. Disponível em: <www.ft.com/content/042a1ca2-9997-11ea-8b5b-63f7c5c86bef>.
32. Entrevista com a autora.
33. Michael C. Ennis-McMillan e Kristin Hedges. "Pandemic Perspectives: Responding to COVID-19," *Open Anthropology* 8, n. 1, abr. 2020. Disponível em: <www.americananthro.org/StayInformed/OAArticleDetail.aspx?ItemNumber=25631>.
34. Veja "Trump Says Coronavirus Worse 'Attack' Than Pearl Harbor", BBC *News*, 7 maio 2020. Disponível em: <www.bbc.com/news/world-us-canada-52568405>. Ou Katie Rogers, Lara Jakes e Ana Swanson. "Trump Defends Using 'Chinese Virus' Label, Ignoring Growing Criticism", *The New York Times*, 18 mar. 2020. Disponível em: <www.nytimes.com/2020/03/18/us/politics/china-virus.html>.
35. Fonte: <https://oxfamblogs.org/fp2p/what-might-africa-teach-the-world-covid-19-and-ebola-virus-disease-compared>.

36. Para detalhes sobre a cultura da máscara, veja Christos Lynteris. "Why Do People Really Wear Face Masks During an Epidemic?", *The New York Times*, 13 fev. 2020. Disponível em: <www.nytimes.com/2020/02/13/opinion/coronavirus-face-mask-effective.html>, e também <www.sapiens.org/culture/coronavirus-mask>, <www.jstor.org/stable/23999578?seq=1#metadata_info_tab_contents>. E Gideon Lasco. "The Social Meanings of Face Masks, Revisited", *Inquirer.Net*, 30 jul. 2020. Disponível em: <https://opinion.inquirer.net/132238/the-social-meanings-of-face-masks-revisited>.
37. Fonte: <https://hbr.org/2020/06/using-reverse-innovation-to-fight-covid-19>.
38. Para obter mais detalhes sobre o Societal Experts Action Network (SEAN), acesse: <www.nationalacademies.org/our-work/societal-experts-action-network>.
39. Fonte: <www.bi.team/blogs/facemasks-would-you-wear-one>.
40. Veja a palestra anual da IFS: Gus O'Donnell. "The Covid Tragedy; Following the Science or Sciences?", 24 set. 2020. Disponível em: <www.ifs.org.uk/uploads/IFS%20Annual%20Lecture%202020.pdf>. Larry Elliott. "Covid Means UK Needs EU Deal to Avoid Calamity, Says Lord O'Donnell", *Guardian*, 23 set. 2020. Disponível em: <www.theguardian.com/politics/2020/sep/24/covid-means-uk-needs-eu-deal-to-avoid-calamity-says-lord-odonnell>.
41. Fonte: <https://dominiccummings.files.wordpress.com/2013/11/20130825-some-thoughts-on-education-and-political-priorities-version-2-final.pdf>.
42. Martha Lincoln. "Study of the Role of Hubris in Nations' COVID-19 Response", *Nature*, 15 set. 2020. Disponível em: <www.nature.com/articles/d41586-020-02596-8>.
43. A questão de como funcionários governamentais e burocratas no Ocidente são prisioneiros de sua própria cultura não é discutida com frequência. No entanto, uma análise excelente pode ser vista em um artigo do Behavioral Insights Team do Reino Unido, "Behavioral Government", 11 jul. 2018. Disponível em: <www.bi.team/publications/behavioural-government>. Para uma análise mais raivosa, veja David Graeber. *The Utopia of Rules: On Technology, Stupidity and the Secret Joys of Bureaucracy*. Nova York: Melville, 2016.

4. Crise financeira (ou: por que os banqueiros interpretam mal os riscos)

1. Anaïs Nin. "Abstraction" em *The Novel of the Future*. Nova York: Collier Books, 1976 (publicação original 1968), p. 25.
2. Alan Beattie e James Politi. "'I Made A Mistake', admits Greenspan", *Financial Times*, 23 out. 2008. Para um relato de como Greenspan repensou sua abordagem econômica a fim de incorporar a economia comportamental e a incerteza, veja Alan Greenspan. *The Map and the Territory 2.0: Risk, Human Nature, and the Future of Forecasting*. Nova York: Penguin 2013.
3. Daniel Beunza. *Taking the Floor: Models, Morals, and Management in a Wall Street Trading Room*. Princeton: Princeton University Press, 2019.
4. Karen Ho. *Liquidated: An Ethnography of Wall Street*. Duke University Press, 2009.
5. Vincent Antonin Lépinay. *Codes of Finance: Engineering Derivatives in a Global Bank*. Princeton: Princeton University Press, 2011.
6. Laura Barton. "On the Money", *The Guardian*, 30 out. 2008. Disponível em: <www.theguardian.com/business/2008/oct/31/creditcrunch-gillian-tett-financial-times>.
7. Laura Nader. "Up the Anthropologist", memorando para o US Department of Health, Education, and Welfare. Disponível em: <https://eric.ed.gov/?id=ED065375>.
8. Karen Ho. *Liquidated*, p. 19. Uma observação semelhante sobre os problemas de condução da antropologia entre a elite do poder, mas em um contexto diferente (energia nuclear)

é encontrada em Hugh Gusterson. "Studying Up Revisited", POLAR: *Political and Legal Anthropology Review* 20, n. 1, p. 114-19.
9. Paul Tucker. "A Perspective on Recent Monetary and Financial System Developments", *Bank of England Quarterly Bulletin*, 2007. Disponível em: <https://papers.ssrn.com/sol3/papers.cfm?abstract_id=994890>. Para uma descrição completa desse período, veja o capítulo 4 de Gillian Tett. *The Silo Effect*. Nova York: Simon & Schuster, 2016.
10. Para mais detalhes, veja Gillian Tett. *Fool's Gold*. Nova York: Simon & Schuster, 2009.
11. Gillian Tett. "Innovative Ways to Repackage Debt and Spread Risk Have Brought Higher Returns But Have Yet to Be Tested Through a Full Credit Cycle", *Financial Times*, 19 abr. 2005. Gillian Tett. "Teething Problems or Genetic Flaw?", *Financial Times*, 18 maio 2005. Gillian Tett. "Market Faith Goes Out the Window As the 'Model Monkeys' Lose Track of Reality", *Financial Times*, 20 maio 2005. Gillian Tett. "Who Owns Your Loan?", *Financial Times*, 28 jul. 2005.
12. Veja: Gillian Tett. "Should Atlas Still Shrug?: The Threat That Lurks Behind the Growth of Complex Debt Deals", *Financial Times*, 15 jan. 2007. Gillian Tett. "The Unease Bubbling in Today's Brave New Financial World", *Financial Times*, 19 jan. 2007. Gillian Tett. "The Effect of Collateralised Debt Should Not Be Underplayed", *Financial Times*, 18 maio 2007. Richard Beales, Saskia Scholte e Gillian Tett. "Failing Grades? Why Regulators Fear Credit Rating Agencies May Be Out of Their Depth", *Financial Times*, 17 maio 2007. Gillian Tett. "Financial Wizards Debt to Ratings Agencies' Magic", *Financial Times*, 30 nov. 2006.
13. Para entender o conceito de "habitus", vale a pena ler Ho, *Liquidated*, ou Pierre Bourdieu, *Esboço de uma teoria da prática*. Lisboa: Celta, 2002. No entanto, como Bourdieu pode ser uma leitura difícil, talvez seja mais fácil absorver os conceitos-chave com David Swartz. *Culture and Power: The Sociology of Pierre Bourdieu*. Chicago: University of Chicago Press, 1995.
14. Michael Lewis. *The Big Short: Inside the Doomsday Machine*. Nova York: W.W. Norton, 2011.
15. Gillian Tett. "In with the 'On' Crowd", *Financial Times*, 26 maio 2013.
16. Bourdieu. *Esboço de uma teoria da prática*.
17. Upton Sinclair. *I, Candidate for Governor: And How I Got Licked*, 1935..
18. Veja James George Frazer. *O ramo de ouro*. Rio de Janeiro: LTC Editores, 1982. Ou Claude Lévi-Strauss. *Mito e significado*. Lisboa: Edições 70, 2019.
19. Hortense Powdermaker. *Hollywood: The Dream Factory*. Hollywood: Martino Fine Books, 2013 (publicado pela primeira vez em 1950).
20. Gillian Tett. "Silos and Silences: Why So Few People Spotted the Problems in Complex Credit and What That Implies for the Future", *Banque de France Financial Stability Review* 14, jul. 2010, p. 123. Disponível em: <https://publications.banque-france.fr/sites/default/files/medias/documents/financial-stability-review-14_2010-07.pdf>.
21. Para um relato completo disso, veja Gillian Tett. *Fool's Gold*.
22. Gillian Tett. "An Interview with Alan Greenspan", *Financial Times*, 25 out. 2013. Disponível em: <https://www.ft.com/content/25ebae9e-3c3a-11e3-b85f-00144feab7de>.
23. Richard Beales e Gillian Tett. "Greenspan Warns on Growth of Derivatives", *Financial Times*, 6 maio 2005.
24. Fonte: <www.ft.com/content/25ebae9e-3c3a-11e3-b85f-00144feab7de>.
25. Caitlin Zaloom. *Out of the Pits: Traders and Technology from Chicago to London*. Chicago: University of Chicago Press, 2006.
26. Ho. *Liquidated*, p. 12.

27. Donald Mackenzie. *An Engine Not a Camera: How Financial Models Shape Markets*. Cambridge: MIT Press. p. 2-7.
28. Annelise Riles. *Collateral Knowledge: Legal Reasoning in the Global Financial Markets*. Chicago: University of Chicago Press, 2011.
29. Melissa Fisher. *Wall Street Women*. Durham: Duke University Press, 2012.
30. Daniel Scott Souleles. *Songs of Profit, Songs of Loss: Private Equity, Wealth and Inequality*. Lincoln: University of Nebraksa Press, 2019.
31. Alexander Laumonier. Disponível em: <https://sniperinmahwah.wordpress.com>.
32. Vincent Antonin Lépinay. *Codes of Finance: Engineering Derivatives in a Global Bank*, tese de doutorado, Universidade de Columbia, 2011, p. 7. Disponível em: <https://academiccommons.columbia.edu/doi/10.7916/D80R9WKD>. Veja também Lépinay. *Codes of Finance*.
33. Keith Hart. "The Great Economic Revolutions Are Monetary in Nature: Mauss, Polanyi and the Breakdown of the Neoliberal World Economy". Disponível em: <https://storicamente.org/har, 2009>.
34. Douglas Holmes. *Economy of Words: Communicative Imperatives in Central Banks*. Chicago: University of Chicago Press, 2013. Para ler sobre temas afins, veja também David Tuckett. *Minding the Markets: An Emotional Finance View of Financial Instability*. Londres: Palgrave, 2011. Sentimentos semelhantes são expressados em Robert Shiller. *Narrative Economics: How Stories Go Viral and Drive Major Economic Events*. Princeton: Princeton University Press, 2019. E Richard Thaler. *Misbehaving: The Making of Behavioral Economics*. Nova York: W.W. Norton, 2015. Veja também Margaret Heffernan. *Uncharted: How to Map the Future Together*. Londres: Simon & Schuster, 2020. E John Kay e Mervyn King. *Radical Uncertainty: Decision Making Beyond the Numbers*. Londres: W.W. Norton, 2020, para ler argumentos semelhantes.

5. Conflitos empresariais (ou: por que as reuniões da General Motors tinham um impacto negativo?)

1. George Orwell. "In Front of Your Nose". *Tribune*, 22 mar. 1946. Disponível em: <www.orwellfoundation.com/the-orwell-foundation/orwell/essays-and-other-works/in-front-of-your-nose>.
2. O material para esta troca é retirado das notas de campo de Briody, entregues à autora; veja uma sinopse parcial disso em Elizabeth K. Briody. *Handling Decision Paralysis on Organizational Partnerships*. Detroit: Gale, 2010, cujos detalhes foram complementados por Briody.
3. Fonte: <www.fastcompany.com/27707/anthropologists-go-native-corporate-village>.
4. W. Lloyd Warner. *A Black Civilization: A Study of an Australian Tribe*. ed. rev. Nova York: Harper, 1958 (publicado pela primeira vez em 1937).
5. Fonte: <https://blog.antropologia2-0.com/en/hawthrone-effect-first-contacts-between-anthropology-and-business>.
6. Elizabeth K. Briody, Robert T. Trotter II e Tracy L. Meerwarth. *Transforming Culture: Creating and Sustaining Effective Organizations*. Nova York: Palgrave Macmillan, 2010, p. 54.
7. Ibid., p. 52.
8. James C. Scott. *Weapons of the Weak: Everyday Forms of Peasant Resistance*. New Haven: Yale University Press, 1985.
9. Todos os detalhes deste escândalo podem ser vistos no relatório Valukas de 2014 sobre os problemas de segurança em: <www.aieg.com/wp-content/uploads/2014/08/

Valukas-report-on-gm-redacted2.pdf>. Veja também as próprias declarações da empresa e o discuros de Mary Barra, que refletiu muitas observações feitas anteriormente por Briody *et al.* sobre a cultura corporativa, em: <https://media.gm.com/media/us/en/gm/news.detail.html/content/Pages/news/us/en/2014/Jun/060514-ignition-report.html>.

10. Elizabeth K. Briody, Robert T. Trotter II e Tracy L. Meerwarth. *Transforming Culture*. p. 56-7.
11. Ibid., p. 59-60.
12. Gary Ferraro e Elizabeth K. Briody. *The Cultural Dimension of Global Business*. 7. ed. Abingdon: Routledge, 2016.
13. Frank Dubinskas. *Making Time*, p. 3.
14. Elizabeth K. Briody, S. Tamur Cavusgil, S. Tamur e Stewart R. Miller. "Turning Three Sides into a Delta at General Motors: Enhancing Partnership Integration on Corporate Ventures", *Long Range Planning* 37, 2004, p. 427.
15. Gary Ferraro e Elizabeth K. Briody. *The Cultural Dimension of Global Business*, p. 1667.
16. Ibid., p. 174.

6. Ocidentais estranhos (ou: por que realmente pagamos por ração para animais de estimação e por educação infantil?)

1. Meg Kinney e Hal Phillips. "Educating the Educators", apresentação para EPIC, 2019. Disponível em: <www.epicpeople.org/tag/parenting>.
2. Horace Miner. "Body Ritual Among the Nacirema", *American Anthropologist* 58, n. 3, 1956, p. 503-7.
3. Patricia L. Sunderland e Rita M. Deny. *Doing Anthropology in Consumer Research*. Walnut Creek: Left Coast Press, 2007, p. 28.
4. Entrevista com a autora.
5. Meg Kinney e Hal Phillips. *Educating the Educators*.
6. Rachel Botsman. "*Who Can You Trust? How Technology Brought Us Together and Why It Might Drive Us Apart*". Nova York: Public Affairs, 2017.
7. Joseph Henrich. *The Weirdest People in the World: How the West Became Psychologically Peculiar and Particularly Prosperous*. Londres: Allen Lane, 2020.
8. Ibid., p. 55.
9. Ibid., p. 27.
10. Ibid., p. 34.
11. Ibid., p. 21.
12. Maryann McCabe. "Configuring Family, Kinship and Natural Cosmology", In: Rita Denny e Patricia Sunderland, eds.. *Handbook of Anthropology in Business*. Abingdon: Routledge, 2013, p. 365.
13. Richards Meyers e Ernest Weston Jr. "What Rez Dogs Mean to the Lakota", Sapiens, 2 dez. 2020. Disponível em: <www.sapiens.org/culture/rez-dogs>.
14. Maryann McCabe. "Configuring Family. Kinship and Natural Cosmology", p. 366.
15. Maryann McCabe e Timothy de Waal Malefyt. "Creativity and Cooking: Motherhood, Agency and Social Change in Everyday Life", *Journal of Consumer Culture* 15, n. 1, 2015, p. 48-65.
16. Maryann McCabe. "Ritual Embodiment and the Paradox of Doing the Laundry", *Journal of Business Anthropology* 7, n. 1, primavera 2018, p. 8-31.

17. Ibid., p. 15.
18. Ibid., p. 17.
19. Kenneth Erickson. "Able to Fly: Temporarily, Visibility and the Disabled Airline Passenger", Rita Denny e Patricia Sunderland, eds. *Handbook of Anthropology in Business*. Abingdon: Routledge, 2013, p. 412.
20. Nina Diamond et al., "Brand Fortitude in Moments of Consumption". In: Rita Denny e Patricia Sunderland, eds. *Handbook of Anthropology in Business*. Abingdon: Routledge, 2013, p. 619.
21. Veja Grant McCracken. "TV Got Better", *Medium*, 2021. Disponível em: <https://grant27.medium.com/tv-got-better-how-we-got-from-bingeing-to-feasting-782a67ee0a1>. Também Ian Crouch. "Come Binge with Me", *New Yorker*, 13 dez. 2003. Ou: <www.prnewswire.com/news-releases/netflix-declares-binge-watching-is-the-new-normal-235713431.html>.
22. Para ter uma ideia de como a antropologia tem influenciado o marketing e as pesquisas de consumidor, veja também Timothy de Waal Malefyt and Maryann McCabe, eds. *Women, Consumption and Paradox* (Abingdon: Routledge, 2020); Timothy de Waal Malefyt e Robert J. Morais, *Advertising and Anthropology: Ethnographic Practice and Cultural Perspectives*. Oxford: Berg, 2012; Patricia Sunderland e Rita Denny. *Doing Anthropology in Consumer Research*. Walnut Creek: Left Coast Press, 2007.
23. Veja Roberts. *The Power of Not Thinking*. Também: <https://dscout.com/people-nerds/simon-roberts>.
24. O trabalho da plataforma de pesquisa supervisionada pelo professor Bill Maurer, chamado Institute for Money, Technology and Financial Inclusion, pode ser encontrado aqui: <www.imtfi.uci.edu/about.php>. Para obter informações adicionais, veja Bill Maurer. *How Would You Like To Pay? How Technology Is Changing the Future of Money*. Durham: Duke University Press, 2015.
25. Fonte: <www.redassociates.com/new-about-red->.
26. ReD White Paper. *The Future of Money*, 2018.
27. Entrevista com a autora.
28. Extraído de apresentações de ReD e de entrevistas com a autora.
29. Daniel Kahneman. *Rápido e devagar: duas formas de pensar*. São Paulo: Objetiva, 2012.
30. Para obter mais informações sobre como sociedades não ocidentais operam com esferas paralelas de câmbio e vales quase monetários diferentes, veja Thomas Hylland Eriksen. *Small Places, Large Issues: An Introduction to Social and Cultural Anthropology*. 4. ed. Londres: Pluto Press, 2015, p. 217-40. Ver também David Graeber. *Debt: The First 5,000 Years*. Brooklyn: Melville, 2014 (publicado pela primeira vez em 2011). E Maurer. *How Would You Like to Pay?*.
31. Entrevista com a autora. Veja também: <www.worldfinance.com/wealth-management/pension-funds/how-anthropology-can-benefit-customer-service-in-the-ension-industry>.
32. Para obter um bom exemplo do paradoxo cultural ao redor de conceitos ocidentais de seguro de vida, veja Viviana A. Rotman Zeliser. *Morals and Markets: The Development of Life Insurance in the United States*. Nova York: Columbia University Press, 2017.

7. "Grandemente" (ou: o que não entendemos sobre Trump e os adolescentes?)

1. Nicholas Carr. *The Shallows: What the Internet Is Doing to Our Brains*. Nova York: W. W. Norton, 2011, p. ix-x.

2. Veja a palestra TED de Tristan Harris para obter um exemplo significativo disso em: <www.youtube.com/watch?v=C74amJRp730>.
3. Para uma descrição completa do trabalho de campo de boyd, veja danah boyd. *It's Complicated: The Social Life of Networked Teens*. New Haven: Yale University Press, 2014.
4. Daniel Souleles. "Don't Mix Paxil, Viagra, and Xanax: What Financiers' Jokes Say About Inequality", *Economic Anthropology* 4, n. 1, 11 jan. 2017. Disponível em: <https://anthrosource.onlinelibrary.wiley.com/doi/abs/10.1002/sea2.12076>.
5. Salena Zito. "Taking Trump Seriously, Not Literally", *Atlantic*, 23 set. 2016. Disponível em: <www.theatlantic.com/politics/archive/2016/09/trump-makes-his-case-in-pittsburgh/501335>.
6. Naomi Klein. *No Is Not Enough: Defeating the New Shock Politics*. Londres: Allen Lane, 2017. Veja também Gillian Tett. "No Is Not Enough by Naomi Klein: Wrestling with Trump", *Financial Times*, 16 jun. 2017.
7. Roberts. *The Power of Not Thinking*.
8. Gillian Tett. "A Vision of Life Through a Dirty Lens", *Financial Times*, 15 out. 2016.
9. Veja, por exemplo: Gillian Tett. "Making Slogans Great Again", 30 set. 2016; Gillian Tett. "The Hack That Could Swing an Election", *Financial Times*, 27 ago. 2016; Gillian Tett. "What Brexit Can Teach America", 6 ago. 2016; Gillian Tett. "Female Voters and the Cringe Factor", *Financial Times*, 30 jul. 2016; Gillian Tett. "Is Trump a Winner?", *Financial Times*, 30 jan. 2016.
10. Para obter uma descrição excelente do trabalho de Burrington, veja: <www.youtube.com/watch?v=E5f7Jikg7ZU>. Veja também Ingrid Burrington. *Networks of New York: An Illustrated Field Guide to Urban Internet Infrastructure*. Nova York: Melville House Printing, 2016.

8. Cambridge analytica (ou: por que os economistas sofrem no ciberespaço?)

1. Este relato é baseado em entrevistas extensas da autora com ex-funcionários, gerentes e acionistas da Cambridge Analytica, entre 2016 e os dias atuais, incluindo a maioria das pessoas mencionadas neste capítulo.
2. Deve-se notar que não sei se os dados (posteriormente controversos) do Facebook foram usados nos modelos que vi naquele dia, pois nunca discutimos isso. Nossa conversa foi sobre o uso geral de dados.
3. Christopher Wylie. *Mindf*ck: Inside Cambridge Analytica's Plot to Break the World*. Londres: Profile Books, 2019.
4. As críticas ao comportamento da Cambridge Analytica e as alegações sobre campanhas políticas manipuladoras e de desinformação foram apresentadas por seus críticos durante extensas audiências parlamentares no Reino Unido. Também se reflete no relatório escrito pelo Comitê Digital, Cultura, Mídia e Esportes da Câmara dos Comuns. Veja em: <https://publications.parliament.uk/pa/cm201719/cmselect/cmcumeds/1791/1791.pdf>. Depoimento de Chris Wylie, Britney Kaiser e outros: <www.parliament.uk/globalassets/documents/commons-committees/culture-media-and-sport/Brittany-Kaiser-Parliamentary-testimony-FINAL.pdf>, e <https://committees.parliament.uk/committee/378/digital-culture-media-and-sport-committee/news/103673/evidence-from-christopher-wylie-cambridge-analytica-whistleblower-published/>. Para ler uma refutação extensiva de seus críticos feita por Alexander Nix, no parlamento britânico, veja: <www.youtube.com/watch?v=SqKU0gqY7oo>.
5. Entrevista com a autora.

6. Adam Smith. *Uma investigação sobre a natureza e a causa da riqueza das nações*, Livro 1, Capítulo 4.
7. Kadija Ferryman. *Reframing Data as a Gift*, SSRN 22, jul. 2017. Disponível em: <https://papers.ssrn.com/sol3/papers.cfm?abstract_id=3000631>.
8. David Graeber. "On Marcel Mauss and the Politics of the Gift". Disponível em: <https://excerpter.wordpress.com/2010/06/20/david-graeber-on-marcel-mauss-and-the-politics-of-the-gift/>. Veja também David Graeber. *Debt*.
9. Stephen Gudeman. *Anthropology and Economy*. Cambridge: Cambridge University Press, 2016. Para ler outra discussão sobre esses temas, veja Chris Hann e Keith Hart. *Economic Anthropology*. Cambridge: Polity, 2011. E Keith Hart. "The Great Revolutions Are Monetary in Nature", *Storiamente*, 2008. Disponível em: <https://storicamente.org/hart>. Ou veja Karl Polanyi. *The Great Transformation*. Londres: Farrar & Rinehart, 1945. O trabalho de Polanyi criou a base para grande parte da antropologia econômica moderna.
10. Alguns economistas também apontaram isso em relação às limitações em torno de conceitos como produto interno bruto. Veja, por exemplo, Diane Coyle. *GDP: A Brief but Affectionate History*. Princeton: Princeton University Press, 2014. Ou David Pilling. *The Growth Delusion: Wealth, Poverty, and the Well-Being of Nations*. Nova York: Tim Duggan, 2018.
11. Fonte: <https://archive.org/details/giftformsfunctio00maus>.
12. Caitlin Zaloom. *Indebted: How Families Make College Work at Any Cost*. Princeton: Princeton University Press, 2019.
13. Para ler uma discussão seminal sobre permuta, veja Caroline Humphrey. "Barter and Economic Disintegration", *Man New Series* 20, n 1, mar. 1985, p. 48-72. Disponível em: <https://doi.org/10.2307/2802221>. Também Caroline Humphrey e Stephen Hugh-Jones, eds. *Barter, Exchange and Value: An Anthropological Approach*. Cambridge: Cambridge University Press, 1992.
14. Para ver essa conversa, assista: <https://youtu.be/IhvX9QCiZP0>.
15. Entrevista com a autora.
16. Para uma descrição disso, veja Vance Packard. *The Hidden Persuaders*. Nova York: Pocket Books, 1957 [original], republicado por Nova York: Ig Publishing, 2007.
17. A Cambridge Analytica redigiu um acordo datado de 29 de julho de 2015, enquanto Wylie estava morando oficialmente em Paris, exigindo que Wylie e Euonia assinassem um compromisso prometendo "não fazer uso dos Itens Listados ou de qualquer Informação Confidencial da SCL", ou seja, a propriedade intelectual que Wylie havia criado enquanto estava na Cambridge Analytica, incluindo o conjunto de dados do Facebook e modelos baseados neles. Wylie assinou isso. Os documentos relevantes foram fornecidos à autora.
18. A fonte é uma carta à autora, enviada por Tamsin Allen, a advogada de Wylie, em 20 de dezembro de 2018. O documento reconhece que Euonia se ofereceu para trabalhar com a organização Trump, mas diz: "Sr. Wylie não compareceu a nenhuma reunião com Corey Lewandowski. Os dados do [Facebook] não foram usados nos materiais apresentados à campanha de Trump. A proposta, organizada por outros dentro da Eunoia, foi para a Trump Organization, pois isso foi antes de Trump declarar sua candidatura à presidência. O Sr. Wylie não acredita que tenha havido qualquer violação dos direitos de propriedade intelectual da Cambridge Analytica". Nix e outros ex-funcionários da Cambridge Analytica contestam essa declaração. Para ler a versão dos eventos que envolveram Wylie, veja Chris Wylie. *Mindf*ck*, p. 174-6.
19. Dados sobre intangíveis foram tirados de pesquisa feita pelo Aon and Ponemon Institute. Veja em: <www.aon.com/getmedia/60fbb49a-c7a5-4027-ba98-0553b29dc89f/Ponemon-Report-V24.aspx>.

20. Para ler uma descrição do trabalho que o Projeto Alamo fez em San Antonio, o papel dos "incorps" do Facebook e a comparação com a campanha de Clinton, veja Gillian Tett. "Can You Win an Election Without Digital Skullduggery?", *Financial Times*, 10 jan. 2020.
21. Essas atividades são descritas extensivamente no documentário de 2019 *The Great Hack*, de Karim Amer e Jehanne Noujaim, disponível em: <www.youtube.com/watch?v=iX8GxLP1FHo>.
22. Carole Cadwalladr e Emma Graham Harrison. "Revealed: 50 Million Facebook Profiles Harvested for Cambridge Analytica in Major Data Breach", *Guardian*, 17 mar. 2018.
23. Veja Rob Davies e Dominic Rush, "Facebook to Pay $5bn Fine as Regulator Settles Cambridge Analytica Complaint", *Guardian*, 24 jul. 2019. E "Facebook 'to be Fined $5bn Over Cambridge Analytica Scandal'", BBC *News*, disponível em: <https://bylinetimes.com/2020/10/23/dark-ironies-the-financial-times-and-cambridge-analytica>. Veja também: <www.ftc.gov/news-events/press-releases/2019/07/ftc-imposes-5-billion-penalty-sweeping-new-privacy-restrictions> e <https://ico.org.uk/about-the-ico/news-and-events/news-and-blogs/2019/10/statement-on-an-agreement-reached-between-facebook-and-the-ico>.
24. Izabella Kaminska. "ICO's Final Report into Cambridge Analytica Invites Regulatory Questions", FT *Aphaville*, 8 out. 2020. Disponível em: <www.ft.com/content/43962679-b1f9-4818-b569-b028a58c8cd2>. Veja também Izabella Kaminska. "Cambridge Analytica Probe Finds No Evidence It Misused Data to Influence Brexit", *Financial Times*, 8 out. 2020.
25. Fonte: <www.imf.org/en/News/Seminars/Conferences/2018/04/06/6th-statistics-forum>.
26. Para ver mais discussões sobre os prós e contras de estatísticas de PIB, veja Diane Coyle. *GDP*; ou David Pilling. *The Growth Delusion*.
27. Gillian Tett. "Productivity Paradox Deepens Fed's Rate Rise Dilemma", *Financial Times*, 20 ago. 2015. Veja também Gillian Tett. "The US Needs More Productivity, Not Jobs", *Foreign Policy*, 15 dez. 2016.
28. Rani Molla. "How Much Would You Pay for Facebook Without Ads?", *Vox*, 11 abr. 2018. Disponível em: <www.vox.com/2018/4/11/17225328/facebook-ads-free-paid-service-mark-zuckerberg>.
29. Fonte: <www.pnas.org/content/116/15/7250>.
30. David Byrn e Carol Corrado. *Accounting for Innovations in Consumer Digital Services*: It Still Matters, FEDs Working Paper. n. 2019-049. Disponível em: <https://papers.ssrn.com/sol3/papers.cfm?abstract_id=3417745>.
31. Veja em: <www.imf.org/external/mmedia/view.aspx?vid=5970065079001>. Veja também atas da sessão V11: Is All for Good in the Digital Age from the Sixth IMF Statistical Forum, disponível em: <www.imf.org/en/News/Seminars/Conferences/2018/04/06/6th-statistics-forum>.
32. Veja em: <www.aon.com/getmedia/60fbb49a-c7a5-4027-ba98-0553b29dc89f/Ponemon-Report-V24.aspx>.
33. Fonte: <https://ownyourdata.foundation>.
34. Veja uma apresentação TED de Jennifer Zhu Scott em: <www.ted.com/talks/jennifer_zhu_scott_why_you_should_get_paid_for_your_data?language=en>.
35. Molla. "How Much Would You Pay?".
36. Veja a entrevista que realizei com Randall Stephenson no jantar Knight Bagehot, em Nova York em 2015, disponível em: <www.youtube.com/watch?v=ZiiR_GfQspc>.

9. Trabalho em casa (ou: por que precisamos de um escritório?)

1. Daniel Beunza. *Taking the Floor: Models, Morals, and Management in a Wall Street Trading Room*. Princeton: Princeton University Press, 2019, p. 26.
2. Entrevista com a autora.
3. Resnick, P. "On Consensus and Humming in the IETF. Internet Engineering Task Force (IETF) Request for Comments: 7282", jun. 2014. Disponível em: <https://tools.ietf.org/html/rfc7282>.
4. Niels ten Oever. "Please Hum Now: Decision Making at the IETF". Disponível em: <https://hackcur.io/please-hum-now>.
5. Veja esse debate (que ocorreu no IETF101-TLS-20180319-1740, reunião de 19 de março 2018) em: <https://rb.gy/oe6g8o>.
6. Todas as 134 sessões que ocorreram nas reuniões eitf, em março de 2018, podem ser vistas no YouTube. Veja em: <https://rb.gy/1n2dq7> e depois siga outros links recomendados.
7. Fonte:<www.sec.gov/Archives/edgar/data/1321655/000119312520230013/d904406ds1.ht>.
8. J. A. English-Lueck, *cultures@siliconvalley*, 2. ed. Redwood City: Stanford University Press, 2017, p. 76.
9. Margaret Szymanski e Jack Whalen, eds. *Making Work Visible: Ethnographically Grounded Case Studies of Work Practice*. Cambridge: Cambridge University Press, 2011, p. XXI.
10. Douglas K. Smith e Robert C. Alexander. *Fumbling the Future: How Xerox Invented, Then Ignored the First Personal Computer*. Lincoln: toExcel, 1999, p. 14.
11. Szymanski e Whalen, eds. *Making Work Visible*, p. 2.
12. Scott Hartley. *The Fuzzy and the Techie: Why the Liberal Arts Will Rule the Digital World*. Nova York: Houghton Mifflin Harcourt, 2017.
13. Szymanski e Whalen, eds. *Making Work Visible*, p. XXII.
14. Julian Orr. *Talking About Machines: The Ethnography of a Modern Job*. Ithaca: ILR/Cornell Press, 1996, p. 7.
15. Ibid., p. 18.
16. Ibid., p. 39-42.
17. Szymanski e Whalen. *Making Work Visible*, p. 28.
18. Orr, p. 45.
19. Veja Lucy Suchman. *Plans and Situated Actions: The Problem of Human Machine Communication*. Cambridge University Press, 2007 (edição revisada; publicado pela primeira vez em 1987). Veja também Szymanski e Whalen. *Making Work Visible*, p. 21-33.
20. Suchman. *Plans*, p. 121-64.
21. Ibid., p. 130, 131.
22. Edwin Hutchins. *Cognition in the Wild*. Cambridge: MIT Press, 1996. Veja também: <http://pages.ucsd.edu/~ehutchins/citw.html>.
23. Baseado na tese de doutorado de Suchman, o memorando de 1985 que o PARC publicou pode ser encontrado em: <https://pdfs.semanticscholar.org/532a/52efca3bdb576d993c0dc53f075f172c1b07.pdf>. Para ler um relato completo da pesquisa, veja Suchman, *Plans and Situated Actions*.
24. Fonte: <http://pages.ucsd.edu/~ehutchins/citw.html>.
25. Veja Karl E. Wieck. *Sensemaking in Organizations*. Thousand Oaks: Sage Publications, 1995.
26. Szymanski e Whalen. *Making Work Visible*, p. XXIII.
27. Douglas K. Smith e Robert C. Alexander. *Fumbling the Future*, p. 241-54.

28. Para obter um exemplo de como as ideias sobre criar sentido se infiltraram na pesquisa do consumidor, ver Christian Madsbjerg. *Sensemaking: o poder da análise humana na era dos algoritmos*. São Paulo: Nobel, 2018.
29. Patricia Ensworth. "Anthropologist as IT Trouble Shooter", In: Rita Denny e Patricia Sunderland, eds. *Handbook of Anthropology in Business*. Abingdon: Routledge, 2013, p. 202-22.
30. Entrevista com a autora.
31. Ensworth, p. 204.
32. Para ver mais estudos que mostram por que padrões sociais dentro de departamentos de TI em empresas globais importam (na área de finanças e em outros lugares), veja Sareeta Amrute. *Encoding Race, Encoding Class: Indian IT Workers in Berlin*. Durham: Duke University Press, 2016; sobre o tribalismo dos programadores russos, veja Mario Biagioli e Vincent Antonin Lépinay, eds. *From Russia with Code: Programming Migrations in Post-Soviet Times*. Durham: Duke University Press, 2019.
33. Ensworth, p. 219.
34. Beunza. *Taking the Floor*, p. 21-2.
35. Donald MacKenzie. *An Engine, Not a Camera: How Financial Models Shape Markets*. Cambridge: MIT Press, 2008.
36. Os argumentos importantes de MacKenzie também são desenvolvidos em Donald MacKenzie e Taylor Spears. "'The Formula That Killed Wall Street': The Gaussian Copula and Modelling Practices in Investing Banking", *Social Studies of Science* 44, n. 3, jun. 2014, p. 393-417. Veja também Donald MacKenzie. *Material Markets: How Economic Agents Are Constructed*. Londres: Oxford University Press, 2009.
37. Douglas Holmes. *An Economy of Words: Communicative Imperatives in Central Banks*. University of Chicago Press, 2013. Esse argumento é refletido em Annelise Riles. *Financial Citizenship: Experts, Publics and the Politics of Central Banking*. Cornell University Press, 2018. E variações dessa ideia podem ser vistas em livros como o de Paul Tucker. *Unelected Power: the Quest for Legitimacy in Central Banking and the Regulatory State*. Princeton: Princeton University Press, 2018, e, de uma perspectiva histórica, em Liaquat Ahmed. *Lords of Finance: The Bankers Who Broke the World*. Nova York: Penguin, 2009.
38. Para o papel da psicologia e da emoção nos mercados, veja David Tuckett. *Minding the Markets: An Emotional View of Financial Instability*. Londres: Palgrave Macmillan, 2011.
39. Para uma excelente discussão sobre esse assunto, veja também Robert Schiller. *Narrative Economics: How Stories Go Viral and Drive Major Economic Events*. Princeton: Princeton University Press, 2019.
40. Ho, *Liquidated*, p. 77-82.
41. Chloe Evans. "Ethnographic Research in Remote Spaces: Overcoming Practical Obstacles and Embracing Change", EPIC, 25 set. 2020. Disponível em: <www.epicpeople.org/ethnographic-research-in-remote-spaces-overcomingpractical-obstacles-and-embracing-change>.
42. Stuart Henshall. "Recalibrating UX Labs in the Covid-19 Era", EPIC, 25 set. 2020. Disponível em: <www.epicpeople.org/recalibrating-ux-labs-in-the-covid-19-era>.
43. Veja os procedimentos em: <www.systemicrisk.ac.uk/events/market-stability-social-distancing-and-future-trading-floors-after-covid-19>. Também Gillian Tett. "Bankers Crave Return of In-Person Trading Floors", *Financial Times*, set. 2020. Disponível em: <www.cass.city.ac.uk/news-and-events/news/2020/september/returning-to-the-office-how-to-stay-connected-and-socially-distant>.

44. Fonte: <www.ietf.org/media/documents/survey-planning-possible-online-meetings-responses.pdf>.
45. Hartley. *The Fuzzy And The Techie.*

10. Dinheiro moral (ou: o que realmente impulsiona a sustentabilidade?)

1. "Noam Chomsky on America's Economic Suicide", entrevista com Laura Flanders, *GRITtv*, 4 maio 2012. Disponível em: <www.alternet.org>. Veja também: <https://chomsky.info/20120504>.
2. Anjli Raval. "New BP Boss Bernard Looney Pledges Net Zero Carbon Emissions by 2050", *Financial Times*, 12 fev. 2020; Lex. "BP The Race to Zero", *Financial Times*, 4 ago. 2020; Gillian Tett, Billy Nauman e Anjli Raval. "Moral Money in Depth with Bernard Looney", *Financial Times*, 13 maio 2020. Para ver um bom resumo da incerteza sobre como a BP poderia atingir suas metas, veja: <www.climateandcapitalmedia.com/does-bp-finally-get-it>.
3. Entrevista com a autora.
4. Mike Isaac. "Mark Zuckerberg's Great American Road Trip". *The New York Times*, 25 maio 2017; Adam Lashinksy. "Mark Zuckerberg's Good Idea", *Fortune*, 26 maio 2017; Reid J. Epstein e Deepa Seetharaman. "Mark Zuckerberg Hits the Road to Meet Regular Folks-with a Few Conditions", *Wall Street Journal*, 12 jul. 2017.
5. "Noam Chomsky on America's Economic Suicide."
6. Peter Kurie. *In Chocolate We Trust: The Hershey Company Town Unwrapped*. Filadélfia: University of Pennsylvania Press, 2018.
7. Gillian Tett. "Impact Investing for Good and Market Returns", *Financial Times*, 14 dez. 2017.
8. Gillian Tett. "Davos Man's Faith in Globalization Is Shaken", *Financial Times*, 7 mar. 2013; Gillian Tett. "Davos Man Has No Clothes", *Foreign Policy*, 16 jan. 2017.
9. A teoria de VUCA é apresentada em livros como *Strategic Leadership Primer (Department of Command, Leadership and Management*, United States Army War College, 1998). Disponível em: <https://apps.dtic.mil/dtic/tr/fulltext/u2/a430467.pdf>.
10. Veja em: <www.edelman.com/research> ou Gillian Tett. "Should We Trust Our Fellow App Users More Than Politicians?", *Financial Times*, nov. 2017.
11. Veja, por exemplo, Ronald Cohen. *Impact: Reshaping Capitalism to Drive Real Change*. Londres: Ebury Press, 2020.
12. "Dinheiro Moral" foi um trabalho de equipe. Eu o criei com Andrew Edgecliffe-Johnson e o construí com Billy Nauman, Patrick Temple-West, Kristen Talman, Tamami Shimizuishi e Emiliya Mychasuk.
13. "Business Roundtable Redefines the Purpose of a Corporation to Promote 'An Economy That Serves All Americans'". Disponível em: <https://opportunity.businessroundtable.org/ourcommitment>.
14. Lucian Bebchuk e Roberto Tallarita. "Stakeholder Capitalism Seems Mostly for Show", *Wall Street Journal*, 6 ago. 2020.
15. Para entender c conceito de doxa elaborado por Bourdieu, veja Pierre Bourdieu. *Esboço de uma teoria da prática*. Lisboa: Celta, 2002, p. 159-71 (primeira edição em 1977).
16. *Exploring Sustainable Investing in a Changing World: Responsible Investing*, relatório especial da BNY Mellon, set. 2020.

17. Entrevista com Anne Finucane por Gillian Tett para a Davos Goals House, jan. 2020. Disponível em: <https://we.tl/t-CEaJjLDbNT>.
18. Entrevista de Larry Fink por Gillian Tett para a British American Business Taskforce, 16 nov. 2020. Disponível em: <www.youtube.com/watch?v=PPjB1vwxjso>.
19. "Businesses Plan Major Operational Changes as They Prioritize Resilience", HSBC *Navigator*, 21 jul. 2020, comunicado à imprensa.
20. Nicholas Copeland e Christine Labuski. *The World of Walmart: Discounting the American Dream*. Abingdon: Routledge, 2013, p. 3.
21. Ibid., p. 5.
22. Gillian Tett, Andrew Edgecliffe-Johnson, Kristen Talman e Patrick Temple-West. "Walmart's Sustainability Chief: 'You Can't Separate Environmental, Social and Economic Success'", *Financial Times*, 17 jul. 2020.
23. Knut Christian Myhre e Douglas R. Holmes. "Great Expectations: How the Norwegian Sovereign Wealth Fund Is Re-Purposing Corporations in a Time of Crisis", artigo de pesquisa no prelo, 2020.
24. Knut Christian Myhre. "COVID-19, Dugnad and Productive Incompleteness: Volunteer Labor and Crisis Loans in Norway", *Social Anthropology/Anthropologie Sociale* 28, n. 2, 2020, p. 326-7.

Conclusão: da Amazônia para a Amazon (ou: e se todos nós pensássemos como antropólogos?)

1. Veja: <https://anatomyof.ai>. E também Kate Crawford. *Atlas of AI: Power, Politics and the Planetary Costs of Artifical Intelligence*. New Haven: Yale University Press, 2021.
2. Fonte: <www.moma.org/collection/works/401279>.
3. Fonte: <https://read.dukeupress.edu/poetics-today/article-abstract/36/3/151/21143/Art-as-Device?redirectedFrom=fulltext>.
4. Mary L. Gray e Suri Siddharth. *Ghost Work: How to Stop Silicon Valley from Building a New Global Underclass*. Boston: Mariner, 2019.
5. Fontes: <www.thetimes.co.uk/article/amazon-admits-plan-for-workers-cage-was-bad-idea-dnndtvvxt> e <www.cbsnews.com/news/amazons-patent-for-caging-workers-was-a-bad-idea-exec-admits>.
6. Axel Leijonhufvud. *Life Among the Econ* (publicado pela primeira vez em setembro de 1973). Disponível em: <https://doi.org/10.1111/j.1465-7295.1973.tb01065.x>.
7. Para ver um exemplo de como repensar a economia, veja: <https://core-econ.org/the-economy>, ou para ler um exemplo do projeto ANU, dirigido por Bell, veja: <https://3ainstitute.org>. Veja também projetos de grupos como o Instituto Santa Fé em: <www.complexityexplorer.org>. Veja também o relatório *Building Forward* do Bennett Institute, Universdidade de Cambridge em: <www.bennettinstitute.cam.ac.uk>.
8. Beunza. *Taking the Floor*.
9. Essa observação está claramente detalhada em Karen Ho. *Liquidated: An Ethnography of Wall Street*.
10. Veja J. A. English-Lueck. *cultures@siliconvalley*.
11. Os perigos de não ver como os programas de IA podem incorporar e intensificar o preconceito e o racismo são apresentados em Virginia Eubanks. *Automating Inequality: How HighTech Tools Profile, Police and Punish the Poor*. Londres: St Martin's Press, 2018. Veja também Cathy O'Neill. *Weapons of Math Destruction: How Big Data Increased Inequality and Threatens Democracy*. Nova York:

Crown, 2017. Ou Shoshana Zuboff. *The Age of Surveillance Capitalism: The Fight for a Human Future at the New Frontier of Power.* Nova York: Profile Books, 2019.
12. Para entender essa questão, veja obras como a de Annelise Riles. *Collateral Knowledge: Legal Reasoning in the Global Financial Markets.* Chicago: University of Chicago Press, 2011.
13. Tomas Hylland Erikson. *Small Places, Large Issues: An Introduction to Social and Cultural Anthropology.* 4. ed. Londres: Pluto Press, 2015 (publicado pela primeira vez em 1995).
14. Fonte: <https://wiser.directory/organization/ziyodullo-shahidi-international-foundation>.
15. Ann Pendleton-Julian e John Seely Brown. *Design Unbound: Designing for Emergence in a White Water World.* Cambridge: MIT Press, 2018.

Posfácio: carta aos antropólogos
1. Ulf Hannerz. *Anthropology's World: Life in a Twenty-First Century Discipline.* Londres: Pluto Press, 2010.
2. Keith Hart. "Why Is Anthropology Not a Public Science?", 2013. Disponível em: <http://thememorybank.co.uk/2013/11/14/why-is-anthropology-not-a-public-science>.
3. Paul Farmer. *Fevers, Feuds and Diamonds,* p. 511. Também Adia Benton. *Ebola at a Distance.*
4. Fonte: <www.anthropology-news.org/index.php/2020/10/26/raising-our-voices-in-2020>.

ÍNDICE

2001: uma odisseia no espaço (filme), 53
3Ai, Universidade Nacional da Austrália, 57-58, 251

adolescentes:
    atitudes acerca de tempo e espaço, 154-155
    redes sociais e vício digital, 152-155
África Ocidental:
    pandemia de ebola (2014–16) e, 59-74
    vendas de alimentos para bebês da Gerber em, 36
al-Biruni, Abu Rayhan, 7
Alemanha:
    rituais de reuniões e, 107-109
    período nazista, 13
    teias de significado de consumidores em torno de IA e, 48
Amazon.com, 247
    Alexa/Amazon Echo, 240-242
    ritual de zumbido do IETF e, 191-194
    trabalhadores fantasmas, 240-241
ambiental, social e governança (ESG) princípios, 217-238, 247-248
    BP e, 217-222
    caridade empresarial vs., 223-225
    externalidades e, 221-222
    gestão de risco e, 225-238, 248
    metáfora de canoagem e, 248
    Norges Bank Investment Management (NBIM) divisão e, 237
    origens do movimento, 226, 227
    pontos focais para mudança e, 224
    silêncio social em torno de, 229-234
    stakeholderism e, 222, 231-234, 236-237
    Walmart e, 234-236
American Girl, 141
Andamão, ilhas, 11
Anderson, Ken, 42, 48-53, 56
Anoko, Julienne, 73
antropologia aplicada ao direito, 104
antropologia cultural/social, 14, 14n, 131
antropologia física, 14, 131
antropologia médica, 60-61, 63-75, 77-80, 244, 251
antropologia social/cultural, 14, 14n, 130-132
antropologia:
    aplicações militares da, 173-174
    como ciência mole/*soft* vs. dura/*hard*, 7n, 40, 196
    como culto de curiosidade compulsiva, 7, 15-16, 85
    empatia por outros estranhos/desconhecidos e, XIV, XV, 8, 12, 17, 56-57, 86, 103-104, 219, *veja também* etnografia/observação participante
    papéis futuros e desafios a serem enfrentados, 250-253
    pontos de vista antissistema dentro de, 32, 152, 249
    princípios fundamentais de, XIII-XVI
    natureza da, XX, 6-7
    origens e desenvolvimento da, 7-14
    subcampos de, 14-15, 130-132, *veja também* etnografia/ observação participante
    visão antropológica e, *veja* visão antropológica /visão lateral

Apax, grupo de capital de risco, 230
aplicações militares de técnicas de persuasão, 173-174
Apple, 31, 54, 56, 203
Aprendiz, O (série de TV), 160
arbitragem, 93
Aspen Ideas Festival (2011), 101-103
Associação Americana de Antropologia (AAA)/, 71, 174n, 252
AT&T, 110, 187
Austrália, 11
  comunidade aborígene em, 31-33
  3Ai, Universidade Nacional da Austrália, 57-58, 251
autoridade:
  diferenças geracionais acerca do respeito por, 128-130
  e rituais nas reuniões Delta Dois na General Motors, 107-110, 121-124
  hierarquias de processamento de dados entre codificadores e, 204-207
  veja também poder/elites do poder

Bad Babysitter Productions, 125-130
Baehr, Peter, 77
Baffin, ilha de, Terra Nova, 10, 13, 17
Baker, Charlie, 78
Banco da França, 100
Banco da Inglaterra, 89, 95, 96
banco, raízes da palavra, 242
bancos/banqueiros centrais:
  fluxo narrativo e, 100-106, 210, 237-238
  Sistema de Reserva Federal dos Estados Unidos, 85, 101-103, 184
Bank of America, 233
Bankers Trust, 90
Bannon, Steve, 175
Barton, Laura, 87, 98, 99
Bateson, Gregory, 11
Bebchuk, Lucian, 232
Bedford, Juliet, 71, 75
Bell, Genevieve, 100
  e pesquisa antropológica na Intel, 31-33, 41-53
  formação na Austrália, 31-33, 57-58
  na 3Ai, Universidade Nacional da Austrália e, 57-58, 251
Benedict, Ruth, 11, 174
Beunza, Daniel, 85, 189-190, 194, 208-215
Biden, Joe, 252
Black Lives Matter, movimento, 10, 226
BlackRock, 233
Blinder, Alan, 184

Blomberg, Jeanette, 55, 201
Bloomberg, Michael, 182
Bloomberg, terminais de negociação/aldeia Bloomberg metáfora e, 84, 99
Boas, Franz, 10-15, 247
Boeing, 140
Bolten, Catherine, 66-71
Bolton, John, 178
Bork, princípio de, 186
Bork, Robert, 185
Botsman, Rachel, 129
Bourdieu, Pierre, 13, 97, 151, 211, 232, *veja também habitus* (Bourdieu)
boyd, danah, 152-155, 163-164
Brexit, voto, 159, 163, 228
Briody, Elizabeth, 107-110, 114-124
Bristow, Charles, 214
British Petroleum (BP), 217-221
Broca, Paul, XVII
Brownstein, John, 76
Buckee, Caroline, 65
Burrington, Ingrid, 163-164
Burton, Richard Francis, 8-9
Business Roundtable (BRT), 231-233, 236

Calhoun, Craig, 152
Cambridge Analytica (CA), 165-183
  campanha Trump (2016) e, 165, 166-167, 175-181
  colapso de, 186-187
  coleta de informações em redes sociais, 165-183
  modelo OCEAN e, 165-167, 172-173, 177, 181
  origens e desenvolvimento de, 172-176
Campbell Soup, rituais de preparo de comida e, 138-139
Carr, Nicholas, 152
Cefkin, Melissa, 55-56
Centro de Controle e Prevenção de Doenças (CDC), 59, 68
Chapin, Edwin Hubbel, 165
China:
  antropologia de negócios em, 53-55
  como fornecedor importante da Walmart, 235-236
  Grande Jogo geopolítico e, 18, 28-29
  impacto da Revolução Cultural, 53, 54n
  pandemia de Covid-19 e, 75-77
  reações de consumidores a tecnologia na, 43, 45-46
  teias de significado em torno da IA de consumidores e, 48-55
  vendas de chá da Coca-Cola em, 35
Chomsky, Noam, 217, 222

choque cultural:
    abraçar o, 1
    bancos de investimento e, 83-84
    em pesquisa de campo etnográfica tajique, XI–XII, 3-7, 16-26, 27-29
Cingapura, reações de consumidores a tecnologia em, 46-47
Clinton, Hillary, XVIII, 157, 159, 179
Coca-Cola Kid, The (filme), 35
Coca-Cola, 33-35
códigos semióticos:
    e ciência da persuasão, 173
    em torno de bens de consumo, 36, 39, 43
    mudanças em, 240, 250
Cohen, Ronald, 230
companhia, raízes da palavra, 242
comunicação intercultural:
    atitudes com relação ao tempo, 121
    em interface ser humano-máquina para Xerox fotocopiadoras, 199-203
    hierarquias de processamento de dados entre codificadores e, 204-207
    nas reuniões Delta Dois na General Motors, 107-110, 121-124
    respostas incorporadas de navegantes truqueses, 201-202
conferências profissionais e, 31-33, 56, 83-87, 92, 101-103, 157, 182-138, 224
    criação de sentido entre negociantes de ativos financeiros, 208-214, 244
    gestão de risco como base de movimento ESG/sustentabilidade, 225-238, 248
    movimentos de protesto e, 219-220
    raízes de finanças, 242
    sistema bancário sombra e, 151
    veja também Grande Crise Financeira (2008)
Conrad, Joseph, 61
Conselho de Pesquisa em Ciências Sociais, 252n
consenso, ritual de zumbido do IETF e, 191-194, 198-199, 215-216
contar histórias:
    componentes de uma história, 99-101
    no processo de comunicações da visão antropológica, 44
    veja também fluxo narrativo
contexto:
    cultural e social, 22-26, 48, 62, 70, 76, 105
    moralidade em, 22–26
    teias de significado e, *veja* teias de significado
    tempo em, 121-122
    veja também visão antropológica/visão lateral
Conversation, The (plataforma online), 252
Copeland, Nicholas, 234-235
Corpo de Paz, 62

Covid-19, pandemia de, 75-80
    antroplólogos médicos e, 77-80, 244
    aprendizagem de outras culturas e, XIV
    chamadas Zoom/videoconferências e, XVII-XVIII, 213-214, 248
    investimento em sustentabilidade/ESG investing e, 233-234
    máscaras faciais e, XVIII, 77-79
    pelos faciais de homens e, XVII
    trabalho em casa/confinamento e, XVII-XVIII, 189-190, 212-216
Crawford, Kate, 239-241
Credit Suisse, 230
crédito, derivativos de, *veja* derivativos, mercado de
criação de sentido:
    como base da antropologia, 6-7
    de intervenções verbais de banqueiros centrais, 210
    do movimento ESG/sustentabilidade, 224-238
    entre negociantes de ativos financeiros, 208-214, 244
    e hierarquias de processamento de dados entre codificadores e, 204-207
    movimento de experiência do usuário (UX) e, XXI, 57, 141, 203
    pensamento lógico/sequencial em, 131-132, 134, 139, 147, 160, 190, 206
    por técnicos de manutenção de fotocopiadoras Xerox, 195-200
    por usuários de máquinas fotocopiadoras Xerox, 199-203
    ritual de zumbido do IETF e, 191-194, 198-199, 215-216
    trabalho em casa e, 190, 212-216
    trocas de informações incidentais em, 212-216
    veja também teias de significado
crise da dívida da zona do euro (2011), 103
Crown, The (série da Netflix), 61n
Cruz, Ted, 178
cultos de carga, 34
Cummings, Dominic, 79

dados:
    coleta de dados em redes sociais, 165-182
    em descrição/dados espessa/densa (Geertz), XX, 42
    exclusão de coleta de dados de modelos econômicos, 169-170, 183
    raízes da palavra, 168-169, 242
Danica, 142, 146-147
Darwin, Charles, 8
Data and Society (laboratório de ideias de Nova York), 163-164, 251
Davis, Wade, 13
derivativos, mercado de, 83-106
    banqueiros centrais e, 101-106

cobertura dos meios de comunicação de derivativos de crédito, 99-101
críticas a, 96-99
hierarquias de processamento de dados entre codificadores e, 204-207
obrigação de dívida colateralizada (collateralized debt obligations – CDOs), 84, 93-94, 96, 98, 102
habitus (Bourdieu) em, 97, 106
metáfora da salsicha para CDOs, 93-94, 102
metáfora das corridas de cavalos para CDS, 94
metáfora do icebergue para derivativos de crédito, 91-92, 95, 151, 156, 225
mito de criação acerca da inovação em, 84-85, 92-106, 158, 228, 244
securitização e, 83-87, 92, 94-98, 230, 233
seguro contra inadimplência (credit default swaps – CDS), 84, 93-94, 98, 102
silêncio social em torno dos derivativos de crédito, 156, 162
descrição/dados espessos/densos (Geertz), XX, 42
design centrado no ser humano, 57
DHL, 55n
Diamond, Jared, 14, 131n
diferenças geracionais em teias de significado em torno de cuidados de crianças, 128-131, 134
Dinamarca, atitudes de consumidores acerca de dinheiro e, 142-148
dinâmicas de grupo:
de técnicos de manutenção de fotocopiadoras Xerox, 198-200
fazer corpo mole em manipulação de materiais na General Motors, 118
hierarquias de processamento de dados entre codificadores, 204-207
rituais de reuniões na General Motors, 107-111, 122-124
ritual de zumbido do IETF para consenso, 191-194, 198-199, 215-216
troca de informações incidentais, 212-216
veja também laços de parentesco
Dinheiro Moral (boletim informativo do FT), 231-232
dinheiro:
atitudes de consumidores acerca de, 141-148
finanças/mercados financeiros
veja também derivativos, mercado de; economia/modelos econômicos
Dishman, Eric, 45
dissonância cognitiva, em torno do dinheiro, 144
diversidade:
avaliação, XIV, 250
dinamismo resultante de, 243

dominó, estratégia, 245n
Dorsey, Jack, XX
Douglas, Mary, 63
doxa (Bourdieu), 232
Drew, Marisa, 230
Dubinskas, Frank, 121
Dubos, Rene, 59
Dudley, Bob, 220
Dunbar, Brian, 14
Dunbar, Robin, 131n
Duracell, 141
Durkheim, Emile, 60
Duxambe, Tajiquistão, XI–XII, 3, 16-20, 26-28

ebola, pandemia de (2014–16), 59-75
antropólogos médicos e, 60-61, 62-75, 77-80, 244-245, 251
rituais funerários e, 60, 69-70, 73-75
economia da atenção, paternidade em, 128
economia de livre mercado, 101-103, 222, 228-232, 234, 247-248
economia/modelos econômicos:
abordagem do livre mercado a, 101-104, 188, 221-222, 227-232, 235, 246-248
exclusão de transações de dados intangíveis de, 168-170, 177-178, 182-188
externalidades e, 217, 221-222, 235, 242-244
intervenções de bancos centrais, 100-106, 210, 237-238
padrões tribais e visão em túnel em, 242-243
raízes de economia, 242
retornos aos acionistas e, 222, 228, 231, 236
stakeholderism e, 222-223, 231-232, 236-237
transações de permuta e, 182-188
visão antropológica/visão lateral e, 242-244
veja também Grande Crise Financeira (2008)
Economist, como cliente da Cambridge Analytica, 180
Edelman relações públicas, 229
Edelman, Richard, 229
Ela (filme), 171
eleições de 2016:
Cambridge Analytica e Trump, 165, 166167, 175-182
grandemente e Trump, 157-160, 163
luta livre/sinalização performática de Trump e, 160-162
teorias de conspiração online e, XVIII–XIX
embalagens de alimentos para bebês, 36
empatia:
cultivar uma mentalidade de, XIV
em etnografia/observação participante, 29, *veja também* etnografia/ observação participante

em movimento de sustentabilidade e BP, 217-222
em pesquisas globais de produtos de consumidor, 31-58
incorporação no estabelecimento de, 29
pandemia de Covid-19 e, 78-80
pandemia de ebola e, 60-61, 68-71
por outros estranhos, XIV, 8, 12, 17, 48, 86, 103, 220
teorias de conspiração em redes sociais e, XVIII-XX

Engels, Friedrich, 17
engenharia de fatores humanos, 57
English-Lueck, J.A., 194
Ensworth, Patricia, 204-207
epidemia SARS, 77
era vitoriana, 8-9, 14
Eriksen, Thomas Hylland, 31, 246
Erikson, Susan, 62-66, 71
Escritório da Casa Branca para Políticas Científicas e Tecnológicas, 252
espaço:
    atitudes de adolescentes acerca de, 154-155
    em criação de sentido entre negociantes de ativos financeiros, 208-214
    em observação participante via Zoom, 213
    habitus e, *veja habitus* (Bourdieu)
    público vs. privado, 24-26, 97
    quartos de dormir individuais e, 43
    sistema de navegação truquese, 201-202
    troca de informações incidentais em, 212-216
Estados Unidos:
    antropólogos em posições de formulação de políticas, 252-253
    eleições de 2016, 157-164, 165-167, 174-182
    Grande Jogo geopolítico e, 28-29
    pandemia de Covid-19 e, 75-80
    pandemia de ebola (2014-16) e, 59-60, 68-69, 74
    Reserva Federal, 85, 101-103, 184
    teias de significado de consumidores em torno de IA e, 48-55
Estee Lauder, 173
estudar o acima, 90
estudo de experiência do usuário (UX), XXI, 57, 203, 250
Ethnographic Praxis in Industry Conferences (EPIC), 56, 140, 213
ética, *veja* moralidade
etnografia em vídeo e, XVII-XVIII, 127-131, 213-214
etnografia/ observação participante:
    como abordagem de baixo para cima, 29, 65, 72, 98-99, 117-118
    crescimento de, nos negócios, 54-58
    cuidados de crianças e, 126-131

e donos de animais de estimação, 135-138
em pandemia de ebola (2014-16), 60-61, 71-75
etnografia em vídeo e, XVII-XVIII, 127-131, 213-214
etnografiya estilo soviética vs., 17-18, 19
definição, XIXn, 1
desafios de, 14-15
na General Motors, 107-111, 113-124
na Walmart, 234-236
na Xerox, 194-204
origens do conceito, 10-14
para pesquisas com usuários de tecnologia, XXI, 57, 141
posições das políticas governamentais e, 252
ritual corporal (Miner) e, 126-127
trabalho de campo sobre rituais de casamento tajiques, XII, XX, 3-7, 18, 20-26, 27-29, 89-90, 246-247
etnólogos, 9
Eunoia, 177
Evans, Chloe, 213
Evans-Pritchard, Edward E., 12, 174
evolução biológica, 8-9, 131n
evolução biológica, 8-9, 17-18, 131n
externalidades, 217, 221-222, 235, 243
Exxon, 218

Facebook:
    coleta de dados pela Cambridge Analytica e, 167-183
    Iniciativa Social Science One, 252n
    plataforma Study, 187
    Recode, pesquisas de usuários, 184, 187
    turnê de escuta de Zuckerberg, 219
Fairhead, James, 71
Farmer, Paul, 62n, 70, 71, 73n, 78, 251
Fast Company, 65
fazer corpo mole, 118
Fernando, Mayanthi, 252
Ferryman, Kadija, 169
finanças e economia comportamental, 144
finanças/mercados financeiros:
    atitudes de consumidores acerca de dinheiro e, 142-148
    de derivativos, *veja* derivativos, mercado de
    exclusão de transações de dados intangíveis de modelos econômicos e, 168--171, 177-178, 182-188
    Merrill Lynch, operações de corretagem no Japão, 35
    terminais de negociação da Bloomberg/aldeia Bloomberg metáfora e, 84, 99
    visão antropológica/visão lateral e, 207, 212, 243
Financial Times (FT):
    acompanhamento de ESG/sustentabilidade por, 229-234

caridade empresarial e, 223-224
como cliente da Cambridge Analytica, 180n
Dinheiro Moral boletim informativo, 231-232
e conferência no Museu da História do Computador (2012), 31-33, 47, 55, 58
eleição presidencial de 2016 e, 157-164
em conferência do Fundo Monetário Internacional (IMF) (2018), 182-188
equipe/coluna Lex, 88n, 88-92, 219
equipe de mercados de capitais, 92-95
equipe/sala de economia, 86, 92
no Fórum Econômico Mundial (WEF, Davos), 98, 151-156, 227
no Fórum Europeu de Securitização (Nice, 2005), 83-86, 92
no Tajiquistão, XI–XII, 26-29
no Japão, 88
sistema bancário sombra e, 151-152
Fink, Larry, 233
Finucane, Anne, 233
Fisher, Melissa, 104
Flandreau, Marc, 9
fluxo narrativo:
  banqueiros centrais e, 100-106, 210, 237
  componentes de histórias para jornalistas e, 100-101
  desenvolvimento de, 99
  economia narrativa (Shiller) e, 211-212, 237
  falta de, para mercados de crédito e derivativos, 100
  no acompanhamento de ESG/sustentabilidade, 229-234
  Norges Bank Investment Management, divisão de, e, 237
  papel dos meios de comunicação em, 99-101
  veja também histórias/mitos de criação; criação de sentido; silêncio social
Flynn, Donna, 56-57
formas contábeis de medir o impacto, 230
formulação de políticas:
  antropólogos e governos, 252-253
  banqueiros centrais, 100-106, 210, 237-238
  vieses em, 245-246
Fortes, Meyer, 12
Fórum Econômico Mundial (Davos), 98, 151-157, 227
Fórum Europeu de Securitização (Nice, 2005), 83-87, 92
Frazier, James, 99
Friedman, Milton, 222, 228, 231, 236
Frosch, Robert A., 114
FT, *veja Financial Times* (FT)
Fukushima, terremoto de (Japão, 2011), 39
funcionalismo, 14
Fundação Bill & Melinda Gates, 76, 142

Fundação Ford, 224
Fundação Nacional da Ciência, 78
Fundo de Defesa Ambiental, 235
Fundo Monetário Internacional (FMI), 182-188
futuro desconhecido (Heffernan), XIII

Gates, Melinda, 76
Geertz, Clifford, XX, 7n, 13n, 78, 160, 247
  descrição espessa/densa e, XX, 42
  jogo absorvente, 161n
  teias de significado e, 14, 34, 36, 42, 84, *veja também* teias de significado
Gelsinger, Pat, 44, 45
General Motors (GM), 107-121
  cultura de culpa em, 117, 119
  fazer corpo mole na manipulação de materiais e, 118
  melhorias de produtividade, 119-121
  rituais de reuniões Delta Dois e, 107-110, 121-124
George VI, rei, 61n, 69
geração do milênio:
  atitudes com relação a cuidados de crianças, 129
  preocupações ambientais de, 247
Gerber, vendas de alimentos para bebês na África Ocidental, 36
gestão científica, 112, 115
globalização, processo de:
  Coca-colonização e, 33-35
  Componentes de, 55n
  crescimento da etnografia de negócios e, 54-58
  Embalagens de alimentos de bebês da Gerber na África Ocidental, 36
  Merrill Lynch, serviços de corretagem no Japão, 35
  premissas de, 227-228
  reações de consumidores a tecnologia Intel, 33, 42-54
  vendas de barras de chocolate Kit Kat no Japão, 36-41
  voto Brexit e, 159, 163, 228
Glottrup, John, 146-147
Goebbels, Josef, 13
Goguen, Adam, 67-68, 70
Goldman, Jack, 195
Gonzalez, Gabriel Santiago Jurado, 111-112
Google, 56, 153, 184
  HealthMap e, 64-65, 76
  Jigsaw e teorias de conspiração online, XVIII
  ritual de zumbido para consenso do IETF e, 191-194
Gorbachev, Mikhail, 26
Goroff, Daniel, 78
Grã-Bretanha:
  barras Kit Kat e, 37, 40
  geopolítica do Grande Jogo e, 18, 28-29
  pandemia de Covid-19 e, 78, 80
  voto Brexit e, 159, 163, 228

Graeber, David, 169, 170
grande aposta, A (filme), 98
Grande Crise Financeira (2008):
  antecedentes da, 225
  banqueiros centrais e, 101-106
  dinheiro rápido vs. lento (Kahneman) e, 145-146
  falência da GM e, 120
  perda de confiança em empresas e governos após, 229
Grande Depressão, 112
Grande Jogo geopolítico, 18, 28-29
grandemente, premissas sobre o uso de, 157-160, 163
Grécia, na crise de dívida da zona do euro (2011), 104, 105
Greenspan, Alan, 85, 101-105
Gronemann, Martin, 142-146
Gudeman, Stephen, 169

habitus (Bourdieu), 25
  em mercado de derivativos, 97
  entre negociantes de ativos financeiros, 210-214
  ritual de zumbido do IETF para consenso e, 191-194, 198-199, 215-216
  trabalho em casa e, 189-190, 212-216
  veja também espaço
Halpern, David, 79, 80
Hannerz, Ulf, 33, 249
Hansom, Jack, 171-172, 181
Harari, Noah, 14
Harris, Tristan, 153
Hart, Keith, 8, 105, 250
Hartford Fire Insurance Company, XV
Hartley, Scott, 196
Hassan (tajique), 23-26
Hawking, Stephen, 189
Hawthorne, efeito, 110-111
HealthMap, 64-65, 76
Heffernan, Margaret, XIII
Henrich, Joseph, 14, 24, 130-134, 137, 159
Henshall, Stuart, 213
Herodoto, 7
Hershey, Fundação, 223
histórias/mitos de criação:
  acerca dos benefícios da inovação financeira, 84-85, 92-106, 157-158, 223, 243-244
  da Walmart, 234, 235
  do Vale do Silício, 85, 183-184, 194
  no ritual de zumbido do IETF, 191-192, 198-199, 215-216
Ho, Karen, 85, 90, 90n, 104, 211

Holmes, Douglas, 105, 210, 237-238
hopi, indígenas estadunidenses, atitudes acerca do tempo, XV
Howes, David, 34
HSBC, 234, 237
Humphrey, Caroline, 16, 170
Hurston, Zora Neale, 11
Hutchins, Edwin, 201

IBM, 55-56
ICDs (indicadores-chave de desempenho), 126
icebergue metáfora, para derivativos de crédito, 91-92, 95, 151, 156, 225
identidade:
  individual vs. coletiva e, 132-134, 137
  símbolos e rituais em, 135
incorporação:
  em trabalho de campo etnográfico, 20-22
  em estabelecer empatia com outras pessoas, 29
  etnografia em vídeo e, XVII-XVIII, 127-131, 213-214
  pandemias e, *veja* pandemias
  poder do conhecimento assimilado e, 141-142
  por navegantes truqueses, 201-202
  ritual corporal (Miner) e, 126-127
  sinalização performática e, 160-162
Índia:
  etnografia em vídeo, 213
  hierarquias de processamento de dados entre codificadores e, 204-207
indígenas lakota dos Estados Unidos, relacionamentos entre humanos e animais de estimação e, 136
individualismo:
  e identidade individual vs. coletiva, 132-134
  máscaras faciais Covid-19 e, 77
  tecnologia de reconhecimento facial e, 52
infraestrutura:
  infraestrutura de internet de Nova York, 163-164
  pandemia de ebola e, 62n, 69-70, 72n, 74n
  relações entre negociantes de ativos financeiros de escritórios da frente e da retaguarda, 211
  tecnologia da informação (TI), 164, 192, 204-208
Instituto Santa Fé, 251
Intel:
  desafios da globalização e, 33, 41-54, 56-57
  pesquisas sobre reações de consumidores a tecnologia, 31-33, 41-54, 65
  ritual de zumbido para consenso do IETF e, 191-194
  teias de significado de consumidores em torno de IA e, 48-54
inteligência artificial (IA):
  ad tech e, 171-176

Alexa/Amazon Echo e, 139-242
inteligência antropológica (IA) vs., XI-XXI, 240-241
modelo OCEAN e, 165-167, 172, 177, 171
reações de consumidores a tecnologia de reconhecimento facial, 49-54
teias de significado de consumidores em torno de, 48-55
3Ai, Universidade Nacional da Austrália e, 57-58, 251
interação humano-computador (IHC), 57
Internet Engineering Technical Forum (IETF), 191-194, 198-199, 215-216
internet:
    e ritual de zumbido do IETF, 191-194, 198-199, 215-216
    infraestrutura urbana de, 164
    veja também megadados; redes sociais
inuítes, 10-11
investimento de impacto, 226
Ishibashi, Masafumi, 38, 40

Japan Airlines, 140
Japão:
    movimento da qualidade e,115-116
    Merrill Lynch, operações de corretagem em, 35
    vendas de barras de chocolate Kit Kat em, 36-41, 43-44, 109
Jieying, Zhang, 54-55
Jigsaw (Google), xviii–xix
Jobs, Steve, 203
Johansson, Scarlett, 171
Johnson, Boris, 79
Joler, Vladan, 239-241
Jordan, Brigitte, 55
jornalistas/jornalismo:
    componentes de transmitir uma história e, 100-101
    curiosidade e, 26, 85
    estratégia dominó e, 245n
    importância do silêncio social e, XX, 149, 165-166, 245-246
    no Tajiquistão, XI-XII, 26-29, 248
    olhar para o que está faltando, 245, *veja também* silêncio social
    problema das lentes sujas e, 162, 163
    vieses e, 98-101, 158-159, 161, 162, 244-246
    veja também Financial Times (FT)
JP Morgan, 214
JSB (John Seely Brown), 195-197, 203

Kahneman, Daniel, 144-145
Kaiser, Britney, 186
Karimova, Aziza, 3-5, 16, 18-21
Karp, Alex, 193

Kay, John, XIII
King, Charles, 13
King, Mervyn, XIII
Kinney, Meg, 125-130
Kit Kat, barras de chocolate, teias de significado em torno de, 36-41, 43-44, 109
Kitner, Kathi, 56
Klein, Naomi, 160
Knudstorp, Jorgen Vig, 142
Kogan, Alexandr, 176-178

Labuski, Christine, 234-235
laços de parentesco:
    Campbell Soup e rituais de preparação de alimentos, 138-139
    conceito fundamental que organiza as relações sociais, 137
    em identidade individual vs. coletiva, 132-134
    Mars e vendas de ração para animais de estimação, 134-138
    moralidade e, 132-134
    Procter & Gamble e rituais de lavagem de roupa, 139-140
    reciprocidade em, 169-172
Lagarde, Christine, 182, 185
Lasco, Gideon, 77
Laumonier, Alexander, 104
Leach, Edmund, 13
Leach, Melissa, 71
Lennon, John, 125
Lepinay, Vincent, 86, 90n, 105
Levi-Strauss, Claude, 13, 99, 136, 157, 239
Lewis, Michael, 98
Liebow, Ed, 161n
liminaridade (Turner), XVII-XVIII
linguagem e linguística:
    língua tajique em trabalho de campo, 5-6, 17, 20, 22-26, 28
    na prevenção de incêndios, XV
    premissas culturais sobre, XV-XVI, 158-159
    raízes de palavras, 168-169, 242-244
    rótulo de gratuito e, 167-170, 176, 184
Linton, Ralph, XI, XV
Looney, Bernard, 217-218
Lovejoy, Tracey, 56
luta livre, sinalização performática e, 160-162
Lynteris, Christos, 77

MacKenzie, Donald, 104, 210
Mackintosh, 37

Mad Men: inventando verdades (série de TV), 173
Madsbjerg, Christian, 35
Maki, Ryoji, 38, 40
malária, monitoramento por meio de telefones celulares, 65
Malaysia:
    fazer corpo mole por fazendeiros em, 118
    reações de consumidores a tecnologia em, 43, 45, 46
Malefyt, Tim, 138-139
Malinowski, Bronislaw, 12-14, 89-91, 253
Malotki, Ekkehart, XVIn
Mandela, Nelson, 173
Manyika, James, 232
mapas, criação de:
    Amazon Echo, gráfico da caixa preta do, e, 239-242
    de aldeia tajique, 90
    de fluxos financeiros, 90
    de infraestrutura urbana de internet, 164
mapuche, povo (Chile), 131-132
Mars, vendas de ração para animais de estimação, 134-138
Marx, Karl, 17
máscaras faciais, uso de, XVIII, 77-79
Maschio, Tom, 56
Matrix (filme), 134
Maurer, Bill, 142
Mauss, Marcel, 169
Mayo, Elton, 110-111
McCabe, Maryann, 135-140
McCracken, Grant, 29, 141
McDonald's, 234
McKinsey, 232
McLaughlin, Kathleen, 236
McMillon, Doug, 236
Mead, Margaret, 3, 11, 111
Médicos Sem Fronteiras (MSF), 59, 63, 68, 70, 73
Meerwarth, Tracy, 119
megadados:
    adoção da etnografia em pesquisas de usuários, XXI, 57, 140-141
    descrição espessa/densa (Geertz) e, XX, 42
    exclusão de transações de dados intangíveis dos modelos econômicos, 169,183-188
    infraestrutura de tecnologia de informação (TI) e, 164, 192, 204-208
    limitações de, XIX-XXI
    natureza WEIRD (ou esquisita) dos ocidentais e, 130-132
    necessidade de antropologia e, XIX, 57, 140, 250-251
    pandemia de Covid-19 e, 75-79
    pandemia de ebola (20142016) e, 59-60, 64-67, 71-74
    ritual de zumbido do IETF e, 191-194, 198-199, 215-216
    técnicas de persuasão e, 153-156, 173-176
    tecnologia digital para saúde e, 63-66
    tendências em cuidados de crianças e, 125-126
    teorias de conspiração online e, XVIII–XXI
    veja também inteligência artificial (IA); Cambridge Analytica (CA); redes sociais
Melanésia, cultos de carga de, 34
Mercer, Rebekkah, 175-177, 178
Mercer, Robert, 175
Merrill Lynch, operações de corretagem no Japão, 35
metáfora da salsicha para CDOs, 93-94, 102
metáfora das corridas de cavalos para CDS, 94
Microsoft:
    Conferência sobre a Prática da Etnografia em Empresas (EPIC), 56, 140, 213
    pesquisas sobre redes sociais e *big data*, 152-155
    trabalhadores fantasmas e, 240, 251
Miller, Jim, 56
Miner, Horace, XV, 22, 126-127
Mokuwa, Esther, 60, 61, 72, 72n, 75, 78
Montaigne, Michel de, 7-8
moralidade:
    características WEIRD (ou esquisita) e, 133-134
    compartimentalização em aldeia tajiques e, 23-26
    dissonância cognitiva em torno de dinheiro e, 144
    do uso da antropologia em aplicações militares, 173-174
    estrutura mental de especialistas em informática e, 244-245
    laços de parentesco e, 132-134
    mercados financeiros e, 84-85
    sustentabilidade e, *veja* princípios ambientais, sociais e de governança (ESG)
Moran, Mary, 69
Morgan, Lewis Henry, 9
Mountford, Joy, 56
movimento #metoo, 226
movimento de sustentabilidade/verde, *veja* símbolos de princípios ambientais, sociais e de governança (ESG),
movimento verde/sustentabilidade, *veja* princípios ambientais, sociais e de governança (ESG)
Murtfeld, Robert, 165, 166, 178, 180n
Museu da História do Computador, conferência em (2012), 31-33, 55, 58
Museu de História Natural (Nova York), 10
Myrhe, Knut, 237

Nachman, Lama, 48, 54
Nações Unidas, imunidade diplomática em multas de estacionamento e, 132
Nader, Laura, 90n
Nardi, Bonnie, 56
Nelson, Alondra, 252
Nelson, lorde almirante, 61, 69
Nestlé:
   alimentos para bebês da Gerber na África Ocidental, 36
   barras de chocolate Kit Kat no Japão, 36-41
Netflix, 141
Nin, Anaïs, 83
Nissan, 56
Nix, Alexander, 173-177, 179-181
Nokia, XX
Norges Bank Investment Management (NBIM), 237
Nova York:
   Data and Society laboratório de ideias, 163, 251
   gráfico da caixa preta do Amazon Echo no MOMA, 239-243
   hierarquias de processamento de dados entre codificadores e, 204-207
   imunidade diplomática em multas de estacionamento, 132
   infraestrutura de internet em, 164
   Museu de História Natural, 10
   pandemia de Covid-19 e, 78

O'Byrne, Barry, 234, 237
O'Donnell, Gus, 79
Oakes, Nigel, 172-174, 177
Obama, Barack, 59, 74, 175
Obi-Safed, Tajiquistão, 3-7, 18-26, 27-29, 90, 255
obrigação de dívida colateralizada (*collateralized debt obligations* – CDOs), 84, 93-94, 97, 98, 102
observação participante, *veja* etnografia/observação participante
OCEAN, modelo, 165-167, 172, 177, 181
Oczkowski, Matt, 178-179, 181
Oglala Sioux indígenas estadunidenses, relacionamentos entre humanos e animais de estimação e, 137
omamori (amuleto de boa sorte xintoísta), 39
Orange (empresa de telecomunicação), 65
Organização Mundial da Saúde (OMS), 59, 63-65, 67, 68, 70-76
Orr, Julian, 55, 196-199, 202
Orwell, George, 107

Os deuses devem estar loucos (filme), 34
OTAN, 173
Otellini, Paul, 33
outro, conceito de, XV, 8, 12, 17, 48, 86, 103-104, 220
Oxfam, 77

Palantir, 176, 193
pandemias:
   Covid-19, XV, XVII-XVIII, 75-80
   ebola (2014–16), 59-75
   xenofobia e, 63, 74-75, 79
Parscale, Brad, 178
Partners in Health (PIH), 70, 71, 78, 251
permuta:
   Adam Smith e, 168, 185, 187
   caixas de Kit Kat como bilhetes de trem no Japão, 40
   exclusão dos modelos econômicos, 182-188
   na coleta de informações em redes sociais, 165-183
   natureza de, 168-171
persuasão, técnicas de, 153-156, 173-176
Phillips, Hal, 127
Phoenix, Joaquin, 171
Pinker, Steven, XVIn
Pitt-Rivers, August Lane Fox, 9
Pizzagate (2016), XVIII
Plínio, o Velho, 7
poder/elites do poder:
   em finanças, *veja* finanças/mercados financeiros
   estudar o acima e, 90
   hierarquias de processamento de dados entre codificadores e, 204-207
   linguagem adequada e, XVI-XVII, 158-159, 162, 163
   pontos de vista antissistema de antropólogos e, 32-33, 152, 249
   sinalização performática e, 160-161
   visibilidade de internet e redes em áreas urbanas, 163-164
poluição:
   pandemias e, 62-63, 76-77
   veja também princípios ambientais, sociais e de governança (ESG)
pontos de transição, liminaridade (Turner) e, XVII
Posner, Abigail, 56
Powdermaker, Hortense, 99
Powell, John Wesley, 9
premissas:
   compartimentalização em aldeia tajique e, 22-25
   importância de questionar, XVII, 23-24, 47, 60-61

preocupações com monopólios/antitruste, 186-188
preocupações com monopólios/antitruste, 186-188
presentes:
 caridade empresarial e, 223-225
 em coleta de dados em redes sociais, 167-171
 em trocas de *kula* nas ilhas Trobriand, 12
 rótulo gratuito e, 167-165, 176
 veja também reciprocidade
Primrose Schools (Georgia), 125-130
privacidade:
 coleta de dados em redes sociais e, 167, 168-178, 186-187
 iniciativa SejaDonoDeSeusDados, 186
 sistemas de reconhecimento facial e, 49-53
problema das lentes sujas, 162, 163
Procter & Gamble, rituais de lavagem de roupa e, 139-140

QAnon, XX
quacres, 9, 37, 40
Qualcomm, ritual de zumbido para consenso do IETF e, 191-194

Radcliffe-Brown, Alfred Reginald, 11, 14, 247
Rajak, Dinah, 90n
Rasmussen, Mikkel, 142-146
Reagan, Ronald, 247
reciprocidade:
 bilateral e generalizada, 169
 em coleta de dados em redes sociais, 165-183
 em laços de parentesco, 170-173
 veja também escambo; presentes
Recode, 184, 187
ReD Associates, XIX, 35, 142-148
redes sociais:
 barras de chocolate Kit Kat no Japão e, 39-40
 coleta de dados em, 165-182
 plataforma Eureka da Xerox como precursora de, 203
 teorias de conspiração e, VXIII-XX
 Twitter, XX, 245
 vício digital de adolescentes a, 156, 163
 veja também Facebook
redes:
 importância crescente, 48
 veja também telefones celulares; internet; laços de parentesco
relativismo cultural, 13, 14
Resnick, Pete, 191
resolução coletiva de problemas, por técnicos de manutenção de fotocopiadoras da Xerox, 197-200

retornos aos acionistas, 222, 231, 235
Rhizome consultoria (China), 54
Richards, Audrey, 12
Richards, Paul, 59-61, 68, 71, 72n, 74-78, 80
Riles, Annelise, 104
risco, gestão de:
 como base do movimento ESG/sustentabilidade, 224-238, 232
 visão antropológica em, 248
 VUCA (volatilidade, incerteza, complexidade e ambiguidade) em, XIII, 228-229, 238, 248
risos, pistas com base em, 157, 162
rituais de lavagem de roupa, 139-140
rituais de reuniões na GM, 107-111, 121-124
rituais e símbolos:
 da Walmart, 235
 dentro de empresas, 243-244
 funerais e, 60-61, 67-69, 73-74
 lavagem de roupa e, 139-140
 liminaridade (Turner) e, XVII-XVIII
 padrões culturais e, XVIII
 parte interessadas como, 231-234
 preparação de alimentos e, 139
 rituais de casamento tajiques em Obi-Safed, XII, 3-7, 18, 21-26, 27-29
 rituais de reuniões na GM, 107-111, 121-124
 ritual corporal (Miner) e, 126-127símbolos de boa sorte e, 39, 43
 ritual de zumbido para consenso do IETF, 191-194, 198-199, 215-216
 sinalização performática e, 160-162
 veja também teias de significado
rituais funerários, 60, 69-70, 73-75
ritual corporal (Miner), 126-127
Roberts, Simon, 22, 141, 162
Roosevelt, Theodore, 10n
Rowntree (confeitaria), 37
Rowntree, Joseph, 37, 40
Royal Anthropological Society, 9
Rússia:
 colapso da União Soviética (1991), XI, 26, 227, 247
 eleições de 2016 e, 180
 Grande Jogo geopolítico e, 18, 28-29
 hackers cibernéticos e, 192
 hierarquias de processamento de dados entre codificadores e, 204-207

Saatchi and Saatchi, 140, 172-175
Salvador, Tony, 45
SAP, ritual de zumbido para consenso do IETF e, 191-194
Sapiens (publicação online), 252

Sapir, Edward, 11
Saussure, Ferdinand de, 36
Scott, James, 118
Scott, Jennifer Zhu, 186
securitização, 83-87, 92, 94-98, 230, 233
Seely Brown, John (JSB), 194-198, 204, 248
segurança cibernética, ameaças a, 207
seguro contra inadimplência (*credit default swaps* – CDS), 84, 93-94, 98, 102
SejaDonoDeSeusDados, 186
serviços de cuidados de crianças, 125-130
Shah, Rajiv, 74
Sherry, John, 42, 44, 45, 48
Shiller, Robert, 211
Shklovsky, Viktor, 239, 242
silêncio social:
   em torno de coleta de informações em redes sociais por megadados, 166-182
   em torno de derivativos de crédito, 91-106, 156, 163, 227
   em torno de fazer corpo mole na manipulação de materiais na General Motors, 118
   em torno de grandemente, 157-160, 163
   em torno de movimento ESG/sustentabilidade, 230-235
   em torno de pesquisas de opinião pública sobre política, 245
   em torno de resolução de problemas coletiva por parte de técnicos da Xerox, 198-200
   em torno de vício digital de adolescentes, 152-156
   importância de ouvir, XV, 149, 165-166
   tribalismo e, *veja* tribos/tribalismo
símbolos, *veja* rituais e símbolos
Simmons, Liesel Pritzker, 226
sinalização performática, 160-161
Sinclair, Upton, 99
sistema bancário sombra, 151
sistema de navegação truqueso, 201-202
Sistema de Produção da Toyota (TPS), 113, 116-117
Sistema de Reserva Federal dos Estados Unidos, 85, 101-103, 184
Smith, Adam, 168, 170, 185, 187, 231
sorte, símbolos de, 37-40, 43, 47
Souleles, Daniel, 104
stakeholderism/partes interessadas, 222-223, 232-234, 237
Steel, Nelle, 56
Stephenson, Randall, 187
Stone, Oliver, 208

Strategic Communications Laboratories Ltd., 172-176
Stripe Partners, 141-142
Suchman, Lucy, 55, 105, 199-202
Sugai, Philip, 37
Surles, Phil, 56

Tácito, 7
Tajiquistão:
   culturas muçulmana e russa em, 18-19, 22-26, 28-29
   jornalistas reportando a partir de, XI–XII, 26-29, 248
   língua tajique em trabalho de campo, 6, 17, 23-26, 28
   no Grande Jogo geopolítico, 18, 28-29
   rituais de casamento tajiques em Obi-Safed, XII, 3-7, 18, 21-26, 27-29
   teoria de calcanhar de aquiles da Guerra Fria, 26-27
Takaoka, Kohzoh, 38, 40-41
Taleb, Nassim Nicholas, XIII
Tallarita, Roberto, 232
Tapper, Nancy, 19
Taylor, Alex, 165-166, 177, 178
Tebbit, Norman, 60
tecnologia de reconhecimento facial, 49-54
teias de significado:
   Coca-colonização e, 33-35
   em reações de consumidores a tecnologia na Intel, 43-48
   em torno de barras de chocolate Kit Kat no Japão, 36-41, 42-43, 109
   em torno de chá na China, 35
   em torno de cuidados de crianças, 128-130
   em torno de dinheiro, 145-148
   em torno de embalagens de alimentos para bebês na África Ocidental, 36
   em torno de inteligência artificial (IA), 48-55
   em torno de máscaras faciais para Covid-19 prevenção, 78
   em torno de mercados financeiros, 84, 88
   em torno de objetos em contextos culturais diferentes, 34-41
   Geertz e, 14, 34, 36, 42, 84
   veja também criação de sentido
telefones celulares:
   adolescentes e vício digital, 152-156
   diferenças culturais nas atitudes relativas a, 44, 65
   estratégias de negociação fundos de *hedge* e, 105
   IA e, 54
   no rastreamento de doenças, 65
   para pagamento de coisas, 143
   pesquisas da Intel sobre uso por consumidores de, 44, 45, 65-66
   veja também chamadas Zoom

tempo:
    atitudes acerca de, XV, 121, 154-155
    dinheiro rápido vs. lento (Kahneman) e, 145-146
ten Oever, Niels, 191
teorias de conspiração, XVIII–XX
teorias de estruturalismo, 14
Terra plana, teoria de, XIX
Tesco, 236
Thatcher, Margaret, 247
Thaxton, Paul, 130
This Anthro Life (podcast), 252
Thunberg, Greta 217, 221, 225
trabalhadores fantasmas, 240, 241, 247, 251
trabalho em casa, 189-216
    criação de sentido e, 190, 211-216
    habitus (Bourdieu) e, 190, 211-216
    pandemia de Covid-19 e, XVII-XVIII, 189-190, 212-216
tribos/tribalismo:
    como palavras, XXIn
    de técnicos de manutenção de fotocopiadoras da Xerox, 196-200
    e mito de criação de inovação financeira, 84-85, 97-106, 158, 194, 227
    em antropologia, 87, 247
    entre negociantes de ativos financeiros, 211
    hierarquias de processamento de dados entre codificadores e, 204-207
    na General Motors (GM), 109
    silêncio social e, *veja* silêncio social
    visão em túnel e, XIII, 132, 134, 211, 222, 238, 243, 248
Trobriand, ilhas, 12, 89
troca de informações incidentais, 212-216
Trollope, Anthony, 9
Trotter, Robert, 119
Trump, Donald:
    Cambridge Analytica e, 165, 166-167, 175-181
    conta de Twitter, 245
    eleições de 2016 e, 157-163, 165-167, 175-182
    grandemente e, 157-160, 163
    luta livre/sinalização performática por, 160-162
    pandemia de Covid-19, 76, 79-80
    sobre culturas/lugares de merda, XIV, 1, 79
Tucker, Paul, 95
tupinambás, indígenas (Brasil), 7
Turner, Sean, 180–81
Turner, Victor, XVII
Twitter, XX, 245

UBS, banco, 225
União Soviética, colapso de (1991), XI, 26, 227, 247
UNICEF, 63

vendas de ração para animais de estimação, 134-138
Verv, 181
vieses:
    de jornalistas, 99-101, 158-159, 162, 163, 245-246
    em formulação de políticas, 224, 245, 234
    em programas de computador, 245-246
    silêncio social e, *veja* silêncio social
    tribalismo e, *veja* tribos/tribalismo
    visão em túnel e, *veja* visão em túnel
visão antropológica/visão lateral:
    aquisição, 241-243
    como complemento a outras ferramentas, XXI
    contar histórias no processo de comunicação, 44, *veja também* fluxo narrativo
    em pesquisas globais de produtos de consumo, 32-58
    fontes das ideias em, XXI
    hierarquias de processamento de dados entre codificadores e, 204-207
    implicações do uso da, XI-XIII, 243-248
    importância da, XII–XIII, 86
    na política do Tajiquistão, 27-29
    natureza da, XIII–XIV, 241
    operadores financeiros e, 208-215, 243
    pelos faciais durante pandemia de Covid-19 e, XVII–XVIII
    pressupostos culturais e, XVI–XVII
    questionamento de pressuposições em, XV–XVII, 23-26, 47, 60-61
    teorias de conspiração de redes sociais e, XVIII–XX
    visão da criança em, 6-7, 20-26, 29, 86, 115
    visão em túnel vs., XIII, 132, 134, 193, 211, 222, 238, 243-244, 248 *veja também* antropologia
visão de baixo para cima, 29, 65, 72, 98, 117
visão de cima para baixo, 29, 65-7, 98, 117-118, *veja também* megadados
visão de criança, 4-7, 20-26, 29, 86, 115, 116
visão em túnel, XIII, 132, 134, 193, 211, 222, 238, 243-244, 248
visão lateral, *veja* visão antropológica/visão lateral
VUCA (volatilidade, incerteza, complexidade, e ambiguidade), XIII, 228-229, 238, 248

Walker, Darren, 224
Wall Street (filme), 208
Walmart, 234-236
Walton, Sam, 234, 235
Wang, Tricia, XX
Warner, William Lloyd, 110-111
Warren, Marcus, XI, 27, 248
Weber, Axel, 225
WEIRD, características, 133-148

atitudes baseadas em dinheiro e, 141-148
Campbell Soup e laços de parentesco, 139-140
conhecimento assimilado vs., 141
crescimento em aplicações de, 141
identidade individual vs. coletiva e, 123–25, 127–28
Mars e vendas de ração para animais de estimação, 134-139
moralidade e, 132
pensamento lógico/sequencial e, 131-132, 134, 139, 147, 160, 190, 206
premissas em torno de uso de linguagem XVI, 158-160
Procter & Gamble e rituais de lavagem de roupa, 139-140

Western Electric, 110-112
Wheatland, Julian, 167, 175, 179-183
Whitty, Chris, 59-61, 71, 75, 80, 103
Whorf, Benjamin, XV–XVI, 100, 168
Wiley, Chris, 167
Wilson, Charlie, 113
Wolfe, Tom, 208
World Wide Web, 191
World Wrestling Entertainment, 160
WPP, 176

Wroe, Elizabeth, 78
Wylie, Chris, 175, 177

Xerox Palo Alto Research Center (PARC):
 criação de sentido por técnicos de *manutenção* de fotocopiadoras, 194
 interações entre humanos e máquinas fotocopiadoras, 199-200
 movimento de experiência do usuário (UX) e, 203
Xiaotong, Fei, 54n

YouTube, 184

Zafiroglu, Alexandra, 46, 58
Zaloom, Caitlin, 104, 170
zika, surto de (2016), 76
Zito, Salena, 159, 161
Zoom, chamadas de:
 em pesquisas etnográficas, 213-214
 pandemia de Covid-19 e, XVII, 213
Zuckerberg, Mark, 219
zumbido, ritual de (IETF), 191-194, 198-199, 215-216